ポール・リクールの哲学

PAUL RICŒUR

行動の存在論

par Olivier Mongin

オリヴィエ・モンジャン
久米 博訳

新曜社

シャトネ＝マラブリの書斎で。机上にはミネルヴァの梟。
(photo Alain Pinoges/CIRIC)

両親に
スタニスラス・ブルトンに

本書の第一稿を一読また再読されて、私の推敲を助けてくださったジャン＝ルイ・シュレーゲルの友情に心からの感謝をささげる。同じくテレーズ・デュフロ、ピエール・ブーレツ、アレックス・デルザンスキー、ジョエル・ロマンたちから賜わった支援、イザベル・パッカレとイザベル・ワグネルの厳密さ、ドゥニ・ロッシュの信頼は大変貴重であった。

ポール・リクールの哲学——目次

装幀――加藤光太郎

ポール・リクールの著書の引用には以下の略号を用いる。〔邦訳のあるものは、その邦訳題名を記す。ないものは、原題の邦訳を示す。〕＊は参照した版を示す。

GMKJ　*Gabriel Marcel et Karl Jaspers. Philosophie du mystère et Philosophie du paradoxe*, Ed. du Seuil, 1948『ガブリエル・マルセルとカール・ヤスパース　神秘の哲学と逆説の哲学』

VI　*Philosophie de la volonté I. Le Volontaire et l'Involontaire*, Aubier, *1950, 1988『意志的なものと非意志的なものⅠ・Ⅱ・Ⅲ』滝浦静雄ほか訳、紀伊國屋書店、一九九三―九五年

HV　*Histoire et Vérité*, Ed. du Seuil, coll.《Esprit》, 1955, *1964, 1990『歴史と真理』

HF　*Philosophie de la volonté II. Finitude et Culpabilité, 1. L'Homme faillible*, Aubier, *1960, 1988『人間　この過ちやすきもの』久重忠夫訳、以文社、一九七八年

SM　*Philosophie de la volonté II. Finitude et Culpabilité 2. La Symbolique du mal*, Aubier, *1960, 1988『悪のシンボリズム』植島啓司ほか訳、溪声社、一九七七年。『悪の神話』一戸とおるほか訳、溪声社、一九八〇年

DI　*De l'interprétation. Essai sur Freud*, Ed. du Seuil, 1965

『フロイトを読む——解釈学試論』久米博訳、新曜社、一九八二年

CI *Le Conflit des interprétations, Essais sur l'herméneutique I*, Ed. du Seuil, coll.《L'ordre philosophique》, 1969『解釈の葛藤』

MV *La Métaphore vive*, Ed. du Seuil, coll.《L'ordre philosophique》, 1975
『生きた隠喩』久米博訳、岩波書店、一九八四年

TR1 *Temps et Récit, tome 1*, Ed. du Seuil, coll.《L'ordre philosophique》, 1983
『時間と物語Ⅰ』久米博訳、新曜社、一九八七年

TR2 *Temps et Récit, tome 2, La Configuration dans le récit de fiction*, Ed. du Seuil coll.《L'ordre philosophique》, 1984
『時間と物語Ⅱ』久米博訳、新曜社、一九八八年

TR3 *Temps et Récit, tome 3, Le temps raconté*, Ed. du Seuil, coll.《L'ordre philosophique》, 1985
『時間と物語Ⅲ』久米博訳、新曜社、一九九〇年

TA *Du texte à l'action. Essais d'herméneutique II*, Ed. du Seuil, coll.《Esprit》, 1986
『解釈の革新』（抄訳）久米博ほか訳、白水社、一九七八年

EP *A l'école de la phénoménologie*, Vrin, 1986『現象学に学んで』

SA *Soi-même comme un autre*, Ed. du Seuil, coll.《L'ordre philosophique》, 1990
『他者のような自己自身』久米博訳、法政大学出版局、一九九六年

LI *Lectures 1, Autour du politique*. Ed. du Seuil, coll.《La couleur des idées》, 1991『読解1　政治的なものをめぐって』

L2 *Lectures 2, La Contrée des philosophes*, Ed. du Seuil, coll. 《La couleur des idées》, 1992『読解2　哲学者たちの国』

L3 *Lectures 3, Aux frontières de la philosophie*, Ed. du Seuil, coll. 《La couleur des idées》, 1994『哲学の境界で』

上記の論文集に収録されなかった次の三論文を拙著で参照する。

Sm 《Le scandale du Mal》, *Esprit*, spécial Ricœur, juillet-août, 1988, p. 57-63「悪の躓き」

HR 《Herméneutique de l'idée de Révélation》, article publié dans *La Révélation*, Publications des facultés universitaires Saint-Louis, 1977, p. 15-54「啓示の観念の解釈学」(『リクール聖書解釈学』久米博ほか訳、ヨルダン社、一九九五年、所収)

ELR 《Expression et langage dans le discours religieux》, article publié dans *Phénoménologie et Théologie*, sous la direction de Jean-François Courtine, Critérion, 1992, p. 15-39「宗教的言述における表現と言語」

凡　例

1　原文のイタリック体は傍点で、大文字は〈　〉で、引用符は「　」で示した。
2　書名雑誌名は『　』で、論文は「　」で示した。
3　リクールの著書で邦訳のあるものについては、原書のページの次に邦訳のページを記した。
4　訳者の注記、補足は〔　〕で示した。
5　（　）内の数字は原注の、〔　〕内漢数字は訳注の番号を示す。

略伝

ポール・リクールは一九一三年二月二七日、ヴァランスに生まれたが、短時日にして両親を失い孤児になった。母は産後六ヵ月で亡くなり、リセの英語教師であった父は一九一五年に（第一次世界大戦で）戦死したのである。

開戦早々に彼と姉とは父方の祖父母に預けられた。以後、彼ら二人は叔母に育てられることになる。叔母は独身を通し、生涯二人の世話をした。戦争孤児のポール・リクールはレンヌのリセに学び、哲学級では、哲学者としての彼の将来に決定的な影響を与えたローラン・ダルビエに師事した。ヴェルサイユ条約の不公正は少年の彼の心に強く刻みつけられ、それがもととなって、彼は平和主義的考えをもち続ける。社会主義的信念をもった神学者にして経済学者のアンドレ・フィリップは、早い時期から彼にとり決定的役割を演じ、その感化は三〇年代の最後まで続いたが、やがてエマニュエル・ムーニエへの傾倒がよりまさるようになる。

レンヌ大学に入学したリクールは二人のフランス反省哲学の代表的哲学者（ラシュリエとラニョウ）について修士論文を書き、それからソルボンヌ大学で学ぶ（一九三四年）。パリに移り住んだのを利して、彼はガブリエル・マルセルの〈金曜例会〉に熱心に出席し、その頃フッサールの著作を発見する。この時期にいく人かの死が彼の家族を悲しみに沈めた。彼を育ててくれた祖父母が次々に亡くなった。彼にとってもっと悲痛であったのは姉の死で、結核のため二三歳で世を去ったのである〔一九三二年〕。それと対照的に一九三五年は明るい年でもあった。彼は哲学の教授資格試験に合格し、幼なじみのシモーヌ・ルジャと結婚した。同じ年の秋、彼はリセの教師としてコルマールに赴任し、次いでロリアンで教えた。

彼がミュンヘン大学夏期講座のドイツ語上級コースで学んでいたとき、にわかに戦争準備がはじまって驚かされる〔一九三九年〕。フランスに帰国するや彼は動員され、フランス国内での戦線で捕虜になり、ポーランドのポメラニアのいくつかの捕虜士官収容所に一九四五年まで収容される。その歳月は逆説的ながら多産であった。彼はその間にカール・ヤスパースを読み、同じ収容所の友人ミケル・デュフレーヌと共著でヤスパースについて執筆し、それは戦後に彼の最初の著書として出版される。それと平行して彼はフッサールの『イデーンI』を翻訳し、しかも根っからの教育者である彼は、収容所の仲間に哲学の講義をしたのであった。

復員後リクールは南仏セヴェンヌ地方のシャンボン＝シュル＝リニョンの中学校で教える〔一九四五—一九四八〕。そこは住民の大部分がプロテスタントで、戦時中ユダヤ人を積極的に助けたので有名になった小さな村であった。それと平行して、彼はCNRS〔国立科学研究センター〕の研究員に任命され、この期間を、エマニュエル・レヴィナス、モーリス・メルロ＝ポンティ、ジャン＝ポール・サルトルらと同じく、ドイツ現象学を紹介することにあてた。彼は引き続きフッサールを読み、翻訳を続けたが、ヘーゲルも読んだ。彼はヘーゲルから、同じくエリック・ヴェーユから、政治の必要性と国家の意味とを学んだ。リクールは彼らから学んだことを一九六八年〔五月革命の年〕にも、またその後も忘れることはなかった。

一九四八年リクールは、『精神現象学』の翻訳者ジャン・イポリットの後任として、ストラスブール大学の哲学史講座を担当する。一九五〇年に、意志の現象学についての論文で博士号を取得してから、彼は雑誌『社会的キリスト教』に数多くの論文を書き続け、同時に雑誌『エスプリ』で重要な役割を果たす。六〇年代のはじめ彼は『エスプリ』誌の哲学部会で活躍し、その部会では、たとえばレヴィ＝ストロースとの有名な討論をおこなった。

一九五六年リクールは、バイエ教授の後、空席となったソルボンヌの講座を担当することになり、シャトネ＝マラブリの「白い塀」〔ムーニエはじめエスプリ関係者が共同体をなして住んでいる敷地。白い塀に囲まれているのでこの名がある〕に住むようになる。そこにはポーレット・ムーニエ、ポール・フレス夫妻、ジャン＝マリ・ドムナック夫妻、アンリ・マルー家が住んでいた。大学の教育環境の悪化を案じたリクールは一九六六年に、新設のナンテール分校で教えることを選び、シルヴァン・ザク、アンリ・デュメリ、エマニュエル・レヴィナスらを同僚教授として迎える。一九六九年三月彼は文学部長に選出されるが、その一年後一九七〇年に辞職する。その原因は過激派学生に暴行を受けたこともあるが(1)、何よりも急激に〈急進左派〉になった一部の大学共同体の激しい拒否に遭ったことにある。

「不本意ながら」フランスでの研究生活から離れて、リクールはベルギーのルーヴァン大学に赴く。そこの哲学科はまだ地理的に新ルーヴァン大学〔フランス語系〕とルーヴァン大学〔フラマン語系〕とに分かれていなかった。三年後に彼はパリ第十大学（ナンテール）に復職し、そこでフランスの大学教授としての経歴を終えることになる。それと平行して、彼は北アメリカでも教える。まずモントリオール大学に招かれ、次いでシャンボンで知り合ったクエーカー教団の経営するアメリカのカレッジに、その後エール大学に招かれて教えた。〔一九七〇年から〕シカゴ大学では長年にわたって教えることになり、そこで何度かミルチャ・エリアーデと共同で講義をしたりした。シカゴ大学での講義は一九九〇年まで続いた。

そうしたアメリカでの歳月は豊かな実りをもたらした。その間に彼は、以前から着手していた、フランスの反省的思想と、ドイツ哲学（さまざまなドイツ哲学、すなわちまずはガダマーの解釈学、同じくハイデガーの存在論、そしてハーバーマスのコミュニケーション行為理論）と、アングロ゠サクソン系の分析哲学との〈三者会談〉を遂行することができたのである。それによって『生きた隠喩』、『時間と物語』三部作、『他者のような自己自身』が相次いで出版された。以上の著作はスイュ出版社の「哲学の領域」叢書として出版されたが、そのシリーズは一九六六年に彼とフランソワ・ヴァールが共同監修する叢書として創設されたものである。そこで彼はアングロ゠サクソン系の分析哲学の伝統につらなる代表的著作や、ジャン・グラニエ、ミシェル・フィリベール、H・G・ガダマー……といった仏、独の著者たちの著書を出版することができた。

『時間と物語』や『テクストから行動へ』の刊行によって、フランスでも彼にふさわしい評価と読者とが与えられたのだが、実際には彼はずっとパリのパルマンチエ街の「フッサール現象学研究センター」で活動を続けていたのである（とりわけドリアン・ティフノー、フランソワーズ・ダスチュールとともに）。一九七四年にジャン・ヴァールの後任として『形而上学・道徳学雑誌』の編集責任者を引き受け（いまでも彼はフランソワ・アズーヴィとマルク・B・ド・ローネーの若いチームに囲まれて編集の責任を負っている）〔一九九四年に辞任〕、また『エスプリ』誌との関与も続け、プロテスタント諸団体の機関紙に協力していることはいうまでもない。

心に深い傷痕を残したに違いない家族の悲劇的事件〔彼の三男の自死を指しているのだろう〕があったにもかかわらず、リクールは静かに立ち直り、いまやフランスの公的、知的生活の代表的人物の一人となっている。大学（ナンテール校）、五月革命、フランスでの構造主義との不毛に終わった討論などによって次々に受けた傷は、彼をあまりに長い間フランスの舞台から遠ざけることになったけれども、彼は友人のレヴィナスと同様に、本国で遅ればせの評価を受けることになった。そうした外国での評価とのずれについて一言あるべきであろう。彼は今日、外国の九つのアカデミーの会員であり、世界の三一の大学の名誉博士である。

（この略伝はテレーズ・デュフロの協力を得て作成した）

原注

（1）これに関連して次の逸話をぜひ紹介したい。リクールにごみバケツをかぶせたナンテールの学生の一人が、二〇年以上経ったのち、博士論文審査の際に、リクールに会いにきて、彼に謝ったのである。

序論　懐疑主義と対決して

遅ればせの評価

一九六〇年代末から七〇年代の間フランス本国の知的生活から遠ざけられていたポール・リクールは、エマニュエル・レヴィナスとまったく同様――二人はいずれもフランスに現象学的思想を導入するのに貢献して以来たえず交流してきた――八〇年代の半ばから一般に評価されるようになる。その評価は、それ以前の時期とはいかにも対照的である。[1] しかしその評価も誤解を免れてはいない。誤解は大部分フランスの変動する知的生活に起因するとはいえ、リクールの仕事ぶり、そのスタイルとリズムも、けっして無関係ではない。

フランス本国における「知識人党」の豹変ぶりを強調してもむだである。そこではモードや情熱は突然に態度を変えたり、やすやすと反対の主張に移ったりするのであるから。こうした状況では、称讃や承認は、無理解や恣意的な判断から守ってくれる最良の保証とはならない。レヴィナスと違ってリクールはつねに性急な読み方をされるのに備えているわけではないので、「反人間主義」的感性から出てくる非難にさらされがちであった。

ここに逆説がある。リクールはいまだかつて一度もこのあいまいな用語を信用したことはないのに、今日では彼は現代における人間主義の復興の恩恵を受けている主要人物の一人とみられているのである。(2)もし彼の公的舞台への復帰が単に、人間主義への同意、倫理学あるいは道徳学の再登場(この両語はいとも簡単に混同されている)だけを伴っているとしたら、それは誤解に手を貸すおそれがある。

レヴィナスの著作と同様、彼の著作もまた内的な難解さを呈していて、まとまった解釈、さらには全体像を容易には読者に得させてくれない。レヴィナスの著作についてはすでに、深部から照らし出してくれるような研究書が産み出されている。(3)たしかにリクールの経てきた道程は、意想外のリズムの変化、ついていくのがやっとの領域間の移動にみちみちている。そして彼の哲学は、「解釈学的」時代(4)に続く著作では、一方の仏独のヨーロッパ大陸的思想と他方のアングロ＝サクソン系の分析哲学との対決といった様相を呈している。その対決は、彼のそれまでの多くの忠実な読者を困惑させずにはおかないだろう。

『生きた隠喩』、『時間と物語』三部作、そして『他者のような自己自身』以来リクールが刊行するものは、以前の『歴史と真理』や『解釈の葛藤』などに収められたテクストを高く評価してきた読者には、難解な感じで受け入れられた。そのため多くの人は次のような印象を共有するようになった。すなわち、リクールの書くものは前よりも講壇調に、教授調になってきたので、彼の読者はこれからは現代のもろもろの哲学的著作について予備的な知識を要求されるのだろう、と。

このような印象は当然かもしれないが、もっと和らげられるべきであろう。彼のものする論文はつねに彫心鏤骨の推敲を経ており、たとえば『解釈の葛藤』に収録された各テクストの厳密さや密度は、『時間と物語』の謹直さにけっして劣らない。のみならず、密度がいっそう増していくという印象はきわめて逆説的である。というのは〈大学人〉リクールは（それについて彼が何と言おうと）公的空間に介入し、民主主義や南半球の国々の発展にも、エコロジーにも気遣うことをやめなかったことが、同時に認められるからで、それが一九九一年の『読解1　政治的なものをめぐって』の出版が歓迎された動機の一つである。その印象は、多くの哲学の専門家《プロ》たちとしては、リクールは独創的な概念の創造者よりも読書家であると暗黙のうちに批判していただけに、意外だったのであるが、それは彼らがリクールの著書のうちに、〈隠された神学〉を見過ごしているからである。

フロイトを対象にした彼の著書によって惹起された論争以来[5]、教育者、大学人、人間主義者、信仰者という人物像を前面に押し出す四重の憶測の対象になったリクールは、つねに失望を隠さない——自分の伝記に関し彼がきわめて控えめであることは、昔からであり、一貫している[6]。六八年の事件と（構造主義的イデオロギーと極左的思想とによって二重に激化した）人間主義論争とが、定番化した、だがしつこい憶測の源にあり、それが彼の著作の受容に影響しているという気持を、当然ながら、彼はもっていた。彼のほうはフランスの哲学の表舞台から追放されたという感じを抱いたのに、逆に人々は、彼がアメリカに「離れた」と非難した。だが彼のアメリカ行きは一九五二年からはじまっていたのである。

しかし、このような外国への撤退はけっして偶然ではない。ノマド主義を理論化している多くの思想家よりもノマド的で、好奇心に満ち、旅を好むリクールは、六八年以後の大学に、ますますメディアのテンポに引きずられていく知的空間に自分の場を見出しがたくなっていった。一切のデマゴギーや妥協を拒否して、彼は必然的に批判思想と大学のアカデミックな言説との中間に位置するようになる。

二重に現代的

しかしそれでは知識階級特有の心理学や社会学にあまり重要性を与えすぎることになろう。リクールの思想に真の意義を認めようとするなら、その哲学的独創性を前面に押し出さねばならない。その独創性は、フランス本国の思想の主要な思潮を背面から二重に攻撃することにある。すなわちリクールの思想は一方では、ヘーゲル批判は必ずしも歴史的行動の可能性を標的にした懐疑主義へと導くものではないと断言して、それなしには歴史はその一切の意味を失ってしまうような「倫理」(7)を実践するのである。他方では、現象学から、またフィヒテに発する反省的伝統から断絶することを拒否し、さりとて「構造主義による切断」に譲歩しすぎることも拒否することによって、リクールは着実に「自己の解釈学的現象学」を構築することができたのであり、その自己の解釈学的現象学は『他者のような自己自身』において成就するのである。彼は、ポスト＝ヘーゲル的思弁の歴史的状況下での行動の条件は何かを熟考した。そのことが逆説的にも彼を次のような思想とは一

1930年，叔母と姉のアリスと一緒に。

線を画させることになる。すなわち、もっとも現代的な倫理的アプローチ（エマニュエル・レヴィナス）や外部の思想（ジル・ドゥルーズ）、あるいはポスト＝モダン的思潮（ジャン＝フランソワ・リオタール、ジャンニ・ヴァッチモ）などと。同時にそれはリクールを、戦後に全体主義批判と歴史思想を育む主因の一つとなったメルロ＝ポンティ的伝統に接近させた(8)。

一九七五年から八五年までのあいだ哲学の舞台の「周辺で」発言していたリクールは、特権的俳優としてその舞台の貴重な証人である。それはまず第一に、彼がヘーゲルと歴史の意味とを予審にかける独自の仕方によってである(9)。たしかに「二十世紀の犯罪」（ヤン・パトゥチカのいう）は意味を、そして複数の意味を混乱させた。その犯罪は、われわれの世界や歴史との関係をかき乱すまでに、意味を狂わせてしまった。意味は歴史の犠牲台で生け贄にされて、再び予測困難な賭けになった。だが、それはどんな賭けなのか。実存的賭けか、神学的、あるいは倫理的賭けか。フランツ・ローゼンツヴァイク、ワルター・ベンヤミン、エマニュエル・レヴィナスといった立役者たちが象徴するメシア信仰的思想や、ヘーゲルに対するカント派の反論、あるいはジル・ドゥルーズの反ヘーゲル的ニーチェ主義などによって主張される議論に対していかに精細に反応し、批判しようとも、以上の相互に異質な思想には、一つの共通点があることを認めざるをえない。これらの思想は、〈律法〉あるいは〈外部〉に頼り、普遍や、〈他者〉や、あるいは〈単独者〉に訴えて、それぞれの深刻な相違にもかかわらず、現前している歴史から顔をそむけている、つまり歴史の批判的記述、あるいは歴史の現象学を避けているのである。歴史は否定的なものに衰退し、歴史が描き出すのは戦争、虚偽、模擬物《シミュラークル》であって、これらの名辞は、歴史の源が他所にあり、そのエネルギーは

歴史にとって「外部の」もので、「彼岸から」（宗教的な意味であろうとなかろうと）由来するに違いないと教えている。(10)

要するに、民主主義的社会の「解体」（トクヴィル）が疑問を誘発してやまないときに、互いに論争しあい、しかも矛盾しているこれらの思想は、歴史が実体もなく、意味も、少なくとも——外部から——〈律法〉あるいは倫理が与える意味以外にはもたないことをひとしく認めるのである。意味は、ぜひにと請願され、欠陥を指摘され、あるいは見せびらかされたあげく、歴史から退場してしまう。たとえカント的または倫理的迂回が正当だとしても、どのような〈律法〉への回帰も、ニヒリズムの靄、価値の相対主義、それでもって民主主義が養われている意味の不確定性などを一掃することはできない。以上が、リクールがその長い作業を展開してきた奇妙な風土である。ニヒリズムと〈理性〉との境を確信をもってたどっていく人々とは逆に、リクールは現代のニヒリズム、価値の多神教（マックス・ウェーバー）、民主主義的不確定性（クロード・ルフォール）などの存在を確認する。「一方で意志が価値の起源として現われ、他方で世界が価値をもたぬ単純な事実として舞台後方に退く〔とき〕、ニヒリズムは間近にいる」（*CI*, p. 453）。

しかしそうすると、歴史のなかで行動する可能性に対決する現代の懐疑主義に実質的な保証を与えすぎてしまうのを、どのようにして回避すべきか。それにはヘーゲル的弁証法の歴史的重要性を〈あたまから〉遠ざけてしまわないことである。「前世紀にヘーゲルによって引き受けられた課題、すなわち多様な経験の平面と現実とを体系的な統一性において引き受ける弁証法哲学の課題を新たに再開する」（*CI*, p. 486）ことが必要である。ヘーゲル哲学の意義をしっかりととらえてリクールは、倫理構築の土台を据える。その控えめな野心は「目的論」と「義務論」とを新しい関係で結ぶだけでなく、歴史的経験の条件について熟考することにもある。そのために彼はキルケゴールをとおしてヘーゲルを読むようになる[11]。彼がニヒリズムの力量を見定めようとするのも、源にさかのぼって、意味の畝を無限に掘り下げるためである。その意味で、リクールはヘーゲル的弁証法の精神よりも〈絶対知〉のほうを断念するのである。

ここにおいて倫理はカント的な「道徳法則」という形と区別される。倫理は、レヴィナスにおけるように、受動的には受けとられない。それは「法則という最終の契機」に先立つ「エートス」というアリストテレス的な方向へ送り返される。「理性は実践的である。歴史的存在と自然的存在との間に、ある種の家族的雰囲気が露わになるのは、われわれが自分の欲望や価値や規範に普遍性の証印を押すかぎりにおいてである。[…]しかしこの普遍性の規範を認めることは、立法を最初の倫理的手続きとする主張に反対することである[12]」。「努力《コナトウス》」(スピノザ)または「欲求」(ライプニッツ)の観念と不可分のこのけっして否認されない倫理的手続きは、最近の著書に、自己への配慮/自己尊重/他者への配慮、心づかい/制度への配慮/正しい制度という三つ組構造、三要素の形で現われている。この三つ組構造は、言語、行動、物語、倫理といった領域のなかで順次展開するにつれて成熟する。こうした状況において、倫理とは、寛大にも外部から有限な歴史にまたは道徳規範の等価物に「意味を与える」ためにやってくる「贈与」ではない。倫理は歴史のなかに記入され、そのなかで向上する。倫理は個人的、社会的、歴史的な「身体性」をもつ[13]のである。

しかしこのような行動の哲学は、現代の懐疑主義に反撃するために、どう振る舞うべきか。リクールにはほとんど選択の余地がない。彼は行動の可能性になおも「信頼」を寄せ、自己や他者や歴史を信頼させてくれる条件、要するに、非宗教的な意味で歴史はまだ可能であると信じさせてくれる条件は何かとたずねる。この信頼がなかったら、歴史的行動の可能性は崩れ落ち、それとともに、それなしには歴史が消滅してしまう約束の観念も崩壊してしまう。「絶対知」の孤児であるわれわれはけっして歴史を断念してはならないのである。

意見《ドクサ》をもつ——概念と体験の間《ゼイン》

リクールの野心がまさに、弁証法的精神を放棄しない行動の〈現象学〉を築きあげることであるなら、彼が現象学的思潮との絶縁を拒否したことが、その企ての完遂を可能にしたのである。

リクールは直接に翻訳や論文によって、フランスにおける現象学の発展をもたらし、促進した。それらの論文はその後『現象学に学んで』に再録された。[14] しかし多くの彼の同時代人との大きな違いは、五〇年代末から六〇年代はじめにかけて、彼がこの思潮から離れようはずはなかったことである。一方、そのころ多数の哲学者は人文科学の魅力に屈し、それとともに哲学を葬り去るのに一役買った。[15] 何年ものあいだフッサール現象学の進展について議論する機会があれば、彼はいつも、現にフッサール現象学に負っていることを認めるのだった。「現象学」という文字は一九九〇年の『他者のような自己自身』にもはっきり出てくる。

この忠実さをどう解釈すべきか。そのことはフッサールについての彼の論文を見ればすぐにわかる。リクールにとり現象学は「真の問題の輪郭」をはっきりさせるものであり、それを彼は次のように言明する。「文化の歴史的な枠組みと、その人間形成の力を真剣に受け取るために、ヒュームによって再検討されたデカルトの独我論をいかにして免れるか。それと同時に、異教の神と同じように称えられる絶対的歴史というヘーゲルの罠をいかにして警戒するか」[16]。現象学がこのように歴史のなかに潜入することは、「現象学はそれを限定するものによってしか基礎づけ」られないという思考の枠組みのなかで起こる――リクールはそのことに、トラン・デュク・タオ著『現象学と弁証法的唯物論』についての論考の末尾で言及する[17]。「現象学が、現われの帝国に堂々と君臨するみずからの権利を基礎づけるためには、現われそのものへの批判を要求しないかどうかが問題である」[18]。時間性の過剰と引きかえに「体験の流れ」を記述して「対象を解体してしまう」退行的な道と、世界構成における超越論的自我の役割を強調する前進的な道とのあいだをゆれ動くという現象学の矛盾を、リクールがこのように評価することは、フッサール的観念論への批判を正当化し、また主体の哲学への告発と哲学そのものへの告発とを混同しないようにさせてくれる。

　そのうえ、フッサールの遺産との断絶を拒否することは、概念の誘惑に、あるいは少なくとも概念やフランスにおける外部の思考の支配とでも呼ぶべきものに屈しないようにすることである。外部の思考は五〇年代末から、現象学とははっきり一線を画している。それに対し現象学のほうは、超越論的構成によるよりも、感覚や体験について反省することによって、反対の極に位置づけられる。フランスでは、概念と感覚とのあいだの認識論的切断の強調はいろいろな形をとるので、この強調は解釈しにくい。概念は、現象学に起因する変容に逆って、思弁的言述を厳密に画定しようとする野心をもつが、そのために概念は、哲学の作業を科学史や論理学やエピステモロジー（科学認識論）に近づける。エピステモロジーはジャン・カヴァイエスの遺産を拠りどころにし、その遺産継承者はジャン・トゥサン・ドゥサンティ、シュザンヌ・バシュラールである。ある意味でヘーゲルとフッサールに対する二重の批判は、エピステモロジーに帰着するのであり、奇妙にもエピステモロジーは、じつに異質な思想の諸形態に適合するのである。

しかしこの概念の過大評価は、構造主義への移行の原因となる。概念と体験の対立は当然のことで、科学的もしくは思弁的言述の可能性を条件づけてはいるが、その対立は絶対的な規則のように強制され、じつにさまざまな領域にひろがっていく。これが一般化して、構造主義的イデオロギーの発生を促したが、そのイデオロギーはしばしば方法論に要約されたため、歴史が記録した意味と歴史と主体の三重の喪失について、構造主義は十分に自問してみることはなかった。[19]フッサール的な意識の観念論と、さらには一切の思想の主義《イズム》と一線を画そうとする意志は、重大な結果をもたらさずにはいなかった。三人の敵対しあう兄弟（マルクス主義、人格主義、実存主義）によって形成された「フランス本国の奇妙な三脚台」という文脈において、「構造主義がもたらしたものは、歴史の観念でなく、システムの観念によるある種の思考や、分節された差異の全体の確立によるある種の思考の仕方、とりわけ何であれ意味を付与するのにいかなる主体も必要としないと主張する操作的な思考である[20]」。

リクールは隠喩的言述に対して哲学的言述の自律性を主張するとはいえ、基礎的存在論（ハイデガー）に、あるいはエピステモロジー的言述だけに撤退したり、退行してしまうことは拒否する。

そこから彼が〔媒介を重ねていく〕「未完了の媒介」(médiations imparfaites)と名づけるものを出動させようとする意志が生じる。その未完了の媒介は弁証法的努力と、それなしには経験の諸相の人間学的分析ができずに、体験と概念の溝が越えがたくなってしまう緊張とによって表現される。現代思想(カント派、ヘーゲル派、ニーチェ派)が感覚や歴史性に反対して、概念(あるいは普遍的規準)を振りかざし、一方でドクサ、意見と、他方でエピステーメー、学知との対立に価値を与えるのに対し、リクールはドクサとエピステーメーのあいだ、「移ろいやすい偶然的な感覚と、安定し必然的な学とのあいだ」に介在する空間を評価し、「未完了の弁証法」の各項を練りあげる。すなわち、まさにアリストテレスにおける「弁証論」に相当する「意見をもつ」(doxazein)の領域である。それは正しい意見の領域を表現し、ドクサとも、エピステーメーとも混同されず、蓋然的なもの、真実らしいものと同一視される。実際に「蓋然的なものは、確実性、安定性、したがって真実との類似の度合いを表わす。蓋然的なものは真実＝らしさである。大部分の人によって、あるいは賢者によって形成される意見の場合がそうである。そうした意見は、必然的に真なるものと、明白に偽なるものとの中間にある(21)」。

こうした哲学的周航の主な独創性は次の点にある。すなわちリクールは、ヘーゲル批判からはアリストテレスの弁証論に対応する未完了の弁証法をとりあげるのであり、フッサールからは現象学的忍耐をとりだすのである。そのいずれにおいても、彼は経験の複雑さを記述しようとする配慮を尊重する。彼はアリストテレス、ヘーゲル、フッサールを哲学史の祭壇に犠牲として捧げてしまわず、現象学と弁証法とのあいだに未知の絆を想定し、同時に、もっとも偶像破壊的な現代哲学からは外れようとも、行動の哲学を構築する手段を装備する。ドクサや感覚世界を無視するために概念や規準を過大評価する思想と対決し、リクールは、倫理的意図というもっとも表白しがたい、もっとも目に見えない次元にあえて進入する弁証法である〈砕かれた弁証法〉に訴える。

今日、〈歴史〉、〈主体〉、〈意味〉は喪に付されているが、リクールはそのいずれをも断念しようとしない。真理が確実でないなら、無意味もまた確実ではない。これからすべきことは、意見をもつつまり確信を尊重することが要求する意味の昇格を企て、しかも概念と体験を拮抗させるだけにとどまらないことである。だが〈システム〉が絶対知のおかげでもはや「閉鎖された」ままでいられないならば、現象学のほうも人間学に限定されたままではいられない。だからこそリクールは人間学と存在論を、ジャン・イポリットの用語によるなら〈現象学〉と〈論理学〉をたえず交叉させるのである。[22]

しかし同時に、現象学との絶縁が哲学共同体にもたらす否定的な帰結が露骨に現われている。現象学と絶縁することで、フランス本国の思想は、感性や先行する身体性と主体性との二重の公準に立脚した「方法」なしですましている。要するに個人や集団の歴史をもたらし、支えているものなしですましているのである。(自分自身の評価と他者の評価という)評価に値する自己を支える、感覚をもつ身体なしに、正しい行動など想像できない。このような根をもたぬ上空飛行的態度は、すでにメルロ＝ポンティによって、戦前の道徳的合理主義を標的にしたテクストで告発されていた。[23]

リクールの場合、当否は別として、「追放された」と感じている思想と、みずから思考に努める思想とのあいだには、深い落差——そして潜在的な軋轢——がある。この思考する思想は、現象学から発する政治哲学を除けば、思想がみずから行動することの無能力を表明してやまない国にあっては、場違いで、呆れさせ、途方もないものに見える。現代の懐疑主義に直面して、この思想は、不安で、先の見えない歴史の小道から引っ込んでしまっているような倫理によって応じることはしない。そこからこの控えめながら、強固な意志が発してくる。それは主体を歴史と一緒に葬ってしまうようなさまざまな反省とは距離をおこうとする意志である。しかしまた、フランス本国の思想とは異質な思想の当事者たちと好んで論争しようとする、逆説的で驚くべき選択も発してくる。だからこそこのリクールの哲学のたどるコースは人を面食らわせる。この哲学は六〇年代末から、フランス本国から発する問いかけに、アングロ゠サクソン系分析哲学の伝統に根ざす思想家たちだけでなく、ローゼンツヴァイクからハーバーマスにいたる、ヘーゲル主義の残骸について思考するドイツの思想家たちとも議論しつつ、答えるのである。

全五章の概要

本書で、リクールの著作が提示する「現代性」を強調するために、私は次の二つの目標を掲げてそれに応答しようと試みた。第一に私は、彼の著作の深部からの一貫性を力説しようとした。概念を再調整したり、予想外の転回をおこなったり、議論をたたかわせ、明瞭に収斂と分散がなされているにもかかわらず、この一貫性は緊密にまとまり、性急な読者にリクールはなによりも読書の鬼であると思わせてしまうような曲折ある思索の全行程をとおして、最初の問いかけが貫徹しているのである。

第二の目標はこの読書能力と大いに関係する。というのも、リクールは哲学的伝統をなす著者たちをたえず論じ、解釈してやまないからである。そこでリクールの注釈が彼らと「会談」をくりひろげるように、私も同じ方法をとろうと努めた。そこで意図して、彼を他の著者たちと論争させ、対立させ、比較しようとした。その著者たちには、彼が正面から論じた人たちだけでなく、故意か偶然か彼が無視している人たちも含まれる。彼が主役を演じる戯曲のいくつかの場面を書くために、時として、テクストの緻密な読みと、特権的な対話の相手との強制的対面から解放された解釈とのあいだを動く彼のリズムに、私は合わせたのである。

この二つの選択（一貫性の優先的な追求と、想像上の哲学的会談の演出）は、著作の発表順を尊重するよりも、主題中心のアプローチを特権化するように導く。このような進め方は、それだけ知的伝記とは意図的に遠ざかることになる。なぜならリクール自身が認めているように、伝記的「ショーウインドウ」は、作品理解に不可欠ではないのだから。

こういうわけで、五幕、五つの連続場面がこの演出計画を具体化する。その各々は、それだけ切り離しても読めるように独立していながら、ほかの四つと密接に関連しあっている。

第一章ではリクールの「哲学的態度」を明示しようと試みる。私はまず彼自身の哲学史観から教訓を引き出してから、人間学と多元的性格をもつと規定される存在論とを結びつける絆を明確にするために彼が援用するさまざまな思想系列（現象学、反省哲学の伝統、解釈学……）の役割を強調しよう。この第一の行程は、行動の存在論に優位を与える彼の哲学の動機を、なによりも明らかにしてくれる。

行為に力点をおく存在論は、論理的に行動の哲学に帰着するので、第二章は政治哲学と法哲学の二つの平面にリクールがもたらす貴重な寄与を説明することに努める。レオ・シュトラウスの性急な弟子たちによって一般化した「古代人」と「近代人」の対立や、さらに全体論《ホーリズム》と個体主義（ルイ・デュモン）のあいだの人間学的亀裂を警戒して、リクールは義務論と目的論とのあいだに新しい境界線を引き、アングロ＝サクソン系の思想と議論しつつ、法と権力、法的なものと政治的なものとを切り離さないようにする。この行動の思想は、同様に「確信」の地位を考える好機であり、その確信なしには公的空間は、個人的意見や国家の領域のためだけの荒野になってしまうだろう。

行動からテクストへ。第三章は『時間と物語』三部作という山塊のまわりを回り、物語についての熟考が果たす決定的な役割を示すことに努める。その役割は物語的自己同一性を概念化することに帰する。「物語」が「記述」（現象学や分析哲学に関連したアプローチ）と「命令」（倫理）を関係づけることによって立証できるのは、いかにして行動が持続でき、歴史が確定できるかだけでなく、歴史の連続に対する批判がどうして必然的に多様性や非連続性の称揚に終わらないか、である。行動と不可分の出来事が物語られうるとすれば、自己同一性は「同一性としての自己同一性」と「自己性としての自己同一性」とに二分されて理解されねばならない。

第四章は『他者のような自己自身』にあてられる。これは、それまでの全著作の主要部分を集成した記念碑的作品である。たしかに、物語的自己同一性は、以後、言語や（アングロ＝サクソン系の哲学のいう意味での）行動や物語行為や倫理などの諸領域が継起していく行程の一契機にすぎなくなる。ここにいたって、リクールの倫理が、ハイデガーの「倫理なき存在論」とも、レヴィナスの「存在論なき倫理」とも本質的に区別されつつ、おもむろに姿を現わす。

最後の章で、リクール哲学は、彼自身が「非哲学」(non-philosophie) と名づけるものと対決させられる。悲劇がギリシア的ロゴスの原動力の一つであるように、悪の問題は行動の思想を練りあげるのに決定的役割を果たす。それと平行して、聖書の「大いなるコード」に対して注がれた全省察が提示される。だがそれがいかに著者にとって本質的であろうとも、それを哲学の自律を宣言してやまない彼の思想の隠れた原動力とみなすことはできまい。ある方針が本書をひそかに導いていることがやがてわかるだろう。それは彼の哲学の全行程がいかにして『他者のような自己自身』によって明るみに出されるかを示すことである。そこから、あきらかに現象学に結びついた段階や、解釈学の葛藤の時期にあまりかかずらうまいとする気づかいが出てくる。そのいずれもがもっともよく知られ、もっともよく注釈されているからである。

原注

(1) そのなかの一例だけを紹介しよう。一九九一年の秋、『読解1』の出版の際にロベール・マッジョリはリクールの著作について一九九一年一二月一九日付の『リベラシオン』紙に二頁にわたるみごとな文章を寄せている。最近では、フランソワ・ドスがリクールについて伝記的大著を発表した。François Dosse, *Paul Ricœur. Les sens d'une vie*, La Découverte, 1997.

(2) 数多くの対談でリクールは、ほとんど一度も思弁的な面でこの用語に頼ったことはないにもかかわらず、人間主義者として自分が非難されることに驚きを表明している。しかしこれについては「〈人間主義〉とは何を意味するか?」という論文を参照されたい。《Que signifie "humanisme"?》, *Comprendre. Revue de la société européenne de culture*, no. 15, 1956. だがこの論文は歴史的には、フランスでむしかえされた「人間主義論争」の以下の最近の二例より先である。(1)六〇年代末と七〇年代はじめにおける「人間の死」をめぐる構造主義との論争と(2)八〇年代における新カント主義とニーチェ的風潮との対立（*Pourquoi nous ne sommes pas nietzschéens?*, Grasset, 1991. フェリー、ルノー『反ニーチェ――なぜわれわれはニーチェ主義者ではないか』遠藤文彦訳、法政大学出版局、一九九五年を見よ）。

（3） たとえば次の著者たちの著書を見よ。シルヴィオ・ペトロシノ、ジャック・ローラン、エティエンヌ・フロン、ギイ・プティドマンジュ、ステファヌ・モーズ、カトリーヌ・シャリエ……。

（4） ある論集（Jean Greisch, Richard Kearney (éd.), *Paul Ricœur. Les métamorphoses de la raison herméneutique*, Ed. du Cerf, 1992）が強調するように、リクールの解釈学的反省が中心的役割を果たしていると認めないわけではないが、彼の業績を、もっとも目立つ解釈学の次元に要約するのは避けるべきである。いずれにしても、明らかに解釈学的な段階、つまり『解釈の葛藤』が象徴する段階が可能にしたもの、すなわち反省哲学の伝統と分析哲学との富から汲みあげた「自己の解釈学」を理解しようとするのが本書の野心の一つである。同様に留意すべきは、リクールがフランスよりもイタリアにおいてよりよく研究されていること（たとえば次の著書を見よ。Domenico Jervolino, *La questione del sogetto in Ricœur*, Naples, Procaccini, 1984）、またリクールの注釈者たちには外国人が少なくないことである（リチャード・カーニーはアイルランド人、ビラベルデはスペイン人、ペーテル・ケンプはデンマーク人、チャールズ・E・レーガンはアメリカ人、D・ジェルヴォリノはイタリア人、ポール・スキュラゴンはアイスランド人）。換言すれば、知的風土を異にしても、リクールにはフランスよりも外国に多くの弟子（学派をなす弟子という意味で）がいるのである。だがフランスでもジャン・グレーシュの次の著書を参照できよう。Jean Greisch, *L'Age herméneutique de la raison*, Ed.

du Cerf, 1985. またリクール哲学入門となる彼の *Le cogito blessé* の刊行が待たれる。同様に、リクールの業績への関心を喚起する仕事として、ジャン・ラドリエールはじめベルギー人たち（ルーヴァン大学やブリュッセル自由大学）の役割も強調すべきである。

（5）『フロイトを読む』を見よ。フロイトを対象にしたこの著書はラカンやアルチュセールの取り巻き連によって悪意をもって受け入れられ、交流のあったラカン本人には無視された。思えば人間主義対構造主義というにせの論争を先取りしていた、この予想もしなかった拒否を悲しみ――後に『生きた隠喩』に対するデリダの反論に不快を味わうのと同じように――リクールはもはやフランスの知的空間では論争をすることはほとんどなくなる。

（6）G・ジェルツィクとの最近の対談で（*Rue Descartes*, no. 1, Albin Michel, 1991）、リクールは著作を著者の実生活によって理解しようとする試みに疑念を表明している。「第一に他の著者を問題にするとき、このような仕方で文学的分析だけでなく哲学的分析もするのに、私はこの上ない疑問をもっています。作品自体がみずからを語っていると思いますし、作品の力というものは、作品が著者の死後も生き残ることにあるのです。したがって、ある意味で、著者はいわば自分の作品によって消されたのです」（p. 229）。とするとリクールを対象にした本書が、知的伝記となることを自らに禁じていることは、もっとよく理解されよう。多くの誤解を避けるために、リクールは「知的自伝」の執筆を企てた。それは次の書で読むことができる。L. E. Hahn (ed.), *The Philosophy of Paul Ricœur*,《The Library of Living Philosophers, Vol. 27》, Chicago, Open Court, 1994 ; Paul Ricœur, *Réflexion faite*, Edition Esprit, 1995. また二人の著者によるリクールの伝記も刊行された。Charles E. Reagan, *Paul Ricœur. His Life and his Work*, The University of Chicago Press, 1996 ; François Dosse, *op. cit.*

（7）倫理によってリクールが意味するのはまさに「善いとされる行為のもとに実現される生の目標」である。このアリストテレス的（目的論的）語義は、義務というカント的道徳（義務論）とも、倫理の「受動的」次元に力点を置くレヴィナス的解釈とも一線を画す。

(8) 私はここでは次の人たちの著作を参照するだけにとどめる。クロード・ルフォール、ミゲル・アバンスール、マルセル・ゴーシュおよび彼らが他の人たちと一緒に盛り立てた二つの雑誌、すなわち *Textures* と *Libre* である。前者のメルロ＝ポンティを扱った諸論文はしばしば全体主義的現象の分析を付している。

(9) 『時間と物語III』の第三章「ヘーゲルを断念する」を見よ。

(10) これがこれら「外部の思考」の主要な教訓であり、その主題系はモーリス・ブランショの著作によって強調された。外部の思考は相互に差異を含みつつも、一点に収斂する。ドゥルーズがフーコーについてこう書いている。「したがって諸力の生成というものがあり、それは形式の歴史とは混同されない。というのはそれは別の次元で働くからである。外部はいかなる外界よりも、いかなる外部性の形式よりも遠く、したがってもっと無限に近い。[…] もしもいかなる外界よりも遠い外部が、またいかなる内界よりも近いのであれば、それは思考が、外部をそれ自身の思考されぬものとして発見しつつ、自己触発するしるしなのではないか」(G. Deleuze, *Foucault*, Ed. de Minuit, 1986, p. 92. et p. 126)。フランソワーズ・ダスチュールはメルロ＝ポンティについての論文 (Françoise Dastur, 《Merleau-Ponty et la pensée du dedans》, in Marc Richir, Etienne Tassin (éd.), *Merleau-Ponty. Phénoménologie et expériences*, Jérôme Millon, 1992) で、外部の思考と平行して「内部の思考」という表現を提案しているが、これこそは容易にリクールに適用される。「《内部》の思考はすぐれて地平と遠方の思考、距離としての近さの思考であり […] とりわけ深さの思考であって、それは《外部》からはけっして近づけない次元である」(p. 54)。

(11) 「私は、ヘーゲルとキルケゴールとの対立は対立として、哲学的言述に導入されねばならないと思う。一方で、まったき他と人間とのあいだの距離は、純然たる超越の観念に終止符を打つ内包的関係の観念なしには思考されず、そこで他と私自身の関係を包含するような全体性が考えられる。その意味で、超越の観念は自然に消滅する。絶対的な他と人間とのあいだの無限の距離を考えようとする主張に反対するヘーゲルはつねに正しいだろう〔…〕。他方で、現実的なものと理性的なものとの、実存者と表現体との、個人と言述との深い同一性をそこから見ようとしないような観点はどこにもない。キルケゴールとともに、私は絶対的な言説でなく、実存することは語の強い意味で知ることでなく、つねに単独性は言説の外側で再生する、という告白につねに立ち戻らねばならない」(*L2*, p. 43)。

(12)《Avant la loi morale : l'éthique》, *Encyclopaedia Universalis*, Symposium. Les enjeux, 1988.

(13)《Approche de la personne》, in *L2*, p. 203 et s.

(14) 同様に彼はフッサールの『イデーンI』の翻訳 (Gallimard, 1950) をはじめ多くの論文を翻訳した。

(15) この時代の知的背景を理解するには、メルロ＝ポンティの『シーニュ』(一九六〇) を読むことは有益である。マルセル・モースやクロード・レヴィ＝ストロースについての彼の論文は、人文科学の寄与は哲学的問いかけを排除するものではないことを十分に示している。ピエール・ブルデューはこの時代について興味ある証言を次の論文でおこなっている。《Aspirant philosophe》, *Les Enjeux philosophiques des années 50*, Espace international de philosophie, Centre Georges Pompidou, 1989.

(16)《Husserl et le sens de l'Histoire》, *EP*, p. 57.

(17)《Sur la phénoménologie》, *EP*, p. 141-159. トラン・デュク・タオの著書は一九五一年に出版された。

(18)《Sur la phénoménologie》, *EP*, p. 158.

(19) François Dosse, *Histoire du structuralisme*, 2 tomes, La Découverte, 1991 et 1992.

(20)《Meurt le personnalisme, revient la personne...》, *L2*, p. 196.

(21)《Croyance》, *Encyclopaedia Universalis*.

(22) ジャン・イポリットについての次の論文を見よ。《Retour à Hegel》, *L2*, p. 173-187.

(23)《La guerre a eu lieu》, *Sens et Non-Sens*, Nagel, 1966, 5e édition.

第一章　哲学する
――行動の存在論

要　旨

まずリクールの「アポリア」的な思考スタイルを指摘することにより、彼の提唱する哲学史の考え方が明らかになる。つまり哲学史は次の二重の解明を可能にする。すなわち、一方では、歴史性の一般的特徴の解明であり、他方では、「意味の剰余」の解明である。この意味の剰余こそは哲学を他の言述の型から区別するものである。

そこからリクールが、ハイデガー的自己理解の近道よりも、解釈学という遠回りの道または迂回路を選択することは、人文科学に、ひいては解釈学にさえ過度の保証を与えるような哲学を否認することではない。かえって彼のその選択は、存在と行為を結びつける行動の存在論を活用する哲学の実践と切り離せないのである。こうした野心は、リクール哲学の全行程を通じて現象学と、反省哲学の伝統と、解釈学への三重の忠誠によって支えられて、ある倫理的企ての再定式化を可能にする。その企ては、カントを繰り返すだけにとどまらず、否定性の哲学への反論となる「根源的肯定」(affirmation originaire) の主題系を強調するものである。「根源的分割」(division originaire) の思想であるリクールの哲学は、「解釈学的現象学」の変容のうちに起源への呪縛を見るドゥルーズ的批判には無傷である。

1　アポリア的思考スタイル[1]

ポール・リクールは、あれこれの哲学の形態に言及しつつも、ジル＝ガストン・グランジェの『スタイルの哲学試論』や、エリック・ヴェーユになじみの「哲学的態度」という表現を好んで引用する。「スタイル」、「哲学的態度」といった特有の思考態度を強調するこの二つの表現は、リクール自身の仕事に驚くほど当てはまる。だが彼のスタイルをどう形容したらよいか。それはなによりも迂回路をとる情熱によって、遠回りの道の選択によって特徴づけられる。その道は、思想と行動のアポリアを考慮に入れることと結びついている。[2] ジャック・デリダのような哲学者が閃光のような思考時間、稲妻のような思弁から減速した時間へと移行し、また現代思想が、ジョージ・スタイナーの言葉によれば、「テクスト外」(「意味の意味」)とタルムード的注釈による無限の解釈とのあいだで迷っているのに対し、リクールは執拗に、忍耐づよく意味に接近する作業を巧みにおこなうのであり、それは独特の「前進」となる。その前進はあまり速く(閃光的思考)もなく、あまり遅く(無限の解釈)もない。リクールはたえず向きを変え、回り道をする、つまり〈意味〉のまわりを廻り続ける。意味は与えすぎてもならず、消えてしまってもならない。プラトンが『ピレボス』のなかで言うように、〈一〉にも〈多〉にも譲歩すべきでないなら、リクールのスタイルを形容するには、らせんの形、あるいはねじれの形がもっとも適していよう。そしてこのらせん形の回り道は、存在論に優先権を与えるハイデガー的自己理解の「近道」よりも、多くの予想外の小道や回り道をとりいれる解釈学の「遠い道」を特権化しようとする意志を表わしている。

　この遠い道を特徴づける第一の要因は、哲学の領域に属さない知や方法とたえず対話を重ねることである。人文科学の飛躍的発展と影響力とによって特記される二十世紀の後半において、自らの学〔哲学〕に属さない知をも横断し、検証することに時間を費さなかったような哲学者は稀である。

　しかしこの迂回の技法は、哲学の「外部」または周辺に存しているものに興味を示すことに帰してしまわない。リクールの仕事には独特の動きがある。脈絡なく進んだり、ヴィトゲンシュタインのいう意味での「言語ゲーム」よろしく互いにばらばらな著書、論文をものしたり、あるいは同一の論拠についてさまざまな異説を提起したりするのではなく、この『解釈の葛藤』の著者は、「未完了の媒介」の技法から生じるアポリア的スタイルを行使する。つまり彼の論文、著書はアポリアを――典型的なアポリアは悪と時間のアポリアである――また彼が前の段階で考慮していた難問を、たえず新たに問題にする。

　こうしてまったく新しい工事場が開かれ、そこで先行するものの弱点を補修し、後続するものに足場を準備する。独断論の誘惑と、印象主義的漂流とに陥るのを免れた彼の著作活動は、自ら『時間と物語』で主題化した、かの「不調和な調和」(concordance discordante) の流儀で展開していく。

　半世紀近くにわたって迂回路が増え続け、山道のように曲折に富む彼の思索の行程に連続性があるのかと疑念をもつ者に対しては、容易に次のように反駁できる。『意志的なものと非意志的なもの』(一九五五)の骨格をなしていた諸問題が、彼の全行程の頂点をなす『他者のような自己自身』(一九九〇)のなかに、一段と強度を増して戻ってくる、と。[3] リクールの思考は迂回路をとりいれるが、言述の諸領域の混同を避けつつも、同じ問いかけを反復してやまない。[4]

迂回路はさまざまな会話を交わす機会であり、それがリクールの著作につねに感じられるリズムを与えている。彼は自分の前に対話者がいることを好み、他者とともに、他者のかたわらで考える。彼は哲学という舞台の、けっして小物ではない俳優たちがよく見え、論じられる場面を設定する。のみならずリクールは、アポリアの作業を推進する「訴訟」の、法的空間を構成するために、対決を演出するのであり、彼が司法制度による判決を下す諸条件を具体的に考えようと努めたのも偶然ではない。[5] そこにあるのは「愛の闘いであり、その闘いで私は自分の反対者たちのおかげで、自分自身をよりよく理解できる。私自身が葛藤の本拠地であり、私の本は他者に対する釈明ではなく、他者によって包囲され、占拠されている私自身に対する釈明なのである」。[6]

しかしこの哲学の舞台に登場しているのは誰か。彼が人文科学または分析哲学の領野で呼び出す著者たちと、彼の特権的な対話者となる哲学者たちとのあいだには明らかなずれがある。前者がたいていの場合、現代人で、言語学、記号論、物語論、意味論、語用論における現代の作物は彼の眼からなに一つ洩れることはないのに対し、後者が現代の哲学者であることは稀である。ハイデガー、レヴィナス、ジャン・ナベールを例外として(ナベールは徐々に、戦後の代表的人物ガブリエル・マルセル、ジャン・ヴァール、カール・ヤスパースらにとって代わるようになる)、彼が論じる哲学者はほとんどつねに哲学史の「巨人たち」であり、とりわけカント、アウグスティヌス、アリストテレスである。決然たるこの選択の意志は二本の分割線を引く。一本は哲学の舞台と人文科学とを分割する線であり、もう一本はひそかに現代フランスの思想家について沈黙をまもる線である。しかしたとえジャック・デリダ、ジル・ドゥルーズ、ジャン＝フランソワ・リオタールらがめったに言及されないとしても、この彼のやり方に諸学問や著者たちを序列化しようとする意志を見るべきだろうか。むしろ彼が特権化する哲学者たちは、新しい反省の装置を生じさせるような諸アポリアを露呈させた功績がある、と思われる。

思想の行程の諸段階

年代順的アプローチ

リクールの出版物は二つの型のテクストから成る。一つは論文類で、それらは順次発展していく。もう一つは著書類で、より短いテクストで形成された立論を総合し、組織化したものである。それゆえリクールは、ある著作から次の著作へと新たに展開し、彼の最初の企図を深化させてくれるような諸問題を提示して、彼の思想の道筋をしばしば見せてくれる。だが彼はそれよりもっと頻繁に、「倫理的」野心を背景に退かせてまで、言語についての反省（そして意味の問題）に重点をおくアプローチを見せる。じつはその倫理的野心は、全行程の底にひそんでいたが、ようやく一九九〇年の著書ではっきり現われたのである。

この行程は次のように描きだすことができる。(7) 最初の三部作(『意志の哲学』)における象徴の解釈学の後に、〔『フロイトを読む』における〕フロイトの読み直しは象徴を「二重の意味」として定式化する省察から、意味の「多義性」についての問いかけへと、彼を移行させる。この多義性が諸解釈学の葛藤を生じさせ、『解釈の葛藤』に帰結する。次に『生きた隠喩』は指示(référence)と想像力の役割について二重の省察をする機会となる。それに続くのは物語の詩学を対象とする『時間と物語』の問いかけである。この行程の最後にくる『他者のような自己自身』はそれまでの著作活動のいろいろな極を結集し、また倫理的企図の豊かさを明示してくれる。ふりかえって見ると、この主著をもって、行動の哲学を練りあげようとする企図が形をとり、明らかになるのである。『時間と物語』とは異なり、『他者のような自己自身』は実践と関わり、もはや言語的次元にのみ関与することはなくなる。というのは、実践は他のあらゆる次元(言語、行動、物語行為、倫理)に展開するからである。とはいえ「言語的」解釈は偶然に特権化されたのではない。言語についての反省に決定的な役割を与えることにより、リクールは『時間と物語』が、それなしには『他者のような自己自身』を構築できなかったであろうような媒体であることを暗黙のうちに強調する。たしかに『時間と物語』における「物語的自己同一性」の概念は倫理学を構成するうえで不可欠の概念的ばねである。彼は時折、倫理学を練りあげなかった、と嘆いて、控えめな態度を見せた。だがこれには大いに異論がある。それではまるで、彼の大部分の時間を費やした言語についての反省という迂回路——彼の言語論的転回(linguistic turn)——は『他者のような自己自身』に帰結すべきではないということになるではないか。

しかしもう一つのアプローチが考えられる。それは言語的次元にあまりこだわらず、彼の出版物のもっとも明白な主題系よりも、彼が忠実にまもり、拠り所としているものを特別視するようなアプローチである。そうすれば連続性が強調され、『時間と物語』と『他者のような自己自身』とのあいだのずれを、さほど重要視しなくてもよくなる。

「この三十年来の私の関心事」[8]と題する論文でリクールは、彼の仕事の根源にある三つの連繫する前提を強調する。すなわち、反省としての哲学、現象学としての哲学、そして解釈学で、それらは換言すれば、記号、象徴、そして最後にテクストによって順次に媒介することである。この三つの系譜を挙げて、彼は自分がたえず拠り所としている三つの思潮を示す。まずフィヒテ由来の反省の伝統、とりわけジャン・ナベールの著作である。ただしナベールは物語や隠喩を対象とする研究の時期には、あまり役割を果たさなくなる。次にフッサール、ハイデガーに発する現象学の流れであり、最後にガダマーに代表される解釈学の伝統である。「この伝統はこの長い迂回路のあらゆる要求を引受け、全体的媒介、その終わりに絶対的主体の自己透明性において反省が知的直観と再び等しくなるような媒介の夢を断念する」[9]。リクールは『他者のような自己自身』でアングロ＝サクソン系の分析思想によって面倒な迂回をおこなうのだが、その最後で彼はこの三つの哲学への忠誠に背くことなく、現象学の限界を新たに前進させて「自己の解釈学」を練りあげる試みを明示するのである。行程の終わりに、主体と自己同一性についての反省が再び中心的な位置を占めるのは、人文諸科学を延々と、しかし厳密に迂回して、まさに言語論的転回に相当する迂回をして、そのあらゆる利得を引き出してからである。とすると、ドイツ哲学と、フランス反省哲学の伝統と、分析哲学との三者会談というのが、もっともわかりやすい考え方となる。「フランスの伝統――それは私にとって、ナベールやメルロ゠ポンティに帰結する反省哲学によって何よりも特徴づけられる――と、私のフッサール、カール・ヤスパース研究によって特徴づけられるドイツ哲学と、私がアメリカ合衆国で教えたことがある分析哲学とのあいだの、一種の三角測量を私はおこなったのである[10]」。

構造的アプローチ

このような忠誠が彼の思想行程のばねとなっており、その行程を今度は倫理と道徳の弁証法に力点をおく第三の仕方で要約してみよう。この弁証法はたしかに、カント的道徳学に象徴される「道徳的世界観」に対する批判から、努力（conatus）、意欲（appétition）、倫理（éthique）に力点をおくライプニッツやスピノザの思想の評価への移行を表わしている。リクール自身が訴える用語よりもっと体系的な用語でいえば、いくつかの主題系が交叉し、重なりあう三つの位相をそこに区別することができる。(1)応報の観念と切り離せない、倫理的世界観の「偉大さ」と「限界」とを同時に強調しようとする意志。この意志は一方でジャン・ナベールと反省哲学によって、他方で象徴の解釈学によって、二重に特質づけられる[11]。(2)一九六〇年代と七〇年代の長い解釈学の段階は、『解釈の葛藤』の出版によって区切りがつけられる。この書は、遠い道（ハイデガー的自己理解の近道と対比して）の迂回路を増やし、またフランス構造主義との応酬を収録している。(3)道徳と倫理の関係の新しい形態が、カント主義の最終的超克を提案するように導く。それはもはや五〇年代や六〇年代に現前していた宗教哲学の超克ではない[12]。この段階に来て、これまで数多くの迂回路をとりいれてきたリクールの著作は、一巻のうちに集結し、統合することに成功した。しかし、それと彼の以前の研究との関係は、必ずしも十分に強調されてこなかった。リクールは『他者のような自己自身』で、大陸の哲学とアングロ＝サクソン系の分析思想とを関係づけた。この分析思想は彼に行動思想という糸と再び結びつくこと、そして言語的反省から実践と倫理の新たな把握へ移行することを可能にした。

以上の三つの段階には、行動の主体の問題を強調する長所がある。はじめその問題は、『他者のような自己自身』で〈自己〉の問題として再開されるまでは、反省的伝統と切り離せないものであった。〈自己〉の問題が、この遠い回り道を要求したのは、方策として行動の思想を用いたからである。行動の思想は〈自己〉のあらゆる表現を考慮に入れ、実践のさまざまな形態を演出しなければならないのであるから。

2　哲学的磁化

三重の拒否

リクールのスタイルの独自性は、彼が特別視する哲学史の解釈と切り離せないとすれば、逆に哲学史は彼の著作の原動力を明らかにしてくれる。フランシス・D・ファンシナは、厳密に作成したポール・リクールの業績の必須にして記念碑的な書誌で、一九八五年までですでに三七五篇の大テクスト、七六篇の小テクストの目録を作成した。[13] この驚くべき数字が明らかにしているのは、学会発表の範囲の多彩さ、無限の興味、参照の多様性である。

このきら星のような著作群を、またこの錯綜する興味を、分散と結論づけ、あるいは哲学以外の思想領域への譲歩としてしまうのが不当であるのは、これらの著作群は彼の哲学的態度が要請する選択が何かを、もう一度明確にするよう促すからである。破裂した存在論と、実践の思想を推進するための人間学とを関連づける仕方は、哲学の価値を高めることと切り離せない、というところからはじめよう。〔『悪の象徴論』で〕象徴についての反省を開始して、神話学を対象とする面倒な研究をし、〔『解釈の葛藤』で〕構造言語学の迷路に闖入したことなどを考えただけでもわかるような、リクールはさまざまな迂回路をとるにもかかわらず、彼の思想は、哲学的磁化と呼ぶのがふさわしい作業をするのをけっして断念しない。過激な新聞やパンフレットが相次いで出た六八年五月前後の、実証主義者たちによって、あるいはニーチェ主義者たちによって繰りひろげられた反哲学の論争がもっとも激しかった年代に、リクールはけっして哲学的ロゴスを裏切らなかった。[14] 彼は断じて調和を乱さず、論敵に対しけっしてデマゴーグ的譲歩をせず、哲学と哲学教育に対しいささかの侮蔑の態度も見せなかった。

しかしこの哲学への忠実さは報われずにはいない。ストラスブール時代、ナンテール時代、シカゴ時代の学生であれ、数えられないほどの講演会、学会の聴衆であれ、多くの人々にとり、ポール・リクールは大学人、教授を体現していると見えた。彼の教育者としての才能は、厳密で根気のいる準備の代償であって、リクールはいつも講義の原稿を書いた。そのうちもっとも有名なのは、今でも入手できる『プラトンとアリストテレス』である[15]。彼は即興で語る人ではない。彼が口頭のものに比し、書かれたものが疎隔（distanciation）の状態におかれるのを強調するのは偶然ではない。しかしながらソクラテス対弟子の関係をけっしてこわさず、生徒に自分は先生と同等であると擬似的に思わせる教師というイメージは、リクールを拘束し続けた。そのため講義が不可欠の支えとする省察の独創性に覆いをかけてしまう惧れさえあった。

リクールは哲学史家エミール・ブレイエの弟子で、彼に協力執筆した[16]。また彼はマルシァル・ゲルーやアンリ・グイエにも学恩を感じているのだが、だからといって、彼の思想をすぐれた哲学史家の思想と簡単に同一視してしまう前に、一九四〇年代末から五〇年代初めにかけて、哲学史への彼の問いかけが、彼をどの方向に導いていったかを示すのは無益ではない。その問いかけが彼の著作活動を通じて何度も出現する数多くの問題を予示するメリットがあるからである。そのうえ彼の著作が及ぼす「哲学的磁化」は、時期によって明示されたりされなかったりする次の「三重の拒否」と切り離すことはできない。

(1)哲学思想の流れを、完結したサイクルの「哲学史」という唯一のプリズムを通して把握し、解釈することとの拒否。この決意は、近道と遠い道の弁証法と関係があるだけでなく、彼の哲学史観を明らかにしてくれるアポリア的スタイルとも関係している。

(2)さまざまなヴァリエーションを含む脱構築（ハイデガー的であれ、デリダ的であれ）の企てに過度の信頼を寄せることとの拒否。これは現代のニヒリズムの評価と無縁ではない。

(3)人文科学の覇権のために、哲学的反省を犠牲にすることとの拒否。

以上のさまざまな「拒否の振舞」の底には一つの哲学史観が存在し、それはミシェル・フーコーとかジル・ドゥルーズによってさかんに唱えられた、哲学史の系譜学的批判とも、また講壇的哲学史観とも一線を画すものである。リクールが哲学的ロゴスの伝統的表象に対しても、またその批判に対しても同時に抵抗するのは理解できる。

哲学史の拒否

ともあれ輪郭を固定してしまう必要があろうか！『歴史と真理』に収録されている論文で表明されている哲学史観は、少なくとも一見すると、ジル・ドゥルーズとフェリックス・ガタリが共著『哲学とは何か』で述べていることとさほど隔たってはいない。[17] この二人と同様リクールも、「思想の出来事」を犠牲にしてまで、他のどれよりも決定的とみなされている伝統、哲学的連続性、思想の流派などを特権視はしない。不連続性は連続性にまさり、表面的断絶は繰り返しにまさる。創造と「不調和な調和」に問いかけるのを先取りしてリクールは、異論の余地ある区分（実在論、唯心論、唯物論）を制定したり、強固にしたりする類型論を拒否するとともに、どの哲学も同じ核の問いに多少ともよく適合した答えを出しているとみなす折衷論も拒否する。

リクールは何度も哲学史に対する不信を表明している。すでにジョゼフ・フェラーリが十九世紀半ばに訴訟をおこした。それは「サラリーマン哲学者」のものする哲学史に対する不信である。[18] エマニュエル・ムーニエが一九五〇年に死んで、リクールがムーニエについて論文を書いたとき、彼は〈大学〉によって定められた規則や基準には従わない思想の独創性を強く主張した[19]。

しかしこの大学の伝統とその伝統が媒介する哲学史観とに対する批判は、フランスのみに当てはまるのではない。リクールはドイツ思想に対し率直に興味を表明しているが、彼は次のことを認める。ドイツ思想も「フランス思想と同じようなある種の欠点に苦しんでいる。すなわち歴史への後退、伝統の果てしない要点反復（カント、フィヒテ、シェリング、ヘーゲル）。それらとハーバーマス、ルーマンといった人たちは断絶している。彼らはわれわれよりも、歴史的伝統に圧倒されていない。以上のことを私は必ずしも否定的な意味で言っているのではない。なぜならその反面で人は記憶なき思想という危険を冒すからである[20]」。

そこでリクールは、思想が促進できる転位への興味をより一段と表明する（ブレイエ、ゲルー）。そして同時に彼は、反省の創造的な面、反省の単独性、遺産や系譜よりも思想の行為に高い価値を認める。『歴史と真理』に収められた二つのテクスト、一九五四年の「哲学史と真理の唯一性」と一九六一年の「哲学史と歴史性」とはまさに哲学史を論じている。前者は、真理の多数性と唯一性の眩暈という根源的アポリアを克服しようとして、哲学の単独性をはっきりと前面に押し出す。後者は、システムとしての哲学の表象と、単独性としての哲学の表象を対立させて、歴史性への省察に導く。歴史性への省察は、のちに物語を対象とする省察を先取りしている[21]。

単独性と歴史

一九五四年に発表した最初のテクストでリクールは、哲学的著作の単独性を強調し、同時に歴史哲学なき哲学史をつくる可能性を主張する。それは「諸」哲学を救い出すため、換言すれば「哲学がわれわれに提起する深い独創性、独特の意図、現実についての独自のヴィジョン」(*HV*, p. 47)を救い出すためである。たしかに「哲学史を透視する哲学者はすべての著者たちに対し、歴史家の公正な態度とは反対の、一種の帝国主義を行使する」(*HV*, p. 48)。こうした哲学史の考え方は、もろもろの哲学は共通の尺度では測れないという考えの対極にある。「どの哲学も、それが開いた問題群に完全に応答するものとして〈真実〉である……。偉大な哲学の真理は、それ自身の問いに対するそれ自身の答えの内的一致以上のものであり、それは、問いの形で問題を提起していると見える哲学的状況の意味の発見である」(*HV*, p. 52)。しかしこのような単独性の理解は、哲学間のコミュニケーションと、「存在論的希望」という観念とについての二重の反省によって、さらにひろがっていく。多数性と唯一性とのあいだの「死んだ」ディレンマが、生きた逆説のはいる余地を残したのはたしかである。「われわれは真理のいわばモナド的定義を断念せねばならない。その定義によれば、真理とは各人にとり自分の問題提起に自分の答えを適合させることとなる。われわれはむしろ真理の相互主観的定義に到達する。それによると各人は〈他人との闘い〉において自分を説明し、自分の世界の認識を発展させる。それがカール・ヤスパースのいわゆる〈愛の闘い〉lieben-der Kampf である」(*HV*, p. 55-56)。この観点からすると、著作の単独性の尊重は、同時に「もろもろの」哲学的単独性を関係づける能力に基づいている。その能力は「論争」と「往復運動」を要求する。「プラトンなりアリストテレスなりを読むとき、私は往復運動に身をゆだねる。自分を他なるものとし、いま学んでいる著者に自分を従わせるために、私は自分自身の問いと、自分自身の答えの素描とを交互に中断する。それからエポケー（判断中止）に導かれたより深いレベルで、批評をもって攻撃を繰り返し、そして再び私の著者を信頼し、私は著者に説き伏せられるのである」(*HV*, p. 57)。それゆえ単独性は論争を背景にして、論争的な読解技法を背景にして浮かびあがる。だがまさにそこにおいてリクールは、ニーチェやジル・ドゥルーズが勧める系譜学的読み方と一線を画す。「多数性が最後の現実ではなく、誤解がコミュニケーションの究極の可能性でもない」(*HV*, p. 59)。

もろもろの哲学的単独性をコミュニケートさせあう能力とは何か。リクールが政治的経験の領域に適用する表現によれば、それは何よりも「いかなる対話もア・プリオリに可能である」こと、諸思想間の会談は不条理なものではないこと、「衝突」は議論の不可避の運命でなく、議論はむしろ「葛藤の合意」という考えによって特徴づけられること、なのである。だがさらに前進しなければならない。対話のア・プリオリな可能性を肯定させるものは何か。それは存在とは「行為」であるという観念であり、行為は「問いを発するいかなる可能性にも先立ち、それを基礎づける」。それが同様に「もっとも特異な哲学的意図どうしの相互性」(*HV*, p. 59) を基礎づける。換言すれば、「存在論的な希望」があるということで、その希望こそ「コミュニケーションの重要な環境であり、あらゆる論争の光である。歴史は依然として論争的であるが、歴史に連結されえずに、歴史を統一し、永遠化するあの終末によっていわば明るくされる」(*HV*, p. 60)。この歴史の調整の欠如、歴史の不調和は、リクールの思想が存在論と維持する関係を明らかにしてくれる。たしかに彼が語るのは、他者性のしるしのもとに位置づけられる「含意された」、「砕かれた」存在論なのである。

哲学の剰余

第二のテクストは、明らかに異なる手法を演出する。そこでは単独性はもはやそれ自体として価値づけられない。そしてリクールは哲学史への体系的アプローチと単独性的アプローチとの対立をのりこえることを提案する。「いかなる哲学も、ある意味で、歴史の終わりである。体系は歴史の終わりである。なぜなら歴史は〈論理〉において無効になるからである。単独性もまた歴史の終わりである。なぜならそこにおいて歴史全体が否認されるからである」(*HV*, p. 79)。とすれば歴史というよりも「歴史性の一般的特徴」は、歴史の終わりの二つの形態すなわち構造論的な型(体系)と出来事的な型(単独性)とのあいだでためらっている。リクールの読者はこのことに無関心ではいられない。哲学的言述と歴史性とに固有なこの二元性は、たしかに、解釈学的スタイルと関係づけられる。このスタイルにとり「解釈は概念に応えると同時に、隠喩的な仕方で自己表現しようとする経験を構成する意図にも応える。そのとき解釈は、二つの勢力圏、つまり隠喩的なものと思弁的なものとが交叉するときに活動する言述の一様態である」[22]。そこで体系/単独性の対は、概念/隠喩の対と二重になるので、歴史性の特徴は、解釈学の特徴と同類になる。のみならず、歴史と解釈のこの二重の二元性は、意味の剰余と、「よりいっそう考える」という観念と切り離せない。意味の剰余は、哲学によって歴史のなかを運ばれる思想のアポリアが発展するのに伴って生じるのである。この剰余という観念が行動することと切り離せないなら、思想の行為はまさに行動の一形式である。

上記の五〇年代半ばの二つのテクストと、『生きた隠喩』あるいは『時間と物語』の分析とのあいだに関連があるのは明瞭である。歴史と哲学が二項式をなすのをけっして忘れてはならない。すなわち、一方で哲学は現実の歴史に終止符をうつことができず、他方で哲学はそれ自身の歴史から逃れることができない。歴史と哲学は照合しあう。リクールはヘーゲルに反対して、哲学は人間学を論理学のなかに包摂することはできないと言明し、またニーチェに反対して、歴史に節目をつけるのは伝達不可能な単独性ではないことを強調する。

なぜ哲学は歴史の特性を明らかにするのか。哲学はフッサールのいわゆる「遡行的問い返し」(Rückfrage) の意味で、たえず再活性化され、再開されねばならない、問いかけの領野である。「どんな問いでも問題になるもの、問いを引き起こすもの——質問者に先立つ存在——とはまた歴史の〈一〉であり、この〈一〉は永遠の哲学を自称する特別な哲学でも、もろもろの哲学の源泉でもない……」(*HV*, p. 58)。とすれば、それは何か。「存在は、問うことのどんな可能性にも先立ち、それを基礎づけつつ、もっとも独特な哲学の意図どうしの相互性を基礎づける行為である」(*HV*, p. 58)。「存在を行為として考えること」、それは〈一〉と多の二律背反を免れ、体系や単独性にまったく譲歩せず、〈一〉または多に、〈同〉または〈他〉に同意しすぎるのを拒否することである。これに関連してリクールは『ティマイオス』で二つの火、眼の火と対象の火とを媒介するものとして登場する光に言及するのである。(23)

しかし最後の段階は越えられねばならない。ドゥルーズが哲学の唯一性——〈体系〉——よりも哲学的諸行為の継起、思想の複数性を強調するとき、そのドゥルーズにリクールが近づくとしても、リクールは「存在論的激しさ」を無視することはできない。それは諸哲学間の絆を尊重するのであるから。たしかに哲学者たちは、いろいろな条件のもとで、問いかけについて熟考する。それの最初の仕掛人はプラトンとアリストテレスであった。そうした状況で、哲学的磁化は、存在論の最初の要求と現代思想家の反省の再開とを組み合わせる。ポール・リクールがいくつかの論文で、もう一度マルシァル・ゲルーとエミール・ブレイエとを引き合いにだして、思想の限界または超過、つまりは〈その〉単独性を逆説的に理解するために、体系的読み方を提唱しているのは驚くべきことである。その単独性とは、再開する能力、問いとその適用領域を更新する態度を指す。「哲学はつねに非哲学（non-philosophie）と関わる。なぜなら哲学は固有の対象をもたないからである［…］。哲学は源泉をそれ自身の外部にもつ。私は源泉と言っているので、出発点とは言わない。哲学は自らの出発点、方法、完了に責任がある［…］。しかしたとえ哲学が自分の出発点を探すとしても、その源泉は受け入れる。哲学は出発点を自由にできても、源泉は自由にできない」（*L.I*, p. 34）。

　こうした状況において、哲学がもはや他の言説、他の型の知と「対話」しえなくなったとき、哲学は貧困化し、死んだ伝統となり概念の博物館となる。この対話の意志は敬虔な願望といったものでなく、それはある歴史的事実に立脚している。哲学というものは、他の学問の奥義に入りこめば入りこむほど、創造的になってきたのである。大哲学者たちがそうであった。プラトンと幾何学、デカルトと数学、ニーチェと修辞学、ベルクソンと生物学、など。リクールがとる迂回路も、哲学を動揺させ、再び活発にし、「サラリーマン哲学者」の博物館学的漂流を回避できるような知と哲学を関係づけようとする、同じ意志を表わしている。

ミシェル・セールが『第三の教養人[24]』でまたも喚起していたように、文科と理科の切断という「二重の文化」によって特徴づけられるフランスの知的風土において、リクールは哲学者たちの科学的無知が、科学と技術の発展に応えられる思想を発明したり、科学的主題について想像する仕事を科学者だけにまかせている、そうした状況の不条理を指摘するのである[25]。

解釈学の遠い道

一九四〇―五〇年代には、フッサールの『イデーンI』の仏訳者として、リクールは哲学のアリアドネの糸を放すまいと心がけ、そこで彼は、フッサールとの絶えることのない議論をおこなっていた。しかしその議論は次第にハイデガーの著作との対決にとって代わられていく。リクールが自分はおそらくハイデガーの著書に重要性を与えすぎ、カール・ヤスパースを不当になおざりにしたかもしれない、と幾度か認めたとしても――それはヴィクトル・ファリアスの本の出版によってひきおこされた論争と関係なくはない[26]――こうしたことがらの相反する両価性を把握しなければならない。彼が時に敵とみなす者は、同時に、反省がそれを拠り所にできるような高度に独自な思想の創始者でもある。

しかしながらハイデガーの存在論は、残留磁気をもち、決定的な二つの批判の対象となる。一方でハイデガーによる哲学史の現前の形而上学への還元は、リクールに、彼としては異例の辛辣な批判を生じさせる。隠喩の地位に関するこの論争は、ジャック・デリダとの議論へと延長された[27]。デリダはハイデガーに感化された脱構築の思潮のフランスにおける代表である。

しかし同じくハイデガーは、彼に反対して遠い道をとりいれる決意が正当となるような思想家として現われる。理解の存在論の近道に賭ける『存在と時間』の著者は、かえって「解釈学的迂回路」に照明を当てる。ハイデガーがリクールの仕方と区別される存在論的理解への道を開くにしたがって、あるいはハイデガーが形而上学の歴史について、緊密だが異論の余地ある読みを提供するにしたがって、リクールはハイデガーを別様に読むのである。

近道（ハイデガー）

ハイデガーの近道はもっとも近い道で、「認識の様態としてでなく、存在の様態としての理解をそこに見いだすために、有限な存在論の平面に一挙に向かう」(*CI*, p. 10) 道である。このような理解には決断を要求する。なぜなら人はそれに徐々に達するのではなく、その理解は解釈学的な方式の要求や迂回路から逃れてしまうからである。「問題意識の突然の転回によって、人はそこに移る。どんな条件で認識主体はテクストあるいは歴史を理解できるかという問いは、その存在が理解することに存するような存在とは何かという問いに置き換えられる。こうして解釈学の問題は、理解しつつ存在するこの存在、現存在 (Dasein) の分析論の一区分となる」(*ibid.*)。

ハイデガーが、「生」を「主要概念」と考えているディルタイの企てに表明されているような、存在する／理解するの関係の転覆に着手したことをリクールは認めつつも (*CI*, p. 14)、彼は次の二つの理由で現存在の分析論からは引き下がる。第一に、ハイデガーは任意の存在者の理解に関して、個々の問題を考慮することはなかった。それがハイデガーをして、派生するものを捉えさせず、たとえば、いかにして「歴史的理解はこの根源的理解から派生するか」（*CI*, p. 14）を理解するのを妨げた。リクールは議論を逆転し、派生的理解を表わす記号から、言語の平面から、出発することを提案する。解釈学は存在論に反対して介入するのではない。解釈学は存在論に接近するための道であり、避けられない迂回路なのである。

第二の反論は第一の反論と関連する。「認識様態としての理解から存在様態としての理解へ移行するうえでの難問は、現存在分析論の結果として出てくる理解とは、それによってこの存在が存在として自己理解するものである、というところに存する。理解が存在の一様態であることの指標を探し求めるべきは、やはり言語そのもののうちにではないだろうか[28]」（*ibid.*）。リクールが「現存在の分析論の近道に換えて、言語分析によって始められる遠い道」（*TRI*, p. 128–129 ; 150–151）を選びとるのは、言語に、それにふさわしい解釈学的注意をはらうためである。

哲学的強権発動

リクールは「解釈」を主題にしたテクストで、フランスにおけるハイデガー受容の否定的な結果を問題にする。ハイデガーの影響は哲学史のある種の実践と関係がないわけではない。この批判はさまざまな次元にひろがっていく。リクールはハイデガーに対し、なによりもその傲慢さ、自分の解釈学的解読格子を思想史におしつける暴力を非難する[29]。

リクールがハイデガーの影響を判断するのは、読解と解釈に基づいているのはいうまでもないが、

ガブリエル・マルセルとともに。スリジ＝ラ＝サールで1955年に開かれた「ハイデガー」シンポジウムの際に。(archives Pontigny-Cerisy)

また思想の活力にも依拠している。ハイデガーの企図で彼を不快にさせるのは、それが提示する哲学観のゆえに他人に制限をおしつけることである。「フランスの解釈学が比較的成功していない主な理由について［…］言うべきことはまだある。それはハイデガーの著書のフランスでの受容が、しばしばニーチェ受容と結びついていることに起因している。ハイデガーについてよく取りあげられたのは、歴史叙述や一般にいわゆる精神科学と彼が対決したことではなく、広い意味で存在＝神論（onto-théologie）と同一視された形而上学的伝統と論争したことである。新たな争点はもはや存在論と認識論との関係ではなく、哲学することの西洋的命運そのものにある[30]」。

ハイデガーの思想と、ジャック・デリダが提示するそのフランス的変種とに対して、リクールは率直な哲学への称讃でもって反論することはしなかった。現代哲学の怠惰とはいわぬまでも、その脆弱さを憂いて、リクールは脱構築思想の限界について問いかける。彼がそれに対して非難するのは、何よりも哲学を現前の形而上学のみに同定してしまう、哲学についての還元的表象である。「フランス哲学は二つの袋小路から脱け出すのに苦労している。一方では、たしかによりよく理解しようと念じての古典の読み返しであり、他方では、新しいことがらに対して興味を示すことができないことである。はたして哲学は死んでいないのかどうか、哲学はそれ自体として可能なのかどうか、人は果てしなく問い続ける。際限なく、哲学について哲学をすべきではなく、哲学から脱け出して何かを考え、哲学の難語注解的、周辺的な（marginal）面と絶縁すべきである――デリダがその語、〈余白〉（marge）に与えたきわめて強い意味においてさえも。だが余白は、つねに大哲学者の余白に書くことに帰してしまうのである[31]」。

そこで中心的な問いかけはこうである。哲学を現前の形而上学的伝統のみに帰してしまえるのか。それは現前というものの多義性に目をふさぐことではないか。現前はそれ自体、存在論の多義的概念と照合されるのであるから。それはまた哲学的伝統についての貧弱な見方を押しつけるものではないか。しかしリクールはハイデガー的な形而上学解釈を論じるだけにとどまらず、その土台にあるものを理解しようと努めつつ、それと平行して、アリストテレス的思考が、なぜ形而上学の伝統は存在＝神論に還元できるという仮説を立てるように導いたかを次のように立証する。

行為によって存在を考える

過去の諸哲学について論じ尽くせない一つの特性がある。この分野で私は、ハイデガーが形而上学の終わりを語りつつ導入した主題について、自分がまったく無縁であるのを感じる。私見では、そこにあるのは哲学の全領野を、実体論的主題系もしくは現前の主題系といった唯一の主題系に、いわば暴力的に還元してしまうことである。哲学史はそれよりはるかにもっと豊かなものであると私には思える。ガダマーと議論したときに私が言おうとしたように、脱構築の考えは、ある体系の生産性が凍結してしまったときに、学校的言語、教科書的言語に対してはとりわけ実りゆたかであろう。自分についていえば、私の問題は、たとえばアリストテレスが表明した存在の多義性のような、用いられなくなったのではないが、いずれにせよ副次的なままの主題を賦活させることである。実体論は存在論を汲み尽くしてはしまわなかった。というのは、われわれは行為、行動、行動する、受苦するに応じて、存在を考えるという可能性を少なくとももっているのだから。以上がまさに、行動の、意志の哲学から出発した私の最初の方向である。私の問題は、人間の行動とは何かである。そして自分にこの問題を課しつつ、私はアリストテレスのうちに――コナトゥスの観念とともにスピノザのうちに、情念の哲学とともにホッブズのうちに、そしてあの潜勢力《ポテンツ》哲学とともにシェリングのうちにも――形而上学を再び産みだすのに必要なものを見いだすのである。形而上学が終わってしまったとは思えない。むしろ形而上学は未開拓と見える、とあえて言おう。(ポール・リクール「ポール・リクールの『時間と物語』を論じる」前掲書、p. 22)

脱構築の思潮との論争で、リクールは二つの命法を主張する。一つは存在論的多数性の命法で、それは実践と行為の思想と切り離せない。『他者のような自己自身』で彼は新たに次の問いかけの標柱を立てる。「現前を、自己自身存在と世界内存在とに、そのあいだの基本的連結とすべきか」。「つねにすでに」と、現前の絆から脱け出す不可能性とに、要するに事実性に強調点をおくことによって、「それによって人間の行動と受苦とに根づいている、エネルゲイアとデュナミスの次元を弱めてしまうのではないか」(SA, p. 364 ; 387)。このアリストテレスをめぐる議論は、プラトン的存在論のヴァリエーションを示して、卑俗なニーチェ主義が提示する戯画化されたイメージを免れようとする意志をしばしば伴っている。この観点から考えるべきは「即自的かつ対自的なイデアそれぞれの措定を完結させる存在の論証性である。存在の論証性を考えるためには、事物のイデアまたは第一度の類ではなく、第一度のもろもろの類のあいだの連絡を基礎づける〈大きな類〉を措定する新しい言述を制定しなければならない。そのようにしてプラトンは五つの類の弁証法を素描するのである。つまりその弁証法によって〈存在〉のイデアはもはや唯一の基本的イデアではなく、複雑な構造の一つの環にすぎず、そこでは〈存在〉は、〈運動〉と〈休止〉の後、〈同〉と〈他〉の前の〈三番目〉にすぎない[32]」。

ハイデガーに反対する論争は、ジャン＝ポール・サルトルの『存在と無』におけるような、執拗に存在に本質や事物を関係づける実存主義的思想に反対してリクールがしばしばおこなった論争に逆説的ながら続くものとなる。クロード・ルフォールとサルトルの有名な議論を除けば[33]、サルトルがほとんど議論されなかった時期に、リクールは『歴史と真理』に収められた論文で、当時実存主義を照らす導き手と見られていたサルトルの思想の秘密を注意深く見守るよう提案した[34]。この議論は重要である。リクールはその論文で、まず最初に、否定性の諸レベルが継起するのを記述し、それから根源的肯定についての省察を展開する。根源的肯定こそは〈存在〉の卓越性、〈存在〉が無に先行することを表わしている。この先行はハイデガーにおいては、自己理解の論述の発生を促す。

哲学と人文科学（レヴィ＝ストロース）

リクールが人文科学とたえず対話を続けているのは、第一に遠い道を選択したことに結びついていると考えられる。しかしそう言ってしまうと、人文科学の諸領野では解釈についての反省が十分に信用されていないことになる。リクールはためらわず次のように断定する。「フランスでは解釈理論は、ドイツでそれがかちえたような飛躍的発展を経験しなかった。理解の哲学的理論にもとづいた解釈の一般理論が、フランス語圏では全くといっていいほど欠けている」。とはいえ彼は同時に次のことを認める。「そのかわり解釈の概念は、フランス語圏で特に発展した学問と結びついている。それはたとえば、クロード・レヴィ＝ストロースの文化人類学とか、グレマスの記号論とか、その他構造主義のいろいろな分野、部門などである。実際に、解釈理論が関わってきたのは、自然科学が人間科学の領域を浸すこととではなく、どんな自然主義的モデルからも独立した記号の諸科学とである」（*L2*, p. 455）。

であるからリクールが解釈学的野心をもって、思いきり境界領域に進入したとしても、驚くにはあたらない。哲学が基礎的な大テクストの果てしない解釈だけで終わりたくないならば、哲学は知の別の領域を探索しなければならない。

伝統的に哲学者たちが物理学や数学と関わったように、まず精密科学の知からはじめられた。「偉大な哲学はすべて科学と対話をしてきた。プラトンは幾何学と、デカルトは代数学と、カントは物理学と、ベルクソンは進化論と。既定の諸科学は、すでに怠惰な論拠になりかかっている反実証主義的論拠でもって、あまりに早く厄介払いされている。むしろ実証主義的とされる論拠に応答する権利を獲得しなければならない。もしわれわれの提供するものが、哲学の哲学自身による自己崩壊でしかないとしたら、われわれは実証主義者に自由勝手に振る舞わせることになろう。現代では、科学者たちが自分で暫定的な哲学をつくらざるをえなくなっている。というのは、哲学者たちが哲学の対象を見捨てているからである[35]」。

科学や技術の拡大を前にして不安が感じられているにもかかわらず、リクールは精密科学の領分にほとんど介入しないとしても、彼は人文科学とは対話を続けてやまない。彼がとりわけ言語科学の発展を追跡することを選ぶのは、一般解釈学の企てと無関係ではない。言語科学の発展は、フランス的な「言語論的転回」をもたらしたのであり、リクールにとりバンヴェニストとグレマスとは、その転回の二人の立役者なのである。

ジル・ドゥルーズがジル゠ガストン・グランジェに表明する非難、すなわちグランジェにあっては体験が科学的概念に同一化した概念の代償のように介入してくるので、彼は誤って現象学者となっているという非難[36]をリクールは免れており、彼は科学的概念のために、哲学を二次的役割に押しやろうとしない。しかしこの彼の厳しい態度ゆえに、別の批判を浴びることになる。たとえば、意味をよりよく救い出すために、換言すると人間主義のある種の考え方を救い出すために、方法をめぐる論議を混乱させているという非難である。彼の論文や著書を検討するなら、彼は構造人類学や、それが挑発する議論により[37]も、言語科学や歴史認識論、さらには社会学に、客観的により多くの注意を払っている[38]。逆説的なのは、『生きた隠喩』が期待されたほどの議論を巻き起こさなかったのに対し、すぐに中断されたラカンとの論争、デリダとの論争が大きな反響を呼んだことである。クロード・レヴィ゠ストロースとの討論についても同様で、それは人間主義論争を変質させる役割を果たした[39]。

このクロード・レヴィ゠ストロースとの討論は、雑誌『エスプリ』一九六三年十一月号に掲載されたが、それは実を結ばなかった対話のよい見本となっている。[40] レヴィ＝ストロースとの討論は、構造主義的方法の役割と、この方法と他の理解の様態との関係、の二つに分極化する。他の理解の様態とは「一般化された言語モデルから借用されたものでなく、反省的思考あるいは思弁的思考、要するに解釈学による意味の回復となるようなものである」[41]。この観点から、リクールは構造主義的アプローチのレベルの有効性に異議を唱えようとはせず、かえって説明と理解の断絶を拒否する解釈学が、構造主義的アプローチとの対決から、どんな利点を引き出すことができるかを自問するのである（*TA*, p. 367）。

そこからクロード・レヴィ＝ストロースに向けられた次の問いかけが出てくる。「もしわれわれが神話の領域の根本的な統一性を認めるなら、そのことは逆に、あなたの方法とは違った方法をトーテミズムに適用できることを含意していますし、彼ら〔無文字民族〕が言っていることを、単に彼らの言い方によってだけでなく、検討してみることができ、彼らの言っていることは潜在的な哲学をおびた意味に満ちていることも含意しています」[42]。『野生の思考』の著者はそれにこう答える。「〔試みたが〕それはよい結果を出しませんでした」。リクールは「意味」の概念を導入してさらに続ける。「意味」こそはこの討論の焦点となり、やがてそれは人間の死についての論争のキーワードとなる。

リクールはたずねる。「もし私が意味を理解することによってよりよく自分を理解するのでなかったら、なおも意味について語ることができるでしょうか。もし意味が自己理解の一分節でなかったら、意味とはいったい何なのか、私にはわかりません」[43]。普遍的なものと、さまざまな文化的経験相互の翻訳可能性についてのもう一つの質問に、レヴィ＝ストロースは、説明と理解の断絶をいっそう強化する効果をもつ認識的な命法のなかに入りこんで答える。そのとき「意味」についての誤解が生じ、「意味」は主観性の回帰を正当化するのではないかと疑われたのである。「われわれはものごとを外部からと内部からと同時に理解しようとすることはできません。われわれは統辞論と意味論のいずれかを選ぶ必要はありません」[44]。レヴィ＝ストロースはリクールが「意味の意味」を求めているのではないかと疑って、議論を変質させる危険を冒してまで、論点をはっきりとずらした。レヴィ＝ストロースにとっては、「無意味」しかありえないところに「意味の意味」を求めていることになる。リクールは構造主義の精神を問題にしたのでも、構造主義哲学の訴訟に踏みきったのでもないにもかかわらず、また解釈学において説明は理解を推進するのではないかと考えていたにもかかわらず、次のような、議論を阻む網にかけられてしまったのである。すなわち、もしあなたが方法以上のものを要求するなら、あなたはまたも形而上学、イデオロギー、神学をもちこむことになる、という。

この誤解は不快な結果をもたらさずにはいなかった。解釈学についての議論はいきなり意味と主観性とを対象とする論争に変身してしまった。そこでリクールはたちまち、意味と無意味とのあいだを揺れ動く二者択一に、また行動の思想や責任の哲学に進むのを不可能にする二者択一に捉えられざるをえなくなった。解釈学が精神分析の方と人類学の方へ急激に迂回したことで、その後の十年間に、意識と超越論的主観の告発が強化されることになる。構造主義者たちのこの強引な態度は、主体の哲学を非難しようとする彼らの意志と結びついている。『悲しき熱帯』以来、レヴィ＝ストロースは実存主義者のおしゃべりに軽蔑を隠さず、また『野生の思考』の末尾でのサルトルとの論争は、意識と、解釈の条件を圧迫する歴史とに対する根本的な批判の執拗さを示している。[45]

解釈するとは何か。リクールの言葉では、後期メルロ＝ポンティの言葉のように、解釈とは内部と外部、主体と対象、意識と世界のあいだの関係と切り離せない。ところがフランスで理論化され、実践されている認識論的切断（coupure épistémologique）は、概念と体験、外部と内部の分裂を押しつけるのであり、そうした認識論的切断の限界をクリスチャン・メッツは力説した。[46]

ジル・ドゥルーズとフェリックス・ガタリの共著『哲学とは何か』における批判の主たる犠牲となったのは何か。それは現象学であるが、現象学は二つの面をもつ。世界の側では、体験、身体、前述定的なものなどについての反省を指し、主観の側では、初期フッサールの意識の観念論を指す。[47] 現象学のこの両面への指向で何よりも思念されているのは、起源への二重の誘惑であり、主観の空所に、あるいは世界に（フッサール晩年の著作では「大地」）基礎づけを見いだそうとする二重の熱望である。リクールに対してしばしば起こされている、彼が人間主義者、主体の哲学者であるという訴訟については、おおいに異論の余地がある。なぜなら反省的思考は、起源を思考することに彼が少しの譲歩をすることも禁じており、根源的肯定によって彼を問いかけの方向へ向けるからである。だからこそリクールにおいて、解釈学的野心は現象学と絶縁しては現われ出ないのである。

3　反省と解釈学

哲学的出発点としての反省

「実存が——人間的で成熟した——自己となるのは、はじめ外部にあるこの意味を自己のものとすることによってである」(*CI*, p. 26)

レヴィ＝ストロースとリクールとの中絶した論争の底にある誤解を解明する反省の主題は、近道と遠い道の関係、自己についての自己理解と、解釈学的企図と切り離せない記号理解との関係、とを確固たるものにする。この段階は同時に、欲望としての実存の問題系を再興するために、主体の問題系を降格させることを伴っている(*CI*, p. 23)。反省によって近道と遠い道の関係ができたことは決定的である。その関係は「外部に曝された」主体の問題系の素描を可能にするのであり、外部に曝された主体は、それ自身を観念論的意識と同一視しようとするいかなる告発に対しても、無罪を主張できるようになる。

反省は存在の措定であり、同時に行為の措定でもあり、ナベールによれば「われわれの存在を構成する欲望の歴史の一瞬」(*L2*, p. 227) である。その反省は、コギトの称揚とコギトの辱めとのあいだを、デカルトとニーチェとのあいだを揺れ動くのを拒否する主体の思考に、真の重要性を与える。「デカルトに発し、カント、フィヒテそして大陸の哲学の反省的思潮とともに発展する伝統にとり、自己措定はそれ自身で措定される真理である。それが意味するのは、その自己措定は検証も演繹もされえないことである。それは存在と行為の措定であり、同時に実存と思考の操作の措定でもある。つまり、私は存在する、私は考える、である。私にとり、実存することは考えることである。私は考えるものとして実存する。この真理は事実のように検証されえず、結論のように演繹されえないゆえに、反省において措定されねばならない。その自己措定が反省である。フィヒテはこの第一の真理を措定的判断と呼んだ。これがわれわれの哲学的出発点である」(*CI*, p. 322)。この出発点は、反省が同時に存在と行為の措定であるという確認を中心に設定される。もしこの反省が非合理主義の誹りを免れたいと思うなら、この存在と行為の同時的措定を、反省と直観を一つのものとする直接性の哲学と混同してはならない。

それゆえにリクールはここで、ナベールが一九五七年版の『フランス百科事典』に書いた論文で示唆しているところにしたがって、反省哲学の二つの方向を区別する。リクールは「絶対者がその特殊な意識の運動のなかで内省する」ような反省哲学に対抗して、「まず主体自身を構成し、それからその操作に内在している、あらゆる領域での法則、基準、精神活動を再把握する」ような反省哲学をとりあげる。「この観点からすると、自我は――最初の行為、根源的肯定をこえて――そのさまざまな行為を通して、つまり〈その対象、その産物、最後にはその行為という鏡〉にうつして、再把握されねばならない」(*ibid.*)。ここでもろもろの概念がオーケストレーションされていることは明白で――存在、思考、行為は分かちがたく結びついている――そして反省哲学は、いかなる自己自身の直接的意識の哲学とも区別される。後に『他者のような自己自身』で再度展開されることになる〈自己〉は、ここで決定的な拒否を表明する。すなわち直接的意識、直観の拒否である。[48] デカルトに対して、自己自身の統覚の疑いえない性格やコギトの明証性については譲歩しても、その確実性は真理ではない、とマールブランシュとともに反論しなければならない。「この直接的把握は単に感じにすぎず、真理ではない」(*CI*, p. 323)。ここにデカルトのコギトへの最初の批判があり、それは『他者のような自己自身』の序言にまで続いていく。

倫理としての反省

リクールはいつもながら、哲学史のみごとな連続性に対してつねに懐疑的なのではあるが、この段階で、はじめて大陸の反省哲学の伝統の美しい統一性を破る。しかもそれだけにとどまらず、同じくカントの批判哲学も疑念の対象とし、その疑念を彼はくりかえし書きしるす。「批判哲学の根本的な限界は、それが認識論のみに配慮しているところにあり［…］思考の操作はわれわれの表象の客観性を基礎づけるものだけにとどまる」(*CI*, p. 323)。この定式化した非難は、後年もう一度、「実践理性」と題された論文でも表明されるのだが(49)、その非難の標的は何よりも、実践哲学、第二批判書が認識理論、理論哲学に従属していることにある。「カントは普遍化の規則を最高の原則の位に引き上げることにより、あらゆる観念のなかでもっとも危険な観念に手がかりを与え、その観念は、フィヒテからマルクスまで含めて、他のすべてに優先するようになる。すなわち、実践的次元は、理論的次元で要求される知や科学性にも比肩しうる知や科学性に依存するという観念である」(*TA*, p. 250)。

したがって直観としての反省というデカルト的伝統と、その認識論的性質を彼が強調するカント的批判とから二重に免れた地平で、リクールは彼自身の反省の「倫理的な」概念を、フィヒテとその「フランスにおける後継者」ジャン・ナベールにしたがい、彼らを引用しながら、「実存しようとする〔われわれの〕努力の再獲得」として規定するのである。ナベールは「真の経験のうちに超越論的主観の構造を発見するために、経験を構成する操作よりも自我の内面性を深め、救い出す」ことに執着して、反省と批判とを区別する。「批判に固有の、超越論的なものと経験的なものとの区別を、行動の領域に転置する」(*L2*, p. 228) ようなカント的形式主義を非難して、ナベールはカントに対して距離をおき、むしろ倫理学を深めようとする。

それが決定的な点であり、反省の伝統に負っていることをリクールは認める。たしかに彼は言葉づかいこそ異なれ、道徳学と倫理学との関係をたえず明確に規定している。「ジャン・ナベールは、われわれが何らかの仕方でそこから離れ、あるいは頽落してしまった根源的肯定をわがものにしようとする動きに反省を適用して、カントよりはスピノザに近い倫理学の意味を再発見する」(*L2*, p. 229)。「道徳学と倫理学の区別が、批判と反省の区別を裏打ちするのであれば、またナベールの倫理学が道徳学でないのであれば、その倫理学は実存しようとするわれわれの努力の、われわれの存在欲望の歴史を指し示す」(*ibid.*)。そうすると、認識批判(カント)と行動についての反省とは互いに拮抗しあい、相互に依存しあえない、とそこから結論すべきか。また形式主義批判ということでメーヌ・ド・ビラン的なテーゼを特権化しなければならないか。ところが逆にナベールは、批判主義的漂流(超越論的意識に還元された自己)も、「超越論的意識をその客観性の要求とともに意志するという原始的事実から派生させせようとする」(*ibid.*) ビラン主義も、ともに避けようとする。

反省が非合理のほうへ傾かず、歴史が道理にかなったものであるためには、意識と理性の「連帯」を、また「実存的なものと合理的なものとの連続した一致」（*L2*, p. 230）をはっきり示さねばならない。やはり「内的経験の具体的な形に直接注意をはらう探究が不毛な非合理主義におもねるのを避けるためには、知の批判的理論がその客観性と真理との機能を〈私は考える〉の前面に押し出すことが必要であった」（*ibid.*）。リクールがまったく別のコンテクストで、キルケゴールについて、あるいは実存主義的伝統について検討するとき、彼は「組織」と「個人」とのあらゆる対立に逆らって、実存と理性を結ぶ絆を強調する。

それゆえジャン・ナベールの反省的思考の果たした決定的な役割をいっそうよく理解できる。反省は直観でなく、直観と区別されねばならないように、「自己措定」は所与ではなく、務めであり、エネルゲイア（現実態）であり、エルゴン（仕事）であり、コナトゥス（努力）である。スピノザが倫理学という語（それが彼の主著の題名 *Ethica* となる）について、道徳学と区別して提案している用法にしたがって、リクールは反省と倫理学との関係に重きをおく。彼の目的は「自我を、その実存しようとする努力において、その存在しようとする欲望において捉えることである。ここにおいて、認識の源泉はそれ自体エロスすなわち欲望と愛であるというプラトン主義的観念と、同時にそれはコナトゥスすなわち努力であるというスピノザ的観念とを反省哲学は再発見し、そしておそらくそれらを救い出すのである」（*CI*, p. 324-325）。こうした観点に立って、反省の伝統はそれ自身を深化させることにより、カント的道徳学と区別される倫理学の次元を価値あらしめるのである。

しかし一九五〇年代から九〇年代にかけてリクールにおいて、〔心的〕力学やエネルギー論を犠牲にして、論理的に表象を特権化しようとする認識論の用語で定式化されるアプローチにはとどまるまいという動機がつよく働いている[50]。それだからこそライプニッツ、スピノザ、ニーチェはリクールの著作につねに登場するのである――たとえ彼らはアリストテレス、カント、ハイデガーほどにリクールの特権的なパートナーではないにしても。

生と表象、欲求と認識という二重の価値づけによってリクールが明示するのは、根源的肯定、コナトゥス、存在欲望といったものが彼をニーチェ的生気論とカント的形式論のあいだで動揺させず、存在の力動性を主張するように導くということである。たとえ彼がその次に、想像力、イニシアティヴ、意味論的革新、詩学について語ろうとも、彼はそのつど、このコナトゥスと分離できない問題、新しいものの可能性そのものの問題を再開するのである。

ポスト＝ヘーゲル的カント主義

「カントは、絶対に不可欠の人である。彼なくして、哲学は批判的思想が欠けたままになる。とはいえ彼はけっして、哲学のすべてではない」（カール・ヤスパース）

カントの形式主義を批判するのは、それ自体問題を単純化してしまわないか。カントを迂回することは、五〇年代の現象学に関する最初の議論の際に、しばしば主張された。しかも執拗にである。

ヒュームの習慣論と同じ難問にぶつかっている現象学は、もしそれが「現われの帝国」に君臨する固有の権利を根拠づけようとするなら、現われの批判を要求する、と主張する論文をリクールは数多く書いた。たしかに「実在それ自体の措定はカントにとり、現象が存在のために自己を与える権利の要求を、思弁的に〈制限〉するものである」（*EP*, p. 159）。リクールが近年、超越論的思想の明白な優位を再確認できたとしても、それだからといってカント主義が到達点とはみなされない。反省のように、それは出発点である、ただし別の性質の出発点である。カントとたえず維持している複雑な関係において、リクールはきまって次の三つの問題点を主張するのだが、それはその限界というより、不安定性を位置づけるためである。それらの問題点はいずれも「カントとともに始めた」ときカントを「続ける」ように促す問いかけである。その三つの疑念とは何か。

第一に、実践の経験は道徳的義務のみには還元されない、とリクールは考える。そのことは彼をして、服従や義務のみに要約されないアリストテレスの卓越性（arêtê）の概念を価値づけるように、また倫理の観念が道徳の観念よりも複雑であることを再確認するように導くのである。第二の疑念は、実践理性が「欲望を顧慮しない理性として」命令することができる、という考え方を問題視する。行動概念にとって致命的な一連の二分法に道徳を拘束してしまうという欠点をもつこの考え（*TA*, p. 249）は、認識と欲望、超越論的なものと経験論的なものとを、過度に対立させまいとするリクールの気づかいを、またしても明らかに示す。だが第三の疑念はもっと根本的にカント主義に異論を申し立てる。彼は『純粋理性批判』のモデルのうえに実践理性を構築しようとする企てそのもの」を問題にする。リクールが超越論的思想の優位を十分に認めるとしても、彼はアリストテレスの人間学やヘーゲル的現象学に働いている実践のあらゆる次元を喚起して、その思想を延長しようとする。それは彼がヘーゲルによってカントを「追い越す」ためでも、アリストテレスに帰るためでもなく、何よりもこれらの哲学者たちのうちに、転換や未完了の媒介の意味の可能性を見いだすからである。

ともあれ、これまでのリクールの思想的行程にはスピノザと彼の『エティカ』の影がずっとさしていたのに、スピノザの著作が正面から考察されることはなかった[51]。そのことを遺憾ながら、と認めるのは驚くべきことであるし、過度とさえ見える。なぜならリクールはカントの道徳のような型の規範的道徳と区別しながら、倫理の次元をつねに価値づけていたからである。「まずは倫理がある。なぜなら自由を措定するという重大な行為によって、私は成り行きから、自然から、その法則から、生そのものから、生の欲求から自分を引き離すからである。自由は自らを自然の他者として措定する……。ここで重大な行為というものについて語れるのは、〈私はできる〉という純粋に点のような、形式的な、空虚な信念を正当化するのが、人生のコース全体であり、職業、社会的役割、制度、業績、方策などを経由することだからである。絶対に原始的なままであるのは、存在可能、存在努力、存在の力動性の根源にあるスピノザ的な意味でのコナトゥスの喜ばしい肯定である[52]」。

反省と解釈学を結ぶ絆

どこから始めるべきか。直接的意識の「内部」から、対象と作品の「外部」のほうへ移行するこ

リチャード・カーニー，ジャン・グレーシュとともに。1988年にスリジ＝ラ＝サールで開かれたシンポジウムの際に。(archives Pontigny-Cerisy)

とからである。『解釈の葛藤』では、コギトの明証性がいかなる究極の真理へも差し向けられない直感であることを喚起しつつ、リクールはそこから数節先で述べる主体の記述からも距離をおくのである。「私は対象のなかで迷い、さまよい、そしてまるで他者から引き離され、皆の敵であるかのように、わが実存の中心から引き離されている。このディアスポラ〔離散〕の、この分離の秘密が何であれ、それは自分が、まず自分は何であるかを所有していないことを意味する。フィヒテが〈措定的判断〉と呼んだ真理それ自体は、私自身の不在の砂漠のなかで措定される」(*CI*, p. 324)。

「不在の砂漠」、この言い方は、後年の文章の響きと奇妙に一致する。そこでリクールはハンナ・アーレントの用語で思想の「危機」について語るために「強制移住者」のイメージを喚起する。(53)「不在の砂漠」は〈自己〉が直接的意識で充足されることの不可能性を言い表わしている。こうした状況において、「実存することを回復する」とはしたがって自己の活動の全量において自己措定を回復することである。なぜなら実存しようとする努力あるいは欲望は、その活動において証しされることを要求するからである。だからこそ反省はリクールの著作で中心的役割を果たすのである。反省は戦略的に、近道と遠い道を結ぶ絆を確実にする。反省は自然に解釈学の遠い道へと延長していく。というのは「私が実存する行為を把握できるのは、世界のなかにちりばめられた記号以外の場所にはない」(*CI*, p. 325) からである。反省はそれゆえ存在論と解釈学を、実存しようとする努力と実存の表現を関係づける。もし存在が放棄され、存在論が砕かれるなら、主体の務めはひたすらその行為、その対象、その作品を解釈することによって、自らの〈失われた〉存在を再び自分のものにする以外にない。

反省の努力が解釈学的課題と結びつく瞬間から、「諸解釈の葛藤」すなわち、『フロイトを読む』でアルケー（始源）へと向けられる精神分析と、テロス（目的）へと向けられる宗教学とを対立させる論争をはじめとして、諸解釈学間の論争は反省を力動化はするが、けっして用語を整理統合したり、自己の分離を克服するにはいたらない。そうすることは結局「絶対精神」の幻想に屈したり、勝ち誇る存在論に人間学を従属せしめることに帰着しよう。根源的分割はここで行動するための応答をひき出すが、根源的分割が変貌しても、けっして見せかけの起源のほうへは移行しない。反省の動きはこう素描される。反省が外部に曝されなければ、「反省は盲目の直観にすぎない」。とはいえこの「人間的なあまりに人間的な」最初の移動は、空虚な場所を占めようとするあらゆる虚偽のコギトを、直接的意識と混同されるあらゆる虚偽意識を立ち退かせるための反対の動きを伴っていなければならない。この解釈学的媒介のおかげで、反省はその二重の目的を明確にする。それが反省を、意識の哲学といっそう根本的に区別するのである。

4　破裂した存在論――否定性と根源的肯定

砕かれた存在論から弁証法的存在論へ

反省と二重の解釈学的媒介（生と精神の客観化、虚偽のコギトへの疑い）との絆がいったん確立されるや、哲学者は存在論への問いかけを二度と延期することはできない。精神分析、精神現象学、聖の現象学といったこのうえなく異質な諸解釈学が「理解の存在論的根源の方に照準を定める」（*CI*, p. 26）のであれば、それらは存在論的命法や存在の問題を断念するようにするどころか、独自の存在論的スタイルを明示する。ハイデガーによって特権化された近道としての勝ち誇る存在論（自己理解）と区別される存在論は、「戦闘的」「砕かれた」「弁証法的」「多元論的」といった形容詞とともに姿を現わす。「主体は、自己措定し、自己所有する以前に、存在のなかに措定される」のであれば、存在との「根源的分離」がある。しかしこの分離は、「根源的肯定」とも存在論的激しさ（véhémence ontologique）とも分離不可能である。この存在論的激しさは単一の、一者論的アプローチにとって代わる、解釈学的変容を伴う存在への多元論的アプローチである。たしかに「競合しあう諸解釈学は言語ゲームではない」（*CI*, p. 27）としても、それらの解釈学は、複数の、含意された存在論とは切り離せない。ここでいう「含意」とは、存在論は人間学から逃れることのできない思念であるという考えにほかならない。だがそれはまた次のような意味でもある。すなわち存在は複数で言い表わされ、概念と隠喩の交叉する混合言語のように現われる解釈学において変化するのである。そうであれば、なぜ存在論が解釈とも、それに伴う反省と解釈学の二重の努力とも切り離せないかがよく理解されよう。

リクールはその数多くの著作で、とりわけ『生きた隠喩』の最後の章で、「存在論的激しさ」という奇妙な概念をあえて喚起し、何度も用いている。のみならずプラトンとアリストテレスについての有名な講義や『ウニヴェルサリス百科事典』に収録されたいくつかの論文で、リクールは何度も、プラトン、アリストテレス以来の存在論的思想の変容について述べる。そこで興味深く思われることは、彼がそのつど反省を、『ソピステース』における大きな類の弁証法の方に方向づけていることである。しかもそこで、〈存在〉の類は〈同〉と〈他〉の対立の形だけで変化するのではないのである。

否定性の圧力（ジャン＝ポール・サルトル）

「否定的なもの、否定的経験の圧力のもとでわれわれは存在概念を再獲得しなければならない。存在は形式より行為であり、生き生きとした肯定であり、実存する力である」（ポール・リクール）

構造主義思想の特別の標的といわぬまでも、主たる論敵はジャン＝ポール・サルトルであったが[54]、リクールが構造主義思想を代表する人たちと対決するようになってからは、むしろリクールがサルトルの思想をどのように解釈しているかを知ることに興味が増してきた。次の二つのテクストが『言葉《レ・モ》』の著者と議論する機会を与えてくれる。一つは『悪魔と神』についての論文であり、もう一つは否定性と根源的肯定とを同時に扱った論文である[55]。

サルトルとの議論は行為の問題をめぐって両極に分かれる。たしかに無化作用から無への移行はそれ自体正当であるとしても、「否定はもっと根源的な肯定の裏返しにほかならず、あえて言うなら、それは単に行為の半分にすぎない」（*HV*, p. 350）。リクールは実存主義の錯覚が二重であることを立証することに努める。すなわち一方で「実存主義は否定的なものにそれ自身をとじこめてしまう情念と、否定とを混同している」。他方で実存主義は「自由＝無のもう一つの二者択一は本質のなかに硬直化した存在である」（*HV*, p. 356）と信じている。

そこで否定とサルトル的無についての省察から、リクールは否定的なもののなかでの肯定の役割を再発見しようとする。肯定が必要であると立証するために、リクールは『存在と無』の読解からギリシア思想の読解へ移行する。ソクラテス以前の哲学者たちはわれわれに何を教えてくれるか。何よりも存在についての思想は「われわれが提起しまた捨てることのできる、信じまた疑うことのできるすべてのものの基礎であり、始まりであるという二重の意味で」（*HV*, p. 357）アルケー（原理、始まり）を考えることに帰着する。アリストテレスはそれを次のように定式化した。「けだし、すべてのものは、それ自らが原理〔始まり〕であるか、あるいは原理から生じたものであるかのいずれかであるが、無限なものには始まり〔原理〕はないからである。というのは〔もしあるとすれば〕無限なものに限りがあるということになるから」（『自然学III』p. 203b）（出隆訳　九五―九六頁）。「それ自体始まりがなくて、それ以外のものを始まらせる何かという観念は、神話に終止符を打つ」のであれば、その観念はとりわけ次の二つの決定的な特徴を主張する。すなわちそれは〈原理〉(archê) と正義 (dikê) との関係を強調する。原理が「自然的なもの、倫理的なもの、政治的なものを知解するための共通の根」であるなら、存在論は事実と価値、存在と理念を分離しようとはしない。〈原理〉の二重の意味への回帰は、それと平行して「否定が肯定の土壌のうえに基礎づけられる」のを強調してくれる。「アナクシマンドロスは言う、〈第一のもの〉はそのあとに生きるものの規定を含まず、無条件に存在するゆえに、あれでも、これでもない、と。存在の非‐限定性、非‐本質性の肯定がアナクシマンドロスにおいて擬人化批判を可能にしたのであれば、その肯定は同時に人間の実存も基礎づける」（*HV*, p. 358）。このようにギリシアを迂回することでサルトルへの二重の反論が有利に展開するのがわかる。すなわち、一方で存在の思想は、サルトルが主張する事実と価値、実存と本質のあの切断を絶対に認容しない。他方で、肯定は否定より先である。

否定性の哲学がヘーゲル以来、事物を本質から切り離すような存在の哲学を練りあげさせ、本来の存在の哲学を困難にさせたことは認められるとしても、形式であるよりも行為であり、生きた肯定であり、実存し、実存させる力であるような存在の概念を、それはやはり再獲得させてくれるはずである。実存する力、このスピノザ的表現はリクールの主張をともかくも明るみに出してくれる。否定的なものの圧力が形相の哲学――形相が〈イデア〉〈通性原理〉〈実体〉などと解されようと――に対する非難を許すとしても、それは〈潜勢力〉〈第一原理〉の観念を再発見させてくれるはずであり、このことは否定的なものを根源的肯定に結びつける。否定的なものの欠如がスピノザによって批判されるとしても、否定的なものの哲学は根源的肯定を再び自分のものにしなければならない。リクールをスピノザ、ニーチェ、キルケゴール、カントに近づけ、また遠ざけるこの弁証法は二つのメリットをもつ。すなわちそれは存在論的反省と行動の思想との絆を主張する。そしてその弁証法はもう一度、根源的肯定という表現をつくりだした哲学者ナベールを特権的なパートナーに指定するのである。

根源的肯定（ジャン・ナベール）

この段階でジャン・ナベールを参照することは、詳しく説明されるべきである。[56] その参照はリクールの著作への最良の導きの糸の一つであるが、それはリクールがナベールの著書に対して示す讃嘆のゆえだけでなく、『倫理学のための要理』の著者が、証言の解釈学の最初の土台を据えたからであり、その何年も後で『他者のような自己自身』がその解釈学を強化し、完成させるからである。『啓示』と題する論文集に一九七七年に発表した論文で、[57] リクールはナベール思想の動きに照明をあてる。その思想は悪の問題にいっそう激しく対決するだけに、いっそう難解なものとなる。[58] ということは根源的肯定が根源的悪を前にして後退してしまうということなのか。

その問題をリクールは前述の論文でとりあげたのではない。その論文でリクールはナベールの反省的思想に、彼が「解釈学の主観的」側面と呼ぶものを見るのであり、それに対し詩学は解釈学の客観的側面を指す。ということは、その反省的思想は解釈学の動きに、つまり意識が意味の起源として自己措定するという要求を放棄する動きに含まれるのである。解釈学は「テクスト、作品、テクスト世界といった概念と同じような狭義の文学的概念」（*HR*, p. 47, 175）に立脚することはできないので、証言のカテゴリーの機能は、世界や作品の概念が依存する歴史的偶然性の概念を導入して「意識の砦を壊滅させる」役割を果たす。その場合、「他律なき依存」という観念を考えるために、自律の観念が問題となる。外部の、偶然的な出来事に依存するような自律というものをいかにして懐抱するか。歴史の一瞬間に絶対的性格を与える権利をわれわれはもっているか、とナベールは自問する（*HR*, p. 48–49, 178）。議論のこの段階で、われわれは十字路に立ち、根源的肯定の問題が再び現われる。哲学的信仰についての批判的反省を開始すべきか（本書第五章を見よ）、それとも証言のカテゴリーと根源的肯定との関係に明確に注意を払うか、である。根源的肯定を語ることは、肯定の根源性に力点をおき、私が肯定するよりも肯定が私を構成することを認めることである。リクールはいう、「根源的肯定は純粋に内的な行為を越え出ることはできないだろう。それは外部に自己表現することも、内部にとどまることさえもできないのである」（*HR*, p. 48, 176）。外部と内部のあいだで、根源的肯定は「脱ぎ捨て[一]」の動きに伴っている意識の肯定に合致する。「根源的肯定は個人の運命に影響力を及ぼすもろもろの制限を否定してしまう行為である。根源的肯定とは脱ぎ捨てである」（*ibid.*）。脱ぎ捨ては「倫理的であると同時に思弁的な行為」である。この脱ぎ捨ての動きは、根本的であるとともに逆説的でもある。一方で、脱ぎ捨ては悟性の経験的対象と同じく、形而上学の超越論的対象をも断念するようにさせ、プロティノスのいう「あらゆるものを廃せ」を繰り返す。他方で、脱ぎ捨ては「寛大にも絶対的なものがひとりでに現出させる偶然的な記号と、反省を出会わせる」（*ibid.* p. 177）。象徴からはじめて、範例を特権化するカント主義とは異なり、ナベールは証言の役割に訴える。

　しかし根源的肯定は、やはり根源的なものとして経験される悪に左右される。ナベールによれば、道徳的規範の抽象化を妨げる経験とは何か。それは「正当化できないもの」という経験である。その経験は悪とは切り離せず、もはや「道徳的秩序の崇高さにわれわれが敬意を捧げること」を許さない。こうした状況では、この「敬意」を脱ぎ捨てて、「根源的肯定へ向かう道を新たに開きつつ、正当化しえないものが今ここで克服されることを証しする出来事、行為、人物」(*HR*, p. 48, 177) を承認しなければならない。こうした証言は「歴史の一瞬間が絶対的な性格を付与されるという躓きとなる逆説よりも反省を優先させる」(*ibid*. p. 178)。

それゆえ証言の解釈学は、解釈学の客観的と主観的という二つの斜面を、自己理解と外部の記号とを関係づけるのである。

原注

(1) この最初の章は、リクールの著作に散在しているように見える諸要素を集め、統合しようとするため、本書でもっとも難しい章となっている。それを好まぬ読者は、この章を迂回しても問題はないだろう。

(2) 逆説の形は、メルロ＝ポンティでは決定的だが、リクールにも「政治的逆説」(本書第二章を見よ) をはじめ、ないことはない。しかしそれは次第にアポリアの形にとって代わるようになる。逆説はキルケゴールによって別様に練りあげられるが、リクールはそれについて *L2* に収められた二つの論文で論じている。

(3) 「それを求めるのはずっと遅くなってから、おそらく私の哲学研究の最後にでしょう。なぜなら私は人々とでなく、私自身とけりをつけたいと思ったからです。つまり私が三〇年ないし四〇年の研究生活で出会ったすべての人たちとでなく……」。G・ジャルツィクとの対談。*Rue Descartes*, no. 1, *op. cit*.

(4) *MV* の最後の章は詩と思弁的言述を区別するために、諸言述の異質性と、「言語ゲーム」(ヴィトゲンシュタイン) の複数性についての省察にあてられている。両言述間の緊張を強調しつつ、リクールは詩と思弁、概念と隠喩とを「混合させる」結果となっている三つの哲学的態度を次々と批判する。

（5）*LI* の第II部「政治、言語、正義論」および次の比較的最近の論文を見よ。《L'acte de juger》, *Esprit*, juillet 1992 et *Le Juste*, Ed. Esprit, 1995.

（6）in《*Temps et Récit*》*de Paul Ricœur en débat*, sous la direction de Christian Bouchindhomme et Rainer Rochlitz, Paris, Ed. du Cerf, coll.《Procope》, 1990, p. 202.

（7）Cf.《Ce qui me préoccupe depuis trente ans》, *Esprit*, août-septembre 1986 ;《De la volonté à l'acte》, entretien avec Carlos Oliveira,《*Temps et Récit*》*de Paul Ricœur en débat*, *op. cit.* ; *Réflexion faite : autobiographie intellectuelle*, Ed. Esprit, 1995 ; *La critique et la Conviction*, Entretiens avec François Azouvi et Marc de Launay, Calmann-Lévy, 1955.

（8）*Esprit*, août-septembre 1986, p. 33.

（9）*Ibid.*

（10）Entretien avec G. Jarczyk dans *Rue Descartes*, *op. cit.*, p. 233.

（11）「倫理的世界観は悪をすっかり説明しつくせるか［…］。もし悪が正当化できないものであるなら、自由がそれをしたという告白のうちに悪は完全に奪取されるか［…］。悪の象徴論が考えさせてくれるものは一切の倫理的世界観の偉大さと限界に関連している……」（*HF*, p. 17）。*HF*（1963）では、倫理観はカント的自由に、そしてつねに応報の観念に照合される。

（12）*CI* のいろいろな論文を見よ。とりわけ次の論文。《La liberté selon l'espérance》;《Culpabilité, éthique et religion》.

（13）Francis D. Vansina, *Paul Ricœur. Bibliographie systématique de ses écrits et des publications consacrés à sa pensée*（*1935-1984*）, Ed. Peeters Leuven（diffusion Vrin）, 1985. その補遺は次に掲載された。*Revue philosophique de Louvain*, tome 89, no. 82, mai 1991, p. 243-288. それと平行してテレーズ・デュフロはリクールの著書、論文、学会発表の点検という重要で骨の折れる作業に貢献している。

(14) Jean-François Revel, *Pourquoi des philosophes?* (réédition 1976, Robert Laffont) という攻撃文書が出た後にも、この年代には、たいていの場合人文科学あるいは認識論の利益になるように、「教授たちの哲学」を葬ろうとする著書が数多く出版された（テュイリエ、シャトレ、クレマンらの著作を見よ）。
(15) Paul Ricœur, *Platon et Aristote*, CDU, 1971 ; Vrin.
(16)『ウニヴェルサリス百科事典』への彼の寄稿を見よ。彼はつぎの項目を執筆した。Aliénation, Croyance, Langage, Liberté, Ontologie, Signe et sens, Volonté.
(17) Gilles Deleuze et Félix Guattari, *Qu'est-ce que la philosophie?*, Paris, Ed. de Minuit, 1991.
(18) Joseph Ferrari, *Les philosophes salariés*, Payot, 1983 を見よ。
(19)「『エスプリ』誌を創刊して、ムーニエは非大学的哲学という冒険を試みた」(*HV*, p. 136)。
(20) *A quoi pensent les philosophes?*, Autrement, novembre 1988, p. 179.
(21) *HV* 所収の次の論文を見よ。「歴史における客観性と主観性」「哲学史と知識社会学についての覚書」。
(22) *MV*, p. 383.
(23) 懐疑主義と存在論的希望との関係については、次を見よ。*HV*, p. 60. しかもこの弁証法は、『他者のような自己自身』で述べられる疑念と信頼の弁証法を先取りしている。
(24) Michel Serres, *Le Tiers-instruit*, Paris, François Bourin, 1991.
(25) *A quoi pensent les philosophes?*, *op. cit.*
(26) *Heidegger et le Nazisme*, Verdier, 1987.
(27) この議論は『生きた隠喩』p. 333 以下でおこなわれる。
(28) *L3* と *SA* でのハイデガーについての論議を見よ。
(29) この言葉を彼はG・ジャルツィクとの対談でもう一度使っている。「過去の哲学の無尽蔵の源泉は、哲学に対して終焉を告げることを禁じます。それが私にはハイデガーにおいて許しがたいと思えるところです。私は

〈傲慢〉という言葉を使いました。私はそれを撤回しません」(*Rue Descartes, op. cit.*)。

(30) 《Interprétation》, *L2*, p. 451 et s.

(31) *A quoi pensent les philosophes?*, *op. cit.*, p. 179.

(32) 《Ontologie》, in *Encyclopaedia Universalis*.

(33) 次の二論文を見よ。Claude Lefort, 《Le marxisme et Sartre》, 《De la réponse à une question》, in *Les temps modernes*, 1953 et 1954 ; in *Eléments d'une critique de la bureaucratie*, Librairie Droz, 1971.

(34) この章の以下の部分を見よ。

(35) *A quoi pensent les philosophes?*, *op. cit.*, p. 181.

(36) ドゥルーズとガタリが疑問の余地があるとして非難するのは、哲学的概念は「補足的に」「体験の流れ」を参照するとして、グランジェが科学的概念と哲学的概念のあいだに作業区分を立てることである。「哲学的概念はけっして補足的に体験を照合するのでなく、それは固有の創造によって、一切の事物の状態だけでなく、いかなる体験をも俯瞰する出来事を確立することに存する」(*Qu'est-ce que la philosophie?*, *op. cit.* p. 37.)

(37) たとえば構造人類学についてのロベール・ジョーラン、ピエール・クラストル、ジャン・プイヨンらの討論を見よ (*Les temps modernes*, juin-juillet 1971)。さらにリクールの友人で、次の重要な著書の著者であるチャールズ・テイラーは、人文科学との討論という枠内で、人類学ともっとはっきりと対決している。Charles Taylor, *Sources of the Self*, Cambridge [MA], Harvard University Press, 1989.

(38) 歴史についての議論に関しては、本書第三章を見よ。社会学については次を見よ。Pascale Gruson, Louis Quéré et Paul Ladrière (éd.), *Philosophie et Sociologie*, Groupe de sociologie de l'éthique, EHESS, septembre 1985.

(39) クロード・レヴィ＝ストロースについては次の著書を参照するのが有益である。Marcel Hénaff, *Claude Lévi-Strauss*, Belfond, 1991. この書は例の「人間主義論争」についてのニュアンスを伝えてくれる。

(40) リクールと構造主義思潮の主な代表者たちとの関係は難しいものがあったとしても、彼がグレマスとその弟子たちと対話することができたことは強調されるべきである。グレマスは反現象学的独断論を避けたのであり、リクールは物語の記号論に一般解釈学の支えを見いだしたのである。*L2* にグレマスの物語の文法を対象にした三つの論文が収録されているのを参照されたい。

(41) *Esprit*, novembre 1963, p. 628.

(42) *Ibid.*

(43) *Ibid.*

(44) *Ibid.*

(45) 構造主義論争については次を見よ。François Dosse, *Histoire du structuralisme, op. cit.*

(46) 「反現象学の不正な利益は、今日では度が過ぎている。記号論全体は現象学に出発点をもつことはグレマスも認めている。記号論は示差的な偏差から、すなわち《現存在》における欠如から発している。現象学を主観の哲学とするような風聞は誤りと思える。それは主観と客観のあいだの越えがたい往復、送付、キアスムを考慮していない。それをヴァレリーは《逆光景》と呼んだのだった……」(*La Quinzaine littéraire*, 1er–15 mars 1978.

(47) *Qu'est-ce que la philosophie?*, *op. cit.*, p. 141–142.

(48) リクールはカール・ヤスパースとガブリエル・マルセルを対決させたときに、すでに〈自己〉像を強調している（*GMKJ*, p. 201)。ガブリエル・マルセルが自己のうちに縮み、収縮があると告発するのに対し、カール・ヤスパースは自己を決意と孤独の源として賞揚する。それゆえにコミュニケーションは本来、逆説的なのである。それは〈自己〉と〈自己〉のコミュニケーションであるから。ヤスパースにとり、コミュニケーションは「自由と対になった湧出であり、孤独との逆説的な関係が、それを織りあげている」。

(49) このテクストは *TA* に収録されている。

(50) このことは *DI*, p. 440 で明示されている。ライプニッツについては *CI*, p. 124, 211 を見よ。

(51) しかしリクールはストラスブール大学で教えていたときに、スピノザについて講義している。

(52) 《Au-delà de la morale, éthique》, *Encyclopaedia Universalis*, Symposium, *op. cit.*

(53) 《Meurt le personnalisme...》, *L2*.

(54) クロード・レヴィ＝ストロースの『野生の思考』はサルトルについての議論「歴史と弁証法」で結ばれている。

(55) Verneinung（否定）についての *DI* の「否定性とは何か」p. 305-311〔邦訳 p. 342-349〕も見よ。

(56) リクールとJ・ナベールとの関係については、ナベールがよく知られていないためにあまり研究されていないが、次のピエール・コランの二論文を見よ。Pierre Colin :《L'héritage de Jean Nabert》, *Esprit*, spécial Ricœur, *op. cit.* ;《Herméneutique et philosophie réflexive》, *Paul Ricœur. Les métamorphoses de la raison herméneutique*, sous la direction de J. Greisch et R. Kearney, *op. cit.*

(57) 《Herméneutique de l'idée de Révélation》, in *La Révélation*, Louvain, Publications des facultés universitaires Saint-Louis, 1977. ナベールと証言については次も見よ。《L'herméneutique du témoignage》, *L3*, p. 107 et s.

(58) 本書第五章を見よ。

訳注

〔一〕 **ソクラテス**［…］本来が奇妙なあり方をしているものだがね。つまり多なるものは一であり、一なるものは多であるということで、言葉に出して言うと奇妙なことになり、これのどちらか一方だけを立てると、わけなくそれの異論が立てられることになる。（『ピレボス』14c）

〔二〕 リクールの「証言の解釈学」で、〈脱ぎ捨て〉(dépouillement) は次のように説明される。「根源的肯定は、数の上では各人の意識と同一であるが、個人の運命に影響力を及ぼす諸々の制限を否定させてしまう行為なのである。それは〈脱ぎ捨て〉である。脱ぎ捨てによって反省は、絶対的なものが寛大にも発現させた偶然的記号を迎え入れようとする」。リクールは〈脱ぎ捨て〉についてこう注記する。「ナベールのこの使い方はパウロの「コロサイ書」の使い方を思わせる。『キリストの割礼を受けて、肉のからだを脱ぎ捨てたのである』(二・一一)、『古い人をその行いと一緒に脱ぎ捨て』(三・九)」。

第二章　行動する
――公的空間

要旨

暴力と対決してリクールは政治哲学を展開する。それが占める位置は体系全体ではささやかなものであるが、その哲学の長所は、リクールがエリック・ヴェーユに敬服しつつも、ヘーゲル的理性主義に譲歩しないと同時に、新旧論争に閉じこもってしまわないところにある。この政治哲学は「政治的逆説」(「最大の合理性――共に生きること――から最大の悪が生じうる」)を考慮することによって支えられ、政治と法、権力と権利とのあいだに溝を掘ることを避け、倫理学、目的論、そしてカント的道徳学に密着した義務論とのあいだの関係づけの条件を考えようとする。道徳が倫理の「最後の契機」であるとすれば、倫理から分離した道徳とはいったい何であろうか。そのような道徳は、権利の主体が潜在的な市民であること、公的空間が歴史への確信と信頼に鼓舞された個人によって用意されねばならないことを忘れた、行動の一形式にすぎない。リクールの政治哲学は、悲劇的知恵から政治的知恵へ、さらに実践的知恵へと順次移行することに存し、実践的知恵こそはその全行程がめざす目標である。

1　悲劇的知恵から実践的知恵へ

行動のアポリア性と悲劇（カール・ヤスパース）

行動の存在論が論理的に、〈都市国家《ポリス》〉についての問いかけを、また政治的省察をつくりあげるように導かれるとしても、その問いかけや政治的省察は、実践のアポリア的な次元を明らかにし、むき出しにするという特徴をもっているのである。それを証言するのは、行動の悲劇的次元の把握である。リクールの悲劇への最初の興味は、『人間、この過ちやすきもの』や『悪の象徴論』だけでなく、悲劇と哲学との関連を強調するいくつかの論文にも現われている。とはいえ、カール・ヤスパースの影響——限界状況については頻繁に問いかけられている——、またフランス実存主義の影響——おそらくサルトルの実存主義よりもカミュやメルロ＝ポンティの実存主義——がここで重要な役割を演じる。(1)「私はそこ〔歴史の両義性〕にこそフランス実存主義の真の治療法的な意味を探し求めるべきと考える。その実存主義は不条理への嗜好のとりこになっているのではなく、歴史の意味の不確定性に直面して、一種の勇気を身に帯びているのである」（*HV*, p. 327）。

しかしなぜ、このように歴史の悲劇性を強調することが、悲劇への、悲劇というジャンルへの問いと重なるのであろうか。理論の土台を据えようとしている者にとって、悲劇の教えとは何か。リクールはこの問いに、一九九〇年に、『他者のような自己自身』という自称「小倫理学」の基軸となっている個所で詳細に答える。

『オイディプス王』よりも『アンティゴネ』を特別扱いする理由をリクールは直截にこう言いきる。「この悲劇は道徳生活における葛藤の抗しがたい性格について、ある独自なことを語ってくれ、そのうえまったく違った性質の葛藤へとわれわれを向かわせることができるような知恵を素描してくれる」(SA, p. 283 ; 303)。リクールは悲劇のうちに、「手に負えない」葛藤の性格の確証を見るよりも、「道徳的意図のいかなる分析も汲みつくしえないこの闇の奥底」に、アポリアを産み出す極限経験の一つを捉えるのであり、哲学はそのアポリアと切り離せないのである。アポリア的性格は他のどこよりも、実践の平面で露骨に現われてくる。ヘーゲルの『精神現象学』や『美学講義』での分析にしたがって、リクールはまず視野の、つまり人物たちが関与する角度の「狭さ」を力説する。しかし同時にリクールはM・C・ヌスバウム著『善意の脆さ』[2]に依拠して、この視野の縮小は「内的葛藤を回避する戦略」に対応する、と言いきる。

クレオンにとり「味方―敵の対立は狭い政治的カテゴリーに閉じこめられ」、それが彼の徳の評価を貧弱にし、そこで「善」を〈ポリス〉に役立つものに、「悪」を〈ポリス〉を害するものに還元している。しかし家族の絆しか重視しないアンティゴネの世界観もまた、クレオンのそれに劣らず硬直しており、矛盾を免れていない。「死者のみに忠誠をつくすことが証印を押す、ヌスバウムのいわゆる単純化の戦略が、アンティゴネをクレオンと同じほどに非人間的にする」(SA, p. 285; 306)としても、なぜわれわれはアンティゴネのほうを選びとるのかを問題にしなければならない。

埋葬の儀礼が生者と死者との絆を証ししているのを認めるならば、それは政治的なものの限界を示し、アンティゴネの埋葬の要求は「いかなる制度ももつ人間的な、あまりに人間的な性格を告発する限界を示した」（*ibid.*）のである。悲劇による倫理の最初の教えとは、熟慮することへの誘いである。合唱隊のリーダーはそこで、「彼〔ティレシアス〕の言葉に屈するのはつらい、けれども不幸に逆らい、反抗するのも劣らずつらい」と叫んだクレオンに、慎重さを忠告する。他方で合唱隊は「知恵こそは何よりも幸福の最初の源」（*SA*, p. 287；308）と断言する。

悲劇的知恵は失敗へと定められた忠告の範囲にとどまるとしても、それは悲劇的知恵と実践的知恵とのあいだに隔たりがあることを認めさせる。「悲劇は、フィクションが解決不能にした葛藤に〈解決〉をもたらすことを拒否し、視線の方角を狂わせてから、実践的人間をして、彼自身の危険と負担において、悲劇的知恵にもっともよく対応する状況内の実践的知恵の方向に、行動を再方向づけするようにさせるのである。劇の祝祭的瞑想によって延期されるこの答えは、信念をカタルシスの彼岸にあるものとするのである」（*SA*, p. 288；309）。

こうした「カタルシス」から「信念」への、悲劇的知恵から実践的知恵への推移は、リクールが特権化する倫理の地平を明瞭に描き出す。リクールはヤスパースとともに悲劇的知恵というものがあることを認めるが、リクールはそれを実践的知恵のほうへのり越えようとするのである。その実践的知恵は道徳性の規範には満足せず、「人倫」（Sittlichkeit）や「倫理的生活」に要約されるような倫理にも満足しない。道徳的判断はつねに状況内でなされる。ということは葛藤というものはけっして解消されることはなく、根源的な分割は中断されたままにとどまれず、道徳と倫理は複雑な

1939年に召集されて。

関係を結んでいるということである。だからこそ、「道徳性がひき起こす葛藤において、それを背景にして道徳が明瞭に浮かび出るような倫理的土台だけに訴えることが、状況内判断の知恵を産み出すことができるのである」（SA, p. 290 ; 312）。

歴史の悲劇性

行動のアポリア性という考え方と切り離せないこの「実践的知恵」は、リクールの著書でどのように表明されているか。第一に、社会参加や態度決定を促す都市の生活に関与することによってである。たとえリクールが次第に社会参加を警戒するようになり、公的生活のあらゆる要請に自発的に応じないようにならざるをえなかったとしても、政治的命令に屈することは断じてなかった。捕虜収容所でフッサールの『イデーンⅠ』をミケル・デュフレーヌと共訳し、フランスにおけるカール・ヤスパースの読者にして注解者であり、エマニュエル・ムーニエ、ポール＝ルイ・ランズベールの人格主義的反省によって刺激されたリクール、彼にとり時代の悲劇性は無縁のものではない。その主題が、もはや行動の悲劇やアポリアについての議論という形ではなく、いまや歴史に直面しての不安という形をとって介入してくるのは意外ではない(3)。

『歴史と真理』に収められたある論文でリクールは、不安が次々とさまざまな形すなわち、死に対する生の不安、疎外に対する心理的不安、選択や有罪性についての実存的不安、無意味に対する歴史的不安、形而上学的不安の形をとって循環することを書いている。よりよく評価すれば、それらはデカダンス思想を拒否するようにしむける論拠である。「たしかにわれわれの世代は、先行の世代よりも、歴史的発展のある種の両義性に対して敏感であろう。歴史的不安の真相はデカダンスではなく、人間の習得した知識のアンビヴァレンスであり、まるで、肯定的なものと否定的なものを分かちがたくし、それによってわれわれの進歩とデカダンスの図式をいずれも無効にしてしまうのが歴史の狡智であるかのようである」（*HV*, p. 326）と。リクールはさらに続けて「われわれ自身の歴史の両義性を創りだすのは、政治的人間（homo politicus）としてのわれわれ自身である」（*HV*, p. 327）と断言する。このことはデカダンスのレトリックを自分に投げ返すことになり、人が歴史に興味をもたなくなればなるほど、歴史を悲観的に見るようになることを示している。そのかわり彼は、実践的知恵の探求とポリス内での責任ある生活とを結びつけるような議論を評価する。こうして実践の思想の政治的広がりは拡大する。悲劇的知恵、実践的知恵、政治的知恵は相互に条件づけあうので、リクールは政治的領域に力点を置き、それを共同体（公的空間）としてと同時に、支配（国家の領野）としても理解する。しかしあの政治的逆説を述べるまえに、次の彼自身のテクストによって、迂回路を描いてみるのもむだではあるまい。彼はそのテクストを、折にふれて書いた文章と呼んでいるので、彼にとっての政治的優先問題を明らかにしてくれるメリットがある。

戦争の経験

Ch・E・レーガン　あなたの人生で戦争がじつに大きな意味と重要性をもっていることに私はおどろきました。たとえばあなたは第一次世界大戦の開戦まもなく父上を失い、第二次世界大戦中

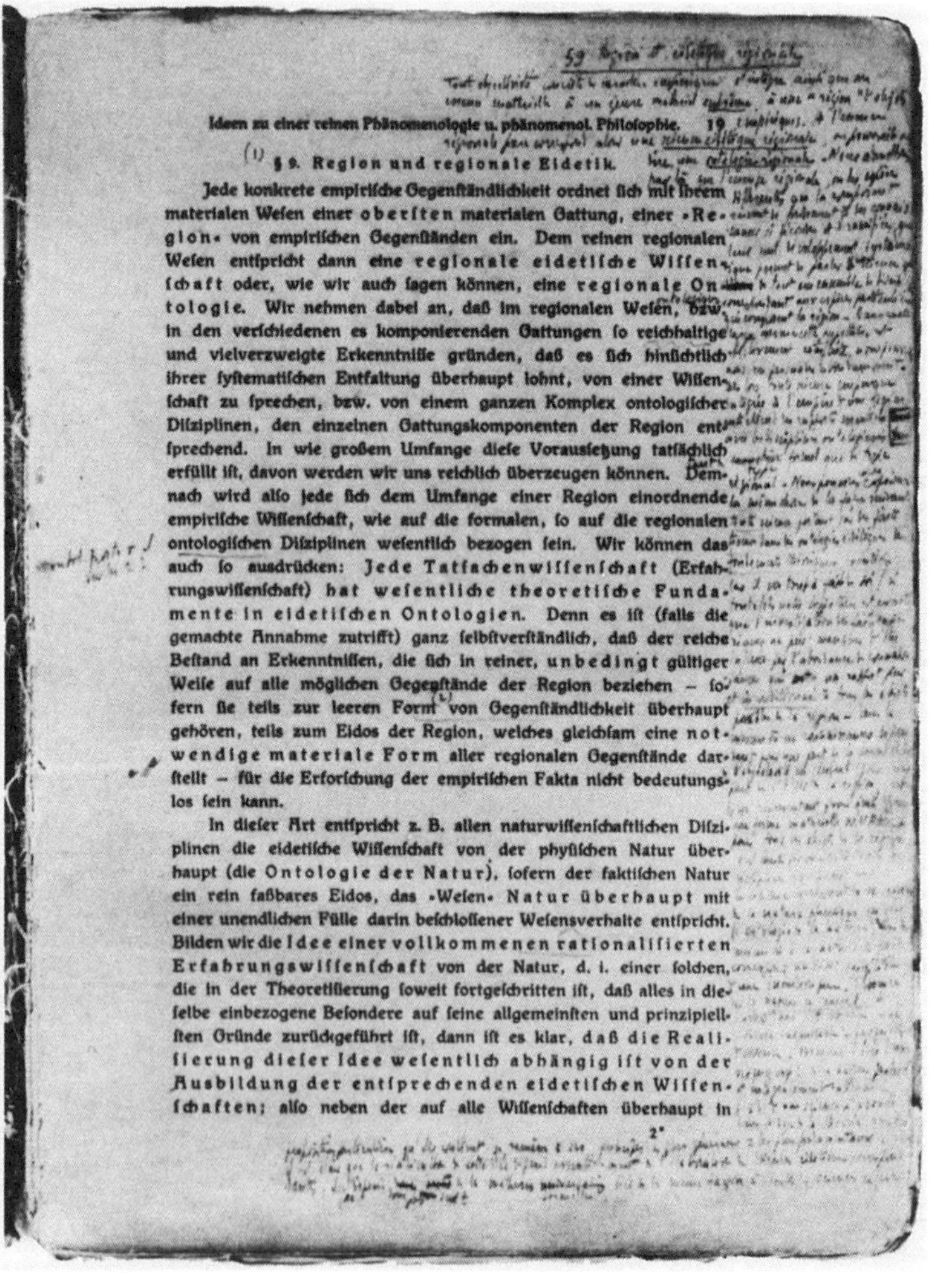

Ideen zu einer reinen Phänomenologie u. phänomenol. Philosophie. 19

§ 9. Region und regionale Eidetik.

Jede konkrete empirische Gegenständlichkeit ordnet sich mit ihrem materialen Wesen einer obersten materialen Gattung, einer »Region« von empirischen Gegenständen ein. Dem reinen regionalen Wesen entspricht dann eine regionale eidetische Wissenschaft oder, wie wir auch sagen können, eine regionale Ontologie. Wir nehmen dabei an, daß im regionalen Wesen, bzw. in den verschiedenen es komponierenden Gattungen so reichhaltige und vielverzweigte Erkenntnisse gründen, daß es sich hinsichtlich ihrer systematischen Entfaltung überhaupt lohnt, von einer Wissenschaft zu sprechen, bzw. von einem ganzen Komplex ontologischer Disziplinen, den einzelnen Gattungskomponenten der Region entsprechend. In wie großem Umfange diese Voraussetzung tatsächlich erfüllt ist, davon werden wir uns reichlich überzeugen können. Demnach wird also jede sich dem Umfange einer Region einordnende empirische Wissenschaft, wie auf die formalen, so auf die regionalen ontologischen Disziplinen wesentlich bezogen sein. Wir können das auch so ausdrücken: Jede Tatsachenwissenschaft (Erfahrungswissenschaft) hat wesentliche theoretische Fundamente in eidetischen Ontologien. Denn es ist (falls die gemachte Annahme zutrifft) ganz selbstverständlich, daß der reiche Bestand an Erkenntnissen, die sich in reiner, unbedingt gültiger Weise auf alle möglichen Gegenstände der Region beziehen — sofern sie teils zur leeren Form von Gegenständlichkeit überhaupt gehören, teils zum Eidos der Region, welches gleichsam eine notwendige materiale Form aller regionalen Gegenstände darstellt — für die Erforschung der empirischen Fakta nicht bedeutungslos sein kann.

In dieser Art entspricht z. B. allen naturwissenschaftlichen Disziplinen die eidetische Wissenschaft von der physischen Natur überhaupt (die Ontologie der Natur), sofern der faktischen Natur ein rein faßbares Eidos, das »Wesen« Natur überhaupt mit einer unendlichen Fülle darin beschlossener Wesensverhalte entspricht. Bilden wir die Idee einer vollkommenen rationalisierten Erfahrungswissenschaft von der Natur, d. i. einer solchen, die in der Theoretisierung soweit fortgeschritten ist, daß alles in dieselbe einbezogene Besondere auf seine allgemeinsten und prinzipiellsten Gründe zurückgeführt ist, dann ist es klar, daß die Realisierung dieser Idee wesentlich abhängig ist von der Ausbildung der entsprechenden eidetischen Wissenschaften; also neben der auf alle Wissenschaften überhaupt in

2*

1943年から45年にかけてリクールはページの余白に翻訳をおこなう。

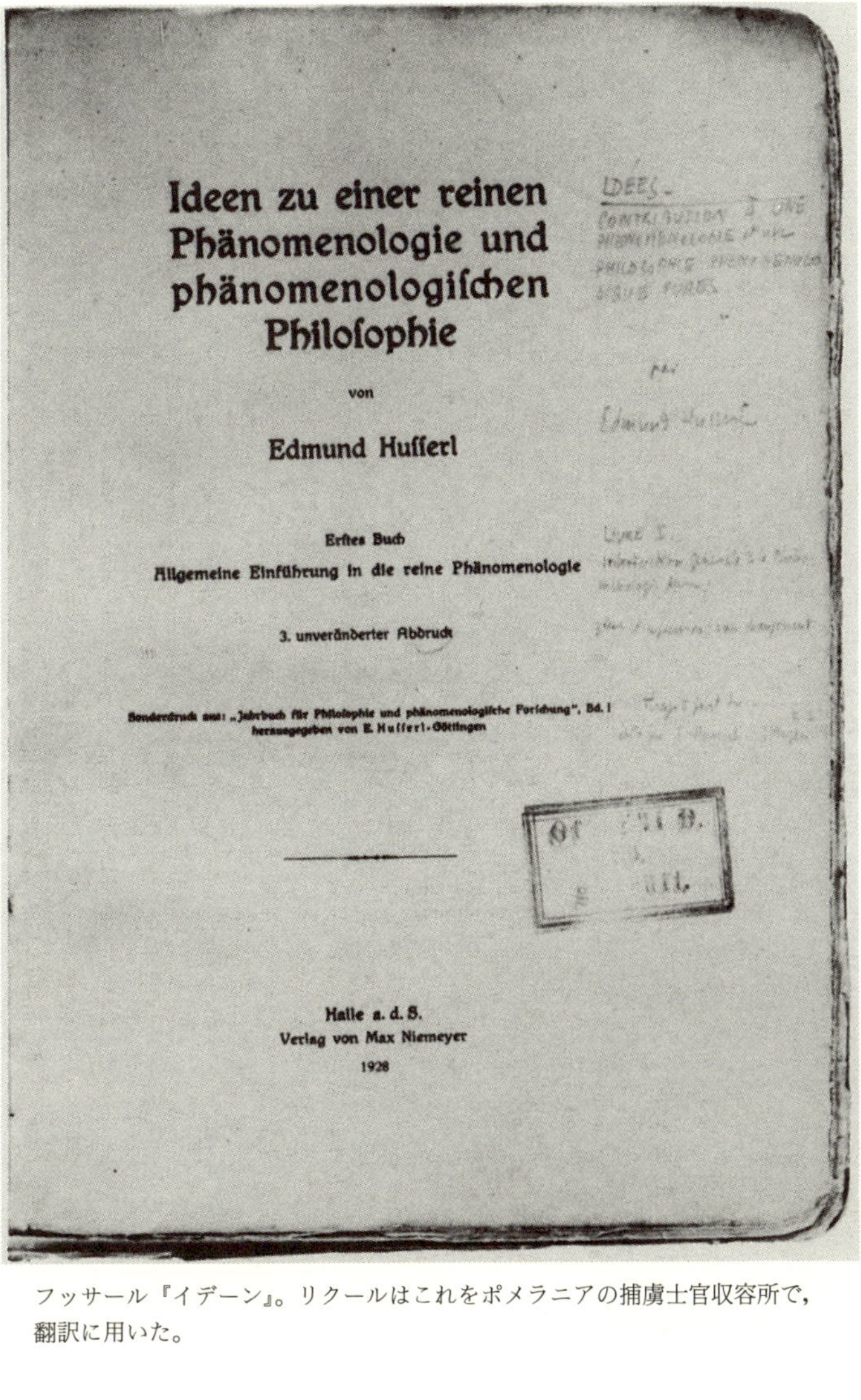

Ideen zu einer reinen Phänomenologie und phänomenologiſchen Philoſophie

von

Edmund Huſſerl

Erſtes Buch

Allgemeine Einführung in die reine Phänomenologie

3. unveränderter Abdruck

Sonderdruck aus: „Jahrbuch für Philoſophie und phänomenologiſche Forſchung", Bd. I
herausgegeben von E. Huſſerl-Göttingen

Halle a. d. S.
Verlag von Max Niemeyer
1928

フッサール『イデーン』。リクールはこれをポメラニアの捕虜士官収容所で，翻訳に用いた。

は捕虜収容所で過ごし、そしてアルジェリア戦争中はフランスの政策に反対する人たちのリーダーでした。

リクール 第一次世界大戦中の父の死という、戦争と私との最初の関係をあなたは適切に指摘されました。というのは、衝撃的だったのは父を失ったということよりも、私の家族にとってそれに与えられた意味でした。つまり父は大義名分のために死んだのであり、父は戦死したけれど、勝者の軍団に属していたのです。ところが私が十歳か十二歳の頃、その確信が突如崩れてしまいました。キリスト教平和主義者たちの影響で、私はこう確信するようになりました。第一に、フランスは第一次世界大戦の宣戦布告に決定的な責任があったこと。第二に、ドイツに押しつけたヴェルサイユ条約は重大な不正だということ。第三に、このヴェルサイユ条約の不正が、ドイツにおけるナチズムの台頭の十分な説明になるということです。そのことは次の二つの観点で、私の心に大転換をひき起こしました。まず、私の父の像は、いわばその栄光の座からひきずり落とされ、あの戦争の不正と暴力の共犯者の側に投げ入れられたのです。別の観点から、父の死の意味についての疑念は、私の平和主義の立場からの社会参加に情念的な性格を付与しました。その情念はきわめて強く、以後私はそれを押さえつけることはできませんでした。第二次世界大戦のように、ある種の戦争は正しい、とは言えぬまでも、少なくとも必然性はある、という理性的確信に自分がしたがってしまうたびごとに、戦争そのものに対する例の疑念、深い不正の感情がいつも去りやらないのです。私は一方では感情に深く根をおろした平和主義の側と、他方では国家の責任と必然的な力の行使についての、ヘーゲル的でさえある、より理性的な観点とのあいだに、つねに引き裂かれました。

あなたはアルジェリア戦争に言及されましたが、あの場合は、幸いにもこの二つの方向を両立させられました。アルジェリアの独立は正当な要求であると、私は直ちに思いました。したがってわが国がアルジェリアの革命家たちにしかけた戦争は不正な戦争でした。

スペイン戦争の際には、戦争を正当化するある種の合理性と、平和主義的傾向とのあいだでためらったのが思い出されます。私の政治意識は、一九三六年の人民戦線と、一九三七―三八年のスペイン戦争の際にあらかた形成されました。私は熱狂的に共和主義者たち、つまり反フランコの側に与しました。しかし当時の私の社会主義者の仲間たちと同様、彼らに介入することを禁じる平和主義と、スペインの革命運動家との共感と連帯とのあいだで、私は分裂していました。彼自身この二つの感情に引き裂かれていたレオン・ブルムは、非介入の立場を選びました。そして後になってみると、第二次世界大戦の残虐行為は、もっと早くからヒトラーに反対する行動に参加するのを拒否したり、臆病だったことの結果ではないかと、自問することができます。

しかし平和主義の選択は、ヒトラーに加担したことになりました。それは私には、一九三九年の敗北という一大悲劇をもたらしました。一九四〇年に捕虜になったとき、それまでの私の平和主義は、ドイツの軍備に対するフランスの再軍備が十分でなかったことに大いに責任があると考え、私はひどく罪責感にさいなまれました。われわれはパリのいわゆるファシストたちとたたかうのに多くのエネルギーを費やしてしまったが、ほんとうのファシストはベルリンにいたわけです。これが私がそのときおこなったささやかな政治的自己批判でした。にもかかわらず、あいかわらず平和主義の発作に襲われていますがね。

平和主義は私とアメリカ合衆国につながりができる機縁となりました。一九四五年に捕虜収容所から帰還すると、私は小さなプロテスタントの中学校に迎えられました。アメリカの平和主義者、クエーカー教徒の経営する学校でした。そして彼らが私をアメリカに導いてくれました。私の最初の教職は、クエーカーの学校であるヘイヴァフォード・カレッジでしたから。

おそらく私がナンテール分校で学部長として経験した困難は以上で説明されるでしょう。というのは一方で、私は極左主義者たちのある考え方に共感を覚えていたのでしたが、その共感は十二歳のときの私の平和主義の遺産でした。他方では、私は自分にも責任のあるきわめて強い制度感覚に捉えられていました。それを私はしばしばヘーゲル的制度感覚と呼んでいます。これが私を苦しめてきた精神分裂症の症例です。(一九九一年七月八日、シャトネ＝マラブリで収録されたレーガンとの対談。次の著書に掲載されている。Charles E. Reagan, *Paul Ricœur. His Life and his Work*, The University of Chicago Press, 1996)

状況

『読解1』の最後に再録したいくつかの時事的な論文は、九〇年代のはじめでも、リクールが象牙の塔にとじこもる思想家では断じてなかったことを、そして時局と結びついた発言がひじょうに多いことを思い起こさせてくれる。そのことはすでに一九五五年の『歴史と真理』によって証明されている。[4] この行動の哲学が公的生活への参加活動と切り離せないことは、彼の雑誌での発言や大学での責任のとり方などを見れば明らかである。

雑誌の人

リクールは雑誌の人である。とりわけ『エスプリ』誌と結びついて、哲学時評とともに、一九五〇―六〇年代には人格主義運動への参加に関連した文章を発表した。[5] だが、それと平行して、彼が協力する雑誌に（とくにプロテスタント雑誌『社会的キリスト教』、その他『新しい大地』『存在1』『存在2』『信仰＝教育』『レフォルム』）寄稿したこと、また『形而上学・道徳学雑誌』をはじめとする専門の哲学雑誌での活動を過小評価すべきでない。『形而上学・道徳学雑誌』が一九九三年に百周年を迎えたときリクールはこの雑誌の総責任者であった。

彼の雑誌活動は二つのことを解き明かしてくれる。つまり、一方で、行動についての彼の省察は、『エスプリ』の創刊者エマニュエル・ムーニエの人格主義思想と無関係ではないこと。他方で、彼の論文の諸テーマは彼の特別の興味の中心や、何よりも憂慮していることがらを示してくれるということである。[6]

一九八二年の『エスプリ』創刊五十周年記念、あるいは一九九一年ムーニエ没後四十年記念の際に、リクールは人格主義思想の貢献について述べる機会があった。論文「人格への接近」で彼はムーニエの人格主義思想と『他者のような自己自身』の基礎をなす倫理学的プランとを直接に関係づける。そのことは彼の倫理学の三元構造と、「共同体的人格主義」の二元的な原動力との構造的ずれを彼が強調するのを少しも妨げない。「私の三項定式、すなわち自己評価、心づかい、正しい制度は、二項定式を論駁するというより、補完するものと思われる。その表徴として友愛をもつ人格間の関係と、その理想として正義をもつ制度的関係とを私は区別する［…］。とりわけ雑誌『エスプリ』の初期には、制度的関係の特殊性が、共同体というユートピアによって覆い隠されていたのはたしかである。そのユートピアとは、いわば友愛の一般化であろう」（*L2*, p. 208）。リクールは、人格主義が道徳的領域と政治的領域とを区別することのむずかしさをはっきり認めながらも、やはりポール＝ルイ・ランズベールにならってこう強調するのである。人格とは「哲学的と呼ばれるに値する思考の作業という考え方にしたがって、多様でまったく違った諸カテゴリーがそれに連結できるような態度の中心である」（*ibid.*）。ムーニエによって、またランズベールによって定式化された「人格＝態度」[7]を、また雑誌活動という着想を与えたものを規定するために、リクールは次のような「筋立て」を提案する。人格は危機感（三〇年代の非順応主義による文明の危機）と切り離せず、また指標喪失によって表現される危機として状況を知覚することとも切り離せない。「自分を場違いな人格と自覚することが、人格＝態度を構成する第一の契機である［…］。私はもはや世界のなかの自分の居場所がどこかわからず、もはや価値のどんな安定した序列が私の好みを導いてくれるのか知らず、自分の敵も味方もさだかに区別できないのだが、にもかかわらず私にとって容認しがたいものがある」（*L2*, p. 199-200）。こうした不安定化の最初の動きに続くのは、人格に「社会参加」によって応答するのを許すような反撃の時である。社会参加は人格の実質的な特性ではなく、人格の基準である。この基準が「意味するのは、私が自分を超える大義名分に自分を一体化する以外には、自分を要請できるような価値の順序――好ましさの序列――を見分ける仕方をもたない」(*ibid.*)ということである。そこで人格＝態度は、危機への応答である確信の言語、『他者のような自己自身』の言語へさしむけられる。「私の居場所は私に割り当てられ、好ましさの序列は逃走者または公正な観客から、創造しつつ発見し、発見しつつ創造する確信者へと私を変身させる」(*ibid.*)。リクールが政治の面で人格の弱さを強調するだけに、いっそう人格の発意の能力を評価するのであれば、彼の社会参加が、まず第一に政治的行動そのものの形態を優先的に重視するとしても驚く必要はない。

二つのテーマが注目される。第一は非暴力のテーマで、それは永続的に問いかけを生じさせた。一九五五年に『歴史と真理』に収録された論文のなかに頻出するこのテーマは極限状況、極限事例を対象とする反省につねに介入してくる。ここでヤスパースの影響や、彼の第二次世界大戦あるいはアルジェリア戦争の経験を忘れることはできないのだが、同様にリクールが一九九一年の湾岸戦争に対して、イタリアの新聞のインタビューでの談話で、戦争反対の立場をとったことにも注目しなければならない。

雑誌『非暴力的選択』(8)に最近掲載された論文のなかでリクールは、戦前戦後を通じて彼のなかで強く意識されてきた非暴力についての問いかけが、徐々に控えめなものになっていったのはなぜか、と自問している。(9)アメリカのクエーカー教徒との関係を想起しながら彼が強調するのは、自分自身の政治に対する考え方があまり悲劇的でなくなり、歴史によって特性づけられることが少なくなったこと、また妥協についての彼の最近の省察は、非暴力についての議論の仕方がより法律的になり、政治的でなくなったことである。彼が知恵を問題にするときでも、やはり非暴力の問題にぶつかるのである。

第二のテーマは、経済、政治、倫理それぞれのあいだの関係にかかわり[10]、そのテーマはいくつかの方向に向かう。言うまでもなくまずは政治と経済との関係であり、またその発展であり、最後に後期の、社会的正義についてのいろいろな理論家との議論である。リクールはマルクスの著作にそれほどの興味をおぼえなかったことを認めてはいるが[11]、それでも彼は経済、労働価値、南北関係の進展についてはたくさん書いている[12]。八〇年代に彼がジョン・ロールズを論じた関心の中心に社会的不平等の問題があったが、当初彼はフランソワ・ペルーの影響で、南と第三世界と北それぞれの社会を隔てる溝を強調するために、経済的発展の問題を追究した。この第三世界への彼の関心は、政治を犠牲にしても経済を重視するように彼を導く。それを例証するのは、彼がアルマン・ガッティやミシェル・レリスといった人たちと一緒に一九六〇年に中国を旅行して書いた二つのテクストである。彼は中国の体制の政治的全体主義を分析してから――当時にあってはそれはきわめて明敏な洞察であった証拠である――政治的自由主義と経済的自由主義とを混同するのを恐れて、最後に経済重視に譲歩するのである。

教育者

ポール・リクールは生涯教えてきた。彼は数えきれないほどの講義録を書き、その教育者としての資質は著書の執筆に深く影響している。こうした事情から、彼が教え、教えられる関係について熟慮しただけでなく、大学の中枢にあって責任をとることを受け入れたのは驚くべきことではない。「政治的教育者の課題」[13]とは五〇年代の彼の論文の題名であり、そこではムーニエの人格主義と教育問題との関係が前面に出ている。教育についての反省が、ムーニエの思想、雑誌『エスプリ』の活動と無関係でないとすれば、それは教え、教えられる関係の非対称性を強調する考察にその特別の場所を見いだすからである。論文「人格への接近」では、レヴィナスの倫理学では決定的な、師と弟子の不平等な関係がいかにしてヘーゲル的な承認の観念に結びつかねばならないかを説く。たしかに教える側の優越性を承認する能力というものがあり、それが「訓育あるいは教育の非対称性をひそかに平等にするのである」。

リクールがその大学改革の提案を――彼はそのテーマで『エスプリ』特集号を編集する[14]――教え、教えられる関係の非対称性をそのように承認することに結びつけても、意外ではない。六八年五月事件以後彼はずっと、自分を「改革派」にして「革命派」としてうちだす立場を堅持した。人々が、ナンテール分校の学部長は極左主義者を拒否した、あるいは彼らに譲歩しすぎたとみなすのに応じて、それぞれ彼を態度曖昧あるいは扇動的ときめつけることは、制度の役割を守ろうとする彼の意志に相応している。人々が大学制度の頑固な擁護を考えているところで、リクールはなによりも、不平等にとらわれている社会において制度のもつ役割を評価する思想に忠実でありつづける。『他者のような自己自身』の展開を効果的に演出する「三項倫理」の定式化は、自己と他者だけでなく正しい制度をも考慮に入れるのである。人格主義の欠落の一つは、政治的なものだけでなく、社会生活の制度的な面も下請けに出してしまったことにあるだけに、リクールが『エスプリ』誌に、大学に関する彼のテーゼを定式化して発表したのはいっそう興味深い。ナンテール分校での不幸な経験の後、一九七〇年五月二八日におこなった講演で[15]、リクールは大学の理念そのものを検討している。彼は人口統計学、究極目的、政府の政策、大学政策などの諸問題に次々に触れてから、大学に生まれるべき新しい寛容の考え方を論じる。寛容が生まれるのは大学において「次のいくつかの戦線で戦いながらである。すなわち大学管理の政治化に反対し、開かれた政治的議論に賛成し、産業社会の圧力に反対し、社会批判に賛成し、破壊的な異議申し立てに反対し、合理的言説に賛成する戦いである[16]」。この寛容という政治的アプローチには、リクールの政治思想の大きな方向づけがはっきり描かれている。その一つの目標は、公的空間内部での信念の交換を可能にすることである。

2　政治的逆説

時局的発言や個人的社会参加と平行して、リクールはしばしば政治哲学に広がりを与えようとする意思を表明した。この分野での重要文献の一つである『政治哲学』の著者エリック・ヴェーユとリクールが五〇年代―六〇年代に連続対話をおこなったことは、そのもっとも目立った証拠である[17]。ルネサンス以来、とりわけ〈契約〉思想の発現以来、政治哲学は哲学史の共通の幹から分離したことをリクールはくりかえし述べる。「政治哲学が形而上学と絶縁したとき、まったくドラマティックなことが起こったのである。ホッブズ以後では、『エティカ』と『神学・政治論』を書いたスピノザだけがこの二つをつないでいる。他の思想家――たとえばルソーの〈社会契約〉哲学――に

1979年シカゴ大学にて。

あっては、政治哲学は行為の哲学や行動の哲学の形而上学的本質から分離してしまっている」[18]。この分析は、アリストテレスへのいかなる回帰も夢に等しいのであるから、政治哲学と形而上学とを前例を見ない形で結びつけようとするリクールの企図を、彼の意志を明確にし、明示してくれる効用がある。

こうした状況で「政治的逆説」を定式化することは重要な役割を演じる。この定式化は一九五七年以後、「政治的逆説」の題で『エスプリ』に発表され、次いでいろいろな形でくりかえし発表された。それによって次のことがなされる。(1)政治の自律という概念を明確にすること（それなしに政治哲学はありえない）。(2)新旧論争、すなわちシュトラウス的風潮で演出されているような、義務論と目的論との対立を暗黙のうちにのりこえること[一]。(3)義務論と目的論、道徳学と倫理学との対立を克服するための「実践的知恵」を十分に評価すること。

ブダペスト事件

一九五七年の論文の重要性が認められるのは遅かった。逆説的ながら、それが読まれ、あるいは再読されたのは七〇年代の最後であった。つまり全体主義批判が、現代の政治思想の新たな発展を促すのに寄与するようになってからのことである。もっともその批判は同時に、政治思想の難しさとアポリアとを強調することになったのではあるが。その論文の書き出しはこうである。「ブダペスト事件は、すべて事件というものがそうであるように、際限なく動揺させる力をもっている。それは次のいくつかのレベルでわれわれに衝撃を与え、動揺させた。すなわち予想外のことで刺激された歴史的感受性のレベル、中期の政治的計算のレベル、人間存在の政治的構造についての永続的な省察のレベルで。事件のもたらすこれらの力の一方から他方へと、考察をたえず往復させねばならないだろう」（*HV*, p. 260）。以上の文は、政治についての思想とその思想を〈挑発〉する事件とのあいだに厳然たる絆が生起することを強調する。しかしなぜ「二十世紀の戦争」が、また民主的なポリスを悲劇的に揺り動かした危機が、政治哲学を再開するように促すのか。

政治によってもたらされる悪を告発し、その後に政治的行動の断念を結びつけ、それによってヘーゲルの描き出した美しい魂と再び和解するような思想家は数多い。それに対しリクールのほうは、政治の逆説的な性格をいっそう激しく強調するだろう。「一方で人間の政治的実存は、経済に基盤を置く弁証法には還元されない特有の合理性の型を発達させる。他方で政治は特有の悪、すなわちまさに政治的な悪、政治権力の悪を発達させる［…］。特有の合理性、特有の悪、これが政治に特有の二重の独自性である。私見では、政治哲学の課題は、この独自性を解明し、その逆説を避けることである。というのは、政治的悪は政治に特有の合理性のうえにしか生え出ることができないからである」（*HV*, p. 261-262）。この逆説的な断定は、政治の合理性を過大に評価する思想の伝統――アリストテレス、ルソー、ヘーゲルの伝統――と、暴力と権力の虚偽とを力説する思想の伝統――プラトン、マキアヴェッリ――とがおのずと対立するとする一切の政治についての理解を拒否する。逆説のもつ二つの顔を最後まで維持しなければならないのである。「最大の悪が最大の合理性に結びつく。政治的なものが相対的に自律しているからこそ、政治的疎外がある」（*HV*, p. 262）。

とすると政治的逆説の両極のそれぞれが分析に値することになる。

第一の極は政治的なものの自律に重点を置き、アリストテレスの『政治学』、ルソーの『社会契約論』を順次拠り所にする。換言すれば、前者の場合は古代人によって書かれた書、後者の場合は近代人によって書かれた書を拠り所にするのである。アリストテレスの著作が喚起するのは「古代人は、政治哲学が国家の目的論、つまり人間の究極の目的に応じて位置づけられた公的なものの目的論以外のもので始まることができる、などとは思いもよらない」ということである（*HV*, p. 262)。したがって政治的なものの合理性はテロス、究極目的と分離できず、政治哲学は目的論、善の表象と切り離せない。「人々は政治的善によって、彼らが到達しえない善を追求し、そしてこの善は理性と幸福の一部である」(*HV*, p. 262)。「人間のめざすところは都市国家《ポリス》という組織を経由する」という観点に立つなら、ア・プリオリに国家と市民の対立を設定して政治哲学をはじめる、というのは理解しがたいことである。ポリスの枠内では、政治的な思考の動きは、ポリスから市民権へ、市民権から公民精神へと「徐々に」考察を進めていくことである。そのため「虚無主義的結論に行き着く道徳主義に閉じこもってしまう危険を冒しても、〈哲人〉と〈暴君〉の対立からはじめるような」(*HV*, p. 264) いかなる省察に対しても不信が生じる。この第一の極——政治に特有の合理性を強調する極——が優先的に、「まっ先に」思考の動きに介入し、次に、権力の悪を強調する第二の極にむかって行くことを認めるなら、逆説のこの二項は等価ではなく、対称的でもないように見える。合理性と悪とのこの非対称性は何を意味するのか。

たしかに、政治の合理性のために働く「より以上のもの」がある。それは意外なことだろうか。

否定性と根源的肯定との非対称性は、行動の存在論と分離できないし、その存在論をけっして忘れてはならない。それこそ〈存在〉の先在性の条件であり、時として「善い」と形容される存在の条件であって、それなしには目的論的視角は崩壊してしまう。逆に、暴君と市民を対決させる、今日隆盛の思想は、さまざまな悪の表出をもっと攻撃するために、善の観念を放棄してしまうのである。だがリクールは、アリストテレス的省察をさらにルソー的省察によって延長するのである。「政治的なものの自律は、人間という動物の共同体がめざすこの壮大な目的地以上のもの、市民権を通しての人類へのこの入口以上のものである」(*HV*, p. 264)。この「以上のもの」は、社会契約の思想のなかで生じるのであり、その社会契約は契約の次の二つの性格を前面に押し出す。すなわち、一方は契約の潜在的で純粋に反省的な性格であり、他方は、契約が登録される基礎となる論理である[19]。契約はリクールにとり「政治哲学の基本方程式」である。彼が政治哲学の忘れられた次元、知られざる鉱脈を再発見しようと努力するかぎり、それは偶然的なことではない。一般に契約の哲学が「個人主義的」プリズムをとおして解釈されるのに対し、リクールは社会契約の反省的性格を強調する。契約が反省的であるということは、反省の伝統によって特徴づけられる哲学に無縁な概念は一つもないと認めることであり、とりわけ契約を創始的出来事の同義語として提示することである。『時間と物語』の分析を先取りせずに、契約の謎を、つまり契約というこの起こらなかった創始的で反省的な出来事をよりよく理解するにはどうすればよいか。

「契約は起こらなかった？　まさにそのとおり。起こらなかった行為においてのみ、結ばれなかった契約においてのみ、政治的意識において、回顧し、反省してのみ現われる暗黙で無言の契約においてのみ回復されうる、というのが政治的同意の性質であり、その同意が国家によって組織され、方向づけられた人間共同体を統一させるのである」（*HV*, p. 265）。起こらなかった行為、すなわち政治的共同体の出現は、経験的与件に、つまり完全に限定できる出来事には対応しない。とすれば、はじまりというものをいかにして記述するかである。

リクールはもう一度次の点を力説せねばならなかった。「いずれの社会契約理論も、虚構の歴史のある時点で、それによって戦争状態から市民の平和へと、一種の所有権の放棄によって移行するような飛躍を含意している。それはどんな社会契約論も説明していないことがらである。実際にそれが含意しているのは、権威の誕生であり、合法化の過程のはじまりである。そういうわけであるから、われわれは社会契約の零度にはどうしても近づけない。［…］われわれは権威という現象の誕生にはけっして立ち会えないのである」（*TA*, p. 384）。議論のこの段階でリクールは一段階決定的に前進し、契約の理念性が政治の虚偽的性格の起源にあることを立証する。契約とは語の厳密な意味で起こらなかった行為であるのだから、それはいくつかの転用を生じさせることができる。社会の起源とは創始物語であり、だれの歴史的所有物でもないフィクションであるなら、それはなによりも他律から自律へと移行したためである。社会がみずからを創始せねばならないなら、社会がもはや、社会を創始する〈他者性〉にも、超越性にも、〈父祖〉の掟にも縛られていないならば、権力を握る者がその起源を引き受けることができるのである。[20]「政治的なものは虚偽への傾向をもつ。なぜなら政治的な場は理念性の実在性をもつからである」（*ibid.*）。この政治的同意の理念性が、

1955年の中国旅行。一行のなかにはアルマン・ガッティ，ミシェル・レリス，ジャン・リュルサ，ルネ・デュモンらがいた。

政治哲学と、リクールが構築しようとする行動の存在論とを結びつけるのであるが、この理念性はクロード・ルフォールの、民主主義と選挙がそこで果たす役割についての考察のなかでやはり強調されている(21)。契約の反省的性格がこの理念性に立脚しているなら、逆説の第二の極に相当する政治的悪は経験的で、心理的(個人)で、人類学的(文化)な要素に、また政治団体、歴史共同体を外部から侵入して蝕むウィルスのような外因性の要因に還元することはできない。政治的悪は国家の発生と無関係ではない。国家とは、介入して歴史の流れに影響するような決定をするところの「意志」である。「問題の核心は、国家とは意志だというところにある。同じく、政治によって歴史にもたらされる合理性が必要だろう、と強調することができる――それはたしかだ。しかし国家は意図においては合理的だとしても、諸決定にもとづいて歴史のなかを前進していく。政治というものの定義のなかに、歴史的効力をもった決定という観念を入れないことは不可能である。換言すれば、この国家が組織し、指導する人間集団の命運を永続的に変えるような決定である。政治的なものは合理的な組織であり、政策とは決定である[…]政治的なものは政策なしには機能しない」(*HV*, p. 268)。リクールはこの第二の極を強調しながら、エリック・ヴェーユの政治哲学と暗黙の対話をおこなう。リクールはヴェーユに対し、合理性が犯しうる悪を考慮しない、と批判する。最大の合理性から最大の悪が出てくることがある。まさにそこに政治的逆説が存する。リクールは『エスプリ』の時評で、ジャン・ナベールの『悪についての試論』に言及しながら、エリック・ヴェーユに反論するのである(22)。

政治的逆説についてのこの独創的な省察をリクールはさらに延長し、非暴力についての考察によって補強することになる。その考察は、司法官の権威と政治権力の権威とのつながりを強く打ち出す。もし「私の」国が敗れることになったらつぶれてしまう司法官の権威を保全する以外に、戦争という暴力に訴えるのを弁護する論拠は実際にはない。「武装し、戦争している国に服従する唯一の理由は、国が存続し、司法官もまた存続する、ということである。私の服従は、私の国の無条件の存続という非倫理的な土台に立っている。国家の存続は根拠がないわけではない。というのはそれは司法官の行為でもなく、懲罰裁判をおこなうのでもないが、国家の存続は司法職のあらゆる行為の存在の条件だからである（*HV*, p. 257)。この提言のうちに、政治と、ここで共同体の持続（『時間と物語』での「持続」durationという語を再び用いれば）の能力として解される歴史との関係が、明瞭に現われている。このことは、その後でなされる物語についての省察が、共同体の「持続」、歴史の継続を有利にしようという配慮と無縁ではないことを示している。しかしリクールがあとで正義を根拠づける可能性を論じ、裁判制度や判決を執行する条件について発言するとき、司法官についての問いかけは、そこまで直接に、明瞭に延長されるのである。(23) これは偶然ではない。なぜなら持続を尊重することは、政治家にも歴史家にも関係する蓋然性の論理を確立するよう要求するからである。(24) 政治的逆説はリクールの著作における余談といったものではない。それは徐々にいろいろな形態をとっていくので、いっそう構造的な広がりをもつようになる。こうして論文「政治的逆説」は発表後約二十年して、論文「倫理と政治」の逆説の二つの面である形態（法）と力（暴力）となり、もはやルソーやマキアヴェッリではなく、アーレントとマルクスを参照するようになる。(25)「政治的逆説」の豊かな価値がアリストテレスとルソー、プラトンとマキアヴェッリ、古代人と近代人とを連接する能力に存するなら、そこには同時に古代人と近代人とのあいだの唯一の溝を強調する思想から「逸れていく」メリットがある。ハイデガーに感化された解読格子を政治哲学に投影させずにはいないレオ・シュトラウス学派は、思想と行動の義務論的表象をその目的論的ヴィジョンに、主観的〈理性〉を客観的〈理性〉に対立させる。全体論と原子論の、社会学主義と個人主義の現代的対立を警戒して、リクールはこうした溝のための論拠を提供することなどほとんどしない。彼の計画は、哲学史にそって徐々に分離させられていったものを、すなわち、行動の人間学、政治哲学、そして存在論的「執拗さ」を再び統合できる実践哲学を実現することである、と認めるならば、それはよりよく理解できる。

3　正義から確信へ

「政治的逆説」（一九四七）発表後三十年余りたって、リクールは『他者のような自己自身』（一九九〇）を上梓する。そこで一続きをなす三つの章（七、八、九章）を執筆し、それが「小倫理学」を成す。この三幅対が、彼が五〇年代から提言してきた政治についての考えを再展開、再定式化したものであるとしても、逆説の主題系は消えてしまわない。この「小倫理学」は以前の著作との断絶を見せるどころか、それの重要なメリットは道徳と倫理の関係を明確にし、解明することにある。これまでその関係は明示的に考慮されてこなかった。これまでリクールはしばしば、スピノザ的とナベール的の二重の意味で、コナトゥス（努力）と「根源的肯定」として理解される倫理学によるカント主義の超克という手段に訴えてきた。これまで彼は（たとえ善が根源的肯定の形をとって現われたとしても）執拗に目的論的次元を中断させまいと努めてきた。しかし彼は、彼自身のいわゆる「ポスト＝ヘーゲル的カント主義」という表現によってもっともよく表現されるスタイルの省察を構成するさまざまな要素を分析し、それらを関係づける機会をもたなかった。政治的問題と平行して、ポリスの命運についての問いかけが、いくつかの論文や学会発表で、再び前面に出てくるが、さりとてそれが、五〇年代から六〇年代に折にふれて書かれたテクストにつながっているわけではない。同時にリクールは、アングロ＝サクソン系の省察と無関係にではなく、現代の民主主義における社会的正義の条件を分析することに大いに努力する。リクールが現実世界に敏感であることを示すこの型の著作が復活していることに、全体主義批判に同行しようとする決然たる意志を見るべきだろうか。第一期の政治的著作と、一九六八年の事件に続く比較的控えめな時期と、政治が主として思弁的な平面で再び登場してきた第三期の著作とのあいだの不連続性を過大視するのは思い違いであろう。むしろ倦むことなく「行動の存在論」という用語で定式化されている哲学の計画に付随してなされる政治的省察の一貫性こそもっとも驚くべきことである。

リクールにおける「政治的なものの後退」を力説する者に対しては、『他者のような自己自身』が執筆されたこと以上に説得的な反論はないだろう。リクールの業績全体の体系において決定的な位置を占めるこの著書は、行動と証言の哲学のあらゆる次元を働かせ、組織するという、驚くべき構成に基づいている。しかもその執筆には数多くのテクスト、論文の出版、発表が前提となっているのであり、それらの論文類は次の二つの主題系を特権化している。すなわち一方は、実践理性と行動の人間学の主題系であり、他方は、民主主義国における社会的正義の主題系である。リクールはそれと平行して、意見と確信についての議論を再開し、戦後のある時期に彼が雑誌『エスプリ』や『社会的キリスト教』での言論活動で繰りひろげた、価値についての言説を再定式化することに努める。それのみならず、俗流ニーチェ主義がドクサとエピステーメー、意見と学知とを対立させるだけにとどまるとき、彼はそれに真っ向から反対する論陣を張る。とはいえリクールは、民主主義の「手続き」的見方――カント主義に影響された政治哲学の見方――に満足しない。その見方によると、正義について熟考する個人、主体は民主主義のために、その確信を「中断」させねばならないというのである。

正義論と善の複数性（ジョン・ロールズとマイケル・ウォルツァーの間）

疲れを知らない渡し守リクールは、七〇年代を通してアングロ＝サクソン系の分析哲学の代表的学者の著作を読み、彼らとの議論を拒まない次のフランス哲学者たち――ジャック・ブーヴレス、モニク・カントー、クリスチアーヌ・ショーヴィレ、ジャン＝ピエール・デュピュイ、ピエール・リヴェ、ヴァンサン・デコンブ、パスカル・エンジェル、その他――のなかの一人である。分析哲学者たちがいなかったら、行動の人間学を築きあげる企てはもっと困難で、制約の多いものになっていただろう。しかし「分析哲学的迂回」は、同じくアングロ＝サクソン系の道徳哲学や法哲学によって演出された論争へのけっして裏切られない興味を伴っている。相手の論拠がつねに考慮され、尊重されるこのような精緻な省察に、リクールは自分のスタイルに似た思考のスタイルを見いだす。だが同じく彼は、フランスで「社会的議論」と呼ばれる主題について発言する思想家たちの能力にも魅了された。検閲、ポルノグラフィー、妊娠中絶、男女間の戦争などについての数多くの問いかけが、マイケル・ウォルツァー、チャールズ・テイラー、ドナルド・ドゥオーキンらの執筆する論文の対象になっている。彼らは哲学的言説を「具体化し」、それに、フランスの哲学者なら尊大ぶって放置してしまうような対象を与えるのである。といっても事はそれほど単純ではない。フランスの政治思想を論じるむずかしさは、ほとんど先天的なものであって、それは討議よりも法則を好み、議論の交換よりも権力の尊重あるいは批判を好む伝統に従属している。「フランスでは、社会におけるいかなる進歩も法則にしたがってなされると考える、長いジャコバン主義的伝統にいまだに従属している［…］。市民の不服従はわが国では悪いものと考えられている。われわれはそれを反逆の側におくからである。恐怖政治の記憶は共和国に重圧をかけつづけ、それがわが国の歴史の抑圧された部分となっている[26]」。こうした状況にあって、リクールが一九八五年以来ジョン・ロールズとマイケル・ウォルツァーという二人の特権的パートナーをもつようになったのは意外ではない。彼らはいずれも、いまや古典となった著作をものした。前者は『正義論』（*Theory of Justice*, 1973）であり、後者は『正義の諸領域』（*Spheres of Justice*, 1976）である[27]。民主主義国における社会正義について、秩序の複数性についてのこの二人の問いかけのおかげで、割れた鏡にうつして見るように、リクールの政治思想が各方面に再び展開するのがみられる。彼の一貫した関心は、行動の目的論的次元（善のそれ）を断じて放棄せず、さりとて自分の行為に責任をもつ主体という像を断念しない。

ロールズと対決してリクールは、暗黙のうちに現代のカント主義に応答し、彼なりの仕方で、古代人と近代人との溝を埋めようと試みる。ウォルツァーに依拠してリクールは、民主主義についての省察が全体論《ホーリズム》と個人主義、社会主義と自由主義という議論から脱出するように促す。これらの二つの議論を同時におこないながら、リクールはもっと公然と、目的と善の複数性についての省察に行き着く――一方の省察が他方の省察に合致する。その省察の帰結は、意見と学知、doxa と épistémè のあいだの溝を定式化し直すことである。カントをのりこえ、レヴィナスに応答するために、リクールはニーチェ的ルサンチマンも、また手続き的民主主義の表象に基づく熟慮というロールズ的考え方も批判しなければならない。

合法性と善との間の正しさ

なぜロールズは八〇年代をとおして――その一〇年間にリクールは『時間と物語』と『他者のような自己自身』を執筆した――リクールの特権的な対話者として、事実上も権利上も認められたのか。私はそこに二つの主要な理由を見る。第一にジョン・ロールズは社会の配分的性格を力説しており、それがデュルケームの社会学主義的アプローチと方法論的個人主義との対立を回避させてくれるからである。この対立がフランス社会学の学問的生産に(28)、また社会科学の他の知の領域においても、つきまとってきたのであるから。第二にロールズは、正義の観念の形式化を論じるからである。その形式化はアリストテレスの準＝形式主義で先取りされていた試みであるが、正義の原則のいかなる目的論的表象にも正面から対立するもので、このことはロールズの首尾一貫性を評価するよう求める。問題は明白である。正しさはほんとうに善から解放されることができるか、である。ロールズの書の「反目的論的」方向づけを論じるまえに、リクールは何度も、ロールズの「配分的」社会概念が呈する興味を強調する。シュトラウスの古代人対近代人論争が基づいている、全体論か原子論かの二者択一をリクールは排斥してやまないが、同じく彼はロールズとともに次の二者択一にも警戒する。すなわちデュルケーム的な意味での、グローバルな社会の見方と、社会を構成する個人たちの利害を並列させることに社会を還元してしまう方法論的個人主義とを、自然に対立させる二者択一である。リクールはロールズの主著を解釈しつつ、同時に、正義を善についての問いから解放し、正義を重要な徳とみなすような思想形式について問いかける。だがロールズはそれにどのようにして意図的に取り組むのか。

一方でロールズは最初に「正義の徳」を「制度」に割り当てる。「たしかに制度というものは、権利と義務、収入と遺産、責任と権力、要するに利益と負担を対象にした分配、配分のシステムとして理解できる。この〈配分的〉性格が正義の問題を提起する。なるほど制度は、友情や愛情の一対一の関係よりも大きな広がりをもっている。制度において倫理的目標は、配分の過程をとおして、この一対一の関係が第三者として外部におしやる、すべての人々にまで広がっていく」（*L.I*, p. 59）。他方で「理論は社会的関係を、熟慮と、筋のとおった選択とが可能な個人間の契約から発生させる」（*L.I*, p. 217）。こうした仕方で、表面的には矛盾としか見えない二重の思考の動きが捉えられる。

たしかに反省は、社会が個人間の契約から派生するまえに、社会を個人よりまえに措定している。しかしリクールにとってこの二重の思考の動きが理解しがたく、しかも「有害」であるのは、思考が執拗に、頭から、デュルケーム流の「社会学的全体論」を、マックス・ウェーバー流の「方法論的個人主義」と対立させようとするときだけである。

ところがロールズはこのような対立に満足しない。社会という超個人的概念と個人主義的アプローチとのあいだで、彼は社会システムを「配分の過程」とみなし、社会関係を「相互の利益へと向きを変えた出来事」とみなすよう求める。この観点から、「契約によって社会は一挙に信徒組合的、相互主義的現象として扱われる」とする契約主義は反デュルケームのウェーバーを正しいとは認めない。たしかに個人概念と社会概念とは同時に変化し、両者は一致して変容する。そしてそれには理由がある。社会は個人に、役割、地位、恩恵、負担だけでなく、義務と権利も分配する。そこで個人は「分け前」を分配することに専心して、社会に「参加」する「パートナー」となった。「正義とはまさに各人に分け前を配分するところにある」(*LI*, p. 259)。リクールによれば、パートナーとはわれわれのうちの「各自」である。「各自」は対話的概念——たとえばレヴィナスにおけるような、顔と顔をつき合わせて発言し、第三者を抽象的な派生物としてしまうような——から区別されるだけでなく、ハイデガーから影響された、無名の「ひと」への批判からも区別される。「各自は分け前の正当な受取人」(*ibid.*)であるなら、パートナーは他者でもなく、他人の顔でもなく、無名の群集のなかに紛れた個人でもない。「この点で、〈各自〉の記号論はこれからつくられるものであるが、それは人称代名詞の系列全体に比して、配分的代名詞の特性を尊重するものである」

(*LI*, p. 219)。

しかしこの「配分的な」社会概念は、正義が主要な徳であると考えるように求める。それは少なくとも次の二つの理由による。まず第一に、制度は葛藤をひき起こすとともに、合意も形成する――葛藤をひき起こすのは、いかなる分配も不平等を生じさせるからであり、合意を形成するのは、ある方式がパートナー全員によって承認されるからである。それゆえ二者択一の場が、必然的に「配分と割り当ての対立する原則のあいだに開かれる」。第二の理由は、「正義の原則がこの問題構造に正確に釣り合っている」ことに基づいている。というのは、第一の要請は付与する、振り分ける、配分するといった操作を調整することなのであるから。こうした状況では、いずれにしても思考によって、社会の配分的性格によって課された問題を解決できるための条件を探求するのは当然である。とはいえ、一つ問題が残る。契約の実現を支配する条件は何か、である。

ロールズは著書の第三節からすでに、契約者たちの原初状態が公正（fair）であれば、正義の原則の選択も公正であろう、と言明する。彼はこう書いている。「正義の原則は、それ自身公正な最初の状況で結ばれた協定から発してくる[29]」。そしてロールズはこの平等の条件に「公正さ」（fairness）の名を与える。「その平等の条件のなかに原初状態のパートナーたちがいると想定され、彼らは現実の社会における自分たちの現実の運命について、無知のヴェールのもとで熟慮しているのである」(*LI*, p. 262)。リクールはこのような配分の観念についての独創的で積極的な理解と平行して、正義の観念のこの形式化の価値を評価する。正義の原則の反目的論的方向づけは明白であり、ロールズは正しさの問題と善の問題をつねに分離している。正義の形式化の試みはすでにアリストテレスにおいて数学的平等の形でなされていたとしても、『正義論』のオリジナリティーは、カント起源の義務論的観点と契約論者の伝統とを連携させたところにある。この伝統が提供してくれるのは「正義の原則の正当化のためのフィクションという枠組みである。すなわちこの想像的な枠組みでなされる合理的な熟慮の結果としての、仮説的で反歴史的な社会契約というフィクションである」(*ibid.*)。

リクールがロールズとのこの議論をいろいろな論文や「小倫理学」でくりかえしおこなっているのは、けっして偶然ではない。それは彼にとり中心的で決定的なものであり、彼はそれを避けることはできないのである。なるほどこの『正義論』では目的論的次元がいかなる役割も、たとえ控えめで隠れた役割であれ果たしてはいないことを、彼はうまく立証できないとしても、彼にとって必要なのは、倫理に対し規範、道徳が自律していることでなく、両者を結ぶ絆が欠けているのを認めることである。その絆なしには、『他者のような自己自身』のなかの「小倫理学」の実現は弱められ、さらには損なわれてしまうだろう。リクールが何度もロールズに依拠し、彼から配分の考え方や、個人をパートナーとして理解する考えを借用しつつ、立証しようと企てるのは、正義の観念は純粋に道徳的ではなく、それは同時に倫理的な意味ももち、「正しさ」(le juste) は「合法性と善とのあいだ」に位置することである。要するに「正義感は、それが生じさせる司法体系の構築だけに尽きてしまわない」(*L.I*, p. 259)。この意味で、ロールズの『正義論』とたたかわす議論は、リクールのカント主義との永続的対決をさらに続け、延長し、明確にするものである。「義務論的な正義論が何らかの仕方で訴えるのは、正義に先立つ倫理的感覚にではないかどうかを知るのが、私の問題である」(*L.I.*, p. 264)。

この観点から、リクールは確信の役割について自問し、ロールズの断定から帰結を引き出す。その断定によると、「熟慮された均衡」は形式的証明と、契約の相手の「慎重な確信」とのあいだに確立されねばならない、というのである。「どんな証明の装置も確信の合理化として現われるのであり、それは確信と理論のあいだの相互調整の複雑な過程という観点からの合理化である」(*ibid.*)。形式的な熟慮の枠内でもやはり契約者は、正義の面で深い確信を表明するのであり、そのことはもっとも恵まれない人の観点をとって、すぐれて確信を言い表わす第二の原則によって証明される。それは「あなたが人からしてもらいたくないことを、人にもするな」と表現される古代の黄金律である。こうした状況で、形式主義の背後に現われている公正さの感覚は、「人格を手段として扱うことを禁じ、それを目的そのものとして扱うことを要求するカントの命法において根拠づけられている」(*L.I.*, p. 264)。合理的な熟慮の枠内で、思いもかけず確信がこのように蘇るのを、どう解釈すべきか。合理的な熟慮において契約する個人は、ア・プリオリに無知のヴェールに覆われており、そのヴェールとは、熟慮に影響を及ぼせるような個人的確信をカッコに入れるためのものである。リクールはロールズについてこう答えている。「〔彼の〕形式主義の背後に、彼の公正さの感覚が現われ出る。その感覚は人格を手段として扱うことを禁じ、それを目的として扱うよう要求するカントの命法において根拠づけられている」(*L.I.*, p. 264)。彼はさらにこう続ける。「この命法の背後に、私は心づかいの飛躍を感じるのであり、心づかいは(「小倫理学」において)自己評価から正義の倫理的感覚への移行をなす」。こうして正義の原則の形式化は完了することはありえず、正しさは善の観念から解放されることはできない。影響力をもつ確信とは、善を断念しない確信であり、正義は形式的な観点のみでは理解されえない（*Le Juste, op. cit* 参照）。

「小倫理学」で中心的役割を果たす『正義論』の解釈においてリクールが大いに努力するのは、単に道徳の領域に送り返すだけの、正義への義務論的アプローチの限界を示すことである。ただし正しさが合法性と善とのあいだに位置することを彼が示しつづけるとしても、彼の野心は、古代人対近代人論争に同意したり、その枠組みで、倫理が目的論的観点から特徴づけられているアリストテレス的遺産とカント的遺産とを対立させるところにはない。レオ・シュトラウスの弟子で最近亡くなったアラン・ブルームとは違って、リクールは目的論的なものと義務論的なものとを対立させ、古代人に対するロールズの控えめな態度を皮肉るだけにはとどまらない。それどころかリクールはその対立についての省察をもう一度編成し直すことを提起する。彼の倫理学的執念は、「目的論と形式主義とを、カントとアリストテレスとを対立させることに帰着せず、倫理は形式主義を経由し、逆に形式主義は善の表象から逃れることはできないことを立証することに帰着する。これは倫理が優先すると言明すること、だが倫理的目標は規範の篩を通らねばならないと認めることに同時に帰着する」（*L.I.*, p. 256）。法則、道徳的規範は、リクールにとり、倫理の、「善く生きる」努力の必然的契機であるが、それだけが倫理的生活を要約するものではない。義務論的契機が不可欠であるなら、その契機自体もその限界を知り、その要求水準を下げなければならない。理論理性と実践理性という二つの理性があるのではない。「理性は実践的である［…］。だがこの普遍化の規則の正当性を認めても、立法を倫理の第一歩とするいかなる要求にもそむくことはありうる。カント主義においては、どんな倫理的ダイナミズムもこの究極の段階と同一視される。法則の観念がかけがえのないものであるなら、カント主義の欠点は、基準にすぎないものを基本概念に据えたことにある」(30)。

しかしそうすると、なぜ法則をかけがえのないものと断言するのか。これにもう一つの問題が加わる。道徳は倫理に何をもたらすか、である。ここでリクール的政治思想のアリアドネの糸〔道しるべ〕として、政治の逆説的性格が再び現われてくる。その性格が歴史共同体において、善と悪、善く生きることと暴力とを、実際に関係づけるのである。「私の答えは簡単である。倫理から道徳へ移行すべきであるのは、暴力のゆえにである。カントが、人格を手段としてでなく、目的そのものとして扱うべきである、と言ったとき、彼は人と人との関係はまさに搾取であることを前提としている。搾取は人間の相互作用の構造そのものに刻みこまれている」(*L.I*, p. 261)。人が他の人を疎外し、権力を濫用できるゆえに、禁止、道徳法則は、それにどうしても訴えざるをえない手段である。カント的道徳をのりこえ、すべての力を目的論的次元に再び与えようとする意志も、悪の役割、権力の濫用を無にしてしまうことはできない。「こうした悪の多様な形態に直面して、道徳は〈殺してはならない〉、〈嘘をついてはならない〉といった禁止で表わされる。この意味で道徳は、心づかいが暴力や暴力の脅威に直面しておびる形態である。悪や暴力のあらゆる形態に、道徳的禁止が対応する。おそらくそこに、禁止という消極的な形が、堅固な力をもつ理由が存するのだろう。そのことにカントは完全に気づいていた」(*L.I*, p. 262)。カントをたえず照合しているかぎりにおいて、倫理と道徳、目的論と義務論の関係は、暴力を考慮すること、とりわけ全体主義を引き起こし、「二十世紀の犯罪」を起こした政治的暴力を考慮することと切り離せない。こうした状況で、政治的逆説についての反省は次の二つの方向に進んでいく。一つは道徳（カント）と倫理（アリストテレス）とをきわめて厳密に再調整する方向で、それは両者を互いに対立させることでは、充足させられなかった。倫理的な投企が道徳法則を要求するならば、倫理を深めることはけっしてカント主義にそむかない。こうして再び、恒常的にリクールの行動思想の基礎をなしている動きが新たな形をとるようになる。すなわち、善（つまり倫理、善く生きること）の優位は動かないが、悪や暴力は、一見すると倫理の衰弱に過ぎないように見える道徳概念を経由することを要求するのである。

ウォルツァーと秩序の複数性

リクールは、カント的道徳と倫理の関係（つまりカントとアリストテレスの関係）を描き出すのを可能にしてくれるこの『正義論』との議論を続けているが、別の理由でも『正義論』は彼の注意を引きつける。実際にロールズはアメリカでは論争の中心人物であり、その論争において、当時リベラルで熟慮的と評された彼のカント的傾向は、共同体主義的傾向と対立していた。後者の傾向のもっとも有名な代表者たちはなかでもマイケル・サンデル、マイケル・ウォルツァー、チャールズ・テイラーである。彼らは熟慮が、合理的な選択にしたがって、いかなる文脈、歴史共同体へのいかなる帰属とも無関係に展開するという仮説を拒否する。彼らは「慎重な確信」と「倫理的原則」（*L.I.*, p. 259）との関係を立証しようとするどころか、むしろ正義の観念の実質的で、文化的な絆を力説する。正義の観念は、それに形を与え、それを可能にしてくれる歴史共同体から抽象によって引き出されることはできないからである。

カントによって着想を与えられた普遍主義的アプローチと文化主義的解釈、超越主義と相対主義との論争の枠内で、マイケル・ウォルツァーは正義の原則についてもう一つの解釈を提案する。彼は『正義の諸領域』[31]で、秩序の複数性という言葉で省察を開始し、それはそれぞれの秩序に対応する正義の形態の複数性を考慮することに帰着する。善にいろいろな形態を区別するなら——すなわち健康という善、市民権の善、教育の善、商業の善など——やはりさまざまに適合した正義の形態を正しく評価する必要がある。このように複数性を肯定することは、同時に、それぞれの形態の場合で特権的な善に対応する唯一の型の善、唯一の型の正義はないと認めることである。これは結局、商業の善は唯一の可能な善ではなく、もろもろの善をその代表的な善だけに帰着させることはできないということになる。こうした状況において、商業の善のみの循環と組織化とを考慮した、社会主義と資本主義の対立、計画と市場との対立を当然とはほとんどはいえない。「善として分かち合うべきものを決定する評価の複数性にもとづいた善の、こうした実際の複数性を考慮に入れることは、単一の正義という観念を真に解体することに帰結し、〈正義の諸領域〉という観念を有利にする」(SA, p. 293 ; 316)。

この命題はロールズ批判の根源にある。彼が非難されるのは、商業的善を特権化することよりも、〈善〉のいろいろな型と熟慮の適切な形態とを十分に関係づけないことについてである。

もはや一つの善、一つの目的については語られず、複数の目的や善が語られる。換言すれば、伝統的な目的論的、宇宙論的ヴィジョンは、あるアプローチにとって有利になるように変容するのである。すなわちそのアプローチに応じて、〈善〉または〈目的〉の問題は、〈善〉や〈目的〉のいくつかの概念へと回折していくのである。モンテスキューについての可能な解釈をめぐる議論についてベルナール・マナンが示唆したように、新旧論争（共通の善という考え方か、価値の相対主義か）は、多元論的思考と一元論的思考の対立（諸目的、諸秩序か、一つの目的か）と重なり合うはずである。(32) そこでリクールは「安全保障」「繁栄」「正義」「平等」といったキーワードをめぐる論争を正当に評価する。それらの用語は、よい統治の〈諸目的〉についての議論を育てるからである。『ニコマコス倫理学』（第五巻）の「正義論」の冒頭からアリストテレスがこれらの用語の多義性を認めていることを喚起して、リクールは次の二つの重要な現象を考慮するよう求める。第一に、これらの用語のそれぞれは解消しがたい複数の意味をもつこと。第二に、よい統治のもつ複数の目的はおそらく縮小できないこと。換言すれば、よい統治の〈目的〉の問題はおそらく決定不可能であろう。この多元的問いかけの枠内でこそ、政治的なものはその決定的な役割を見いだす。諸領域（政治、経済、教育）の自律が尊重されても、その自律はもはや「政治的逆説」で主張されているような主題や論拠だけによってはまとめきれず、あるいは並列という仕方で示されることはできない。以後、諸領域の間の関係は、特別の考察の対象となる。そして政治は特殊な役目をもつ。すなわち諸領域、諸領分を階層化し、それらに結びついた正義の諸形態を価値づける役目である。

4　確信と民主主義

これらアングロ゠サクソン系の著者たちとかわす粘り強く、連続した議論の全体は、八〇年代になされた政治的なものについての反省への明瞭な回帰をしるしづけるもので、それはロールズの理論を追跡しつつ正義についての独自の省察を練りあげ、倫理と道徳との関係を徐々に再調整するのに役立った。とはいえ、この倫理と道徳の二重の地平が、リクールの政治思想がめざすもう一つの方向を隠してしまってはならない。それは公的空間と、ポリスにおける熟慮の条件とを対象とした方向づけである。それは「正しい意見」つまり真実らしさの論理を哲学的に価値づけることを伴っている。その真実らしさの論理なしには行動の存在論は失敗を余儀なくされてしまう。なぜならその存在論は必然的に、意見か学知かの二者択一に従わされてしまうからである。実践的知恵は、討議が可能となることを要求するとしても、意見と学知の、ドクサとエピステーメーの硬直した対立を免れることは必要である。その対立は、ニーチェ的遺産を援用するジル・ドゥルーズの反省が、たとえば彼の著『哲学とは何か』で、前面に押し出したものである。[33]その点で、リクールの政治思想はたえず彼の重要な哲学的野心の一つと出会っている。そしてそれは偶然ではない。十八世紀の社会契約主義理論以来、政治哲学は歴史的に形而上学という樹木、共通の哲学の幹とは関係を絶ってきたが、それはいまやあの哲学的次元を再発見しなければならない。すなわち政治思想が行動の人間学を犠牲にして、〈法〉、〈国家〉、支配についての問いかけと混同されてからずっと隠されてきた哲学的次元である。リクールはハンナ・アーレントとの思想の近さを自覚する折があるとしても、プラトン主義哲学者のイメージを忌避するアーレントと違って、彼は政治と哲学を分離せず、逆に両者を結ぶ絆を更新しようと努力する。そして蓋然性の論理は、政治的言説の同一実体的脆さを強調する契機となる。政治的言説は科学的証明に訴えることができないので、語りかける人々を説得しようと努める。この蓋然性の「政治的」論理は、アリストテレスが「蓋然的推論」(dialectique) という語で意味しようとしたものに近く、リクールはそれに、「弁論術、すなわち言葉の公的な使用において、蓋然的論拠を用いる技法」(*LI*, p. 194) を結びつける。

蓋然性の技法と正しい意見

アングロ゠サクソン系の理論を迂回することには理由があろうが、しかしその理由はごく控えめに表わされている。それはフランスの政治、哲学の文化から距離をおこうというものである。その文化は、意見というものを過小評価し、まして公的空間で展開する討議という仮説を過小評価する傾向があるからである。公的空間という表現は、個人の行動とも、国家主導の行動とも区別される行動の領域を示す。ベルナール・マナンが強調するのもそれである(34)。すなわちフランスのジャコバン主義的伝統は、社会契約の論理によって強く特徴づけられているので、個人意志と一般意志、権利の主体と法とのあいだをゆれ動く強い傾向――真の構造的傾向――がある。しかしこの振り子運動の原動力は何か。それは次のような考え方である。すなわち主体とは、「あらかじめ知っており」、公的空間での討議に、また自分とは違う意見をもつ他者との議論に従うことのできる、立派に形成された意志である。それゆえ公的空間と討議についての省察は、必然的に意見についてのもう一つの理解を経由する。それは実際にはレトリックの再評価と切り離せない。レトリックは説得の術であり、科学的証明によって正当化したり、ソフィスト的虚言に自足したりできないので、それは言説や行動形式の脆さを強調する。

蓋然的なものについての哲学的反省は、公的空間についての明晰な問いかけの可能性の条件である。実際に、意見が虚言であったり、真実性がなく、学知ではないとしたら、どうして討議するのか。それと対称的に、学知が意見にとって代わるなら、どうして意見を交換する必要があるのか。意見の役割、正しい意見の意味を認めることは、それなしには公的生活はどんな意味も存在理由も失ってしまう確信というものの意味を、前面に押し出すことができる。意見から確信へ移ることによってリクールは、契約主義的伝統とカント的伝統とに二重に登録されている討議についての議論から、公的空間についての問いかけに移行する。その問いかけは確信、つまり正しい意見の表明に働きかける。正しい意見は政治的共同体や、政治の反目的論的表象の硬直性と絶縁した一つまたは複数の善という考え方と切り離せない。「それでもこの自由な議論が実行可能になるには、政治的言説は学問ではなく、せいぜいのところ正しい意見にすぎないことを、だれもが知らなければならない。そこから、その表現において自由な世論の形成についてのこの定義に力点がおかれるようになる」(*TA*, p. 404)。

レトリックの擁護と政治的言説の脆さ

政治的言説は学問ではなく、せいぜいのところ正しい意見であり、科学的証明に立脚した言説であるエピステーメーとも、詭弁術とも区別される。政治的言語は、物理的強制と真理による強制とのあいだで、意見の価値を重視し、誤った意見の方へや、歴史学の幻想に一致するユートピアの方への意見の二重の漂流を避けるように働く。そこで安全な証明と巧みな論拠の人を惑わす用法とのあいだでレトリックが繰りひろげられる。アリストテレスはレトリックについて、それは「蓋然的《ディアレク》推論《ティケー》の音節転換」であると言った。彼によれば、レトリックは「単に蓋然的なだけの論拠への訴え」である。論証と詭弁術のあいだに蓋然性が生じ、知の確実性と眩惑の策略とのあいだに、行動の源泉である蓋然性の世界が出現する。知の保証は、知の無益な行動を無効にし、詭弁術は行動を嘲弄する。『ウニヴェルサリス百科事典』の「信念」の項目でリクールは、パルメニデスにおいても、プラトンにおいても、ドクサへの非難はそれの代償を伴わずにはいないことを示す。「知の段階の序列で」正しい意見は「中庸の、無知（感覚）と真の学知の中間の位置を占める」。ドクサは中間に位置づけられて、単なる誤れる信念ではなくなる。「ドクサはもはや単なる推移の一段階ではなく、魂の活動を表わし、魂は障害や探究をとおして［…］単独で直接に、存在の研究に専念する（『テアイテトス』181a）。ところでプラトンが doxazein（ドクサからつくられた動詞）と呼ぶこの行為は、判断するという意味の動詞 opiner を意味し、もはや一段階劣る知や存在としては定義されない[35]」。

こうした状況において、意見は内容の問題というより、判断し、さらには正しい意見を表明する態度なのである。意見の哲学的地位についてのこの歴史的アプローチにより、リクールは、交叉する二つの問題系を前面に押し出すようになる。「一つの問題系はより存在論的で、学知と意見を存在と仮象として対立させるものである。もう一つの問題系はより心理学的で、意見を無知と学知とのあいだにおいて、自分の言説を探求し、学び、決定し、そして完成させる動きそのもの、つまり自分の思考の行程として意見を位置づける[36]」。とすると、意見はもはやエピステーメー、学知と対立する単なる悪いドクサ、否定的評価ではなく、判断する動きであり、「それは真の言説へ向かい、その理想は必然的で不動の学知である[37]」。正しい意見の現実性を考慮しないと、ジル・ドゥルーズやニーチェ主義者のように、エピステーメーにもドクサにも反対するシミュラークル（模擬）の価値を認めるように、真理と善の問題からうまく解放されるために両者のあいだの溝を棄却するようにに、しむけられる。『他者のような自己自身』でリクールは証言と証しの哲学のために、この正しい＝意見＝信念の決定的な役割を明確に示す。「証しはまずは一種の信念として現われる。といってもそれはドクサ的信念ではない［…］。ドクサ的信念は〈……と思う〉の文法のなかに記入されるのに対し、証しは〈……を信じる〉の文法に属する。そこにおいて証しは証言に近づく」（SA, p. 33 ; 27）。

葛藤の合意

科学的証明とも詭弁的虚言とも区別されるレトリック、すなわち蓋然性の論理を価値づけようとするリクールの執念が、公的空間について、またそれと政治的なものとの関係についての省察を一新することができるのはなぜか。彼は「政治的逆説」の教訓を忘れない。一方で政治は二つの側面にそって理解される。すなわち共に生きる側面と、国家の側面である。他方で政治は、暴力の脅威に屈することから免れられない。討議がさまざまな意見の争いをまとめることができるという仮説を拒否する人たちと、コミュニケーションの超越論的性格を強調する、コミュニケーション倫理の支持者たちとのあいだにあって、リクールは論争の用語を移動させる。

エピステーメーにもドクサにも譲歩せずに、リクールは確信の役割を認める。だが彼は、同時にそれが暴力的になる可能性を強調する。意見は偽りではないが、もし公的空間の存在が意見を平和的なものにしなければ、それは暴力的で、不正で、掠奪的なものになるおそれがある。公的空間は可能な二つの暴力の合流点に位置する。それは国家の暴力と、個人または集団の意見の暴力である。しかし公的空間の制度は「葛藤の合意」の発生を可能にする。それは、この合意なしには、もっとも強い確信がもっとも弱い、もっとも傷つきやすい確信を隷属させてしまうかもしれないようなものである。それが葛藤の合意であるのは、政治的共同体は葛藤や分裂を免れることはできないからである。

そうすると、この葛藤の合意という観念は、国家の役割と個人間の討議を違った仕方で、しかも協調して考えるように導く。この方向づけは、現代の民主主義国家について反省することと切り離せないが、それはまたしても政治的逆説の二つの面を再展開する機会となる。一方で、国家の役割とは、エリック・ヴェーユがうまく表現しているように、葛藤の合意を働かせることである。公的空間の出現は国家の行動なしには考えられず、としても国家とは単純に権力と支配の道具にすぎないとはみなされないのである。それが逆説の意味するところである。というのは、国家が公的空間を可能にすると同時に、潜在的に支配者である国家は、公的空間の存在によって規制されるからである。「[…]葛藤を排除するのでなく、葛藤に自己表現させ、交渉によって解決するようにできる手続きを案出しようと意図する国家こそが民主主義的である」(*TA*, p. 404)。この点で、リクールはエリック・ヴェーユが近代国家の支配への傾向を過小評価していると非難する。リクールが政治と切り離せない葛藤の次元をけっして見失わず、また政治的行動は悲劇と無縁ではないことをけっして忘れないとしても、彼は〈政治的なもの〉(*le* politique)と〈政治〉(*la* politique)との混同を拒否する。ということは、現代の倫理思想が提起するように、倫理と政治を対立させないということである。彼にとり、マキアヴェッリやクロード・ルフォールにとってと同様、政治的なものは権力の範囲や、目に見える実際の政治によっては画定されず、社会や歴史の「形成」、「演出」(ルフォール)に関与するのである。換言すれば、政治的なものは倫理と無関係ではなく、倫理は――厳密に現実主義的な政治の解釈とは逆に――抑圧された市民が国家に反対して行動するのを正当化し、倫理的感覚が政治生活と公的空間を供給できるようにする。公的空間という観念によって展開される省察の枠内では、公的空間の出現を促し、保護する役割をもつのは、逆説的ながら国家なのである。

そうであるならば、民主的権力は、ハンナ・アーレントが権威と名づけるものと切り離せない。としても、公的空間のこのような価値づけの下に潜む、立法国家、ジャコバン主義的国家の暗黙の拒否を正当に評価しなければならない。リクールはフランスとアメリカの二つの革命を交叉させて、アングロ＝サクソンの法律文化をフランスの政治文化に置き換えることはしない。彼はむしろ政治的なものと法的なものとの関係を変更するのに力をつくす。のみならず彼は、レトリックと蓋然性の技法とを考慮することに政治的反省を加えることによって、国家の機能を二分する。すなわち国家は、決定し、真実らしさの秩序にしたがって行動しなければならないという公的意志と同一視されるだけでなく、正しい意見が真実らしさの秩序にしたがって交換される公的空間の潜在的な創設者でもある。政治的なものの脆弱さは二重である。それは国家の脆弱さであると同時に、公的空間の脆弱さでもある。そこで政治共同体は、ハンナ・アーレントにおけるように、個人の意見に形を与える「現われの公的空間」と同義語となる。リクール自身の言葉でいえば、「政治的言語は本質的に公的な討議という活動のなかに何よりも含意されている。その活動は公的議論の自由な空間で展開する［…］と言うことができる。〈公開性〉の概念はここでは、プロパガンダの意味でなく、公的空間の意味で、枢要な概念である」（*L.I*, p. 166）。しかし政治的逆説のこの面がそれ自体逆説的となる（国家は最大の悪を挑発する危険を冒すだけでなく、公的空間を保護することも同じく使命としている）のであれば、政治的逆説のもう一つの面も同様に変更される。国家が以後「葛藤の合意」を調整するための民主的国家として考えられるようになると同様に、歴史共同体は、そこで多数の意見が考慮されねばならない民主的共同体なのである。それが「葛藤の合意」のもう一つの側面である。一九五七年〔ブダペスト事件の年〕には共同体についての問いかけは社会契約と結びついていたのに対し、以後その問いかけは、社会正義と討議についての議論に答えるものとなる。公的空間を活気づけ、それを具現するこの討議の枠内で、個人の意見はどうなるのか。

リクールにとり公的空間についての省察は、意見を対象とする二重の批判に対して反論する促しである。一方のニーチェ主義的な批判は、意見を誤謬の単純な形に還元するために、意見を認識論的に理解するにとどまり、意見とドクサを混同する。他方、現代的批判もまた、意見と慣習を結びつけ、意見のうちに近代性に反対する伝統の形しか見ようとしない。それは驚くべきことだろうか。近代世界と伝統とを分離する裂け目というものを、哲学的に信用しないリクールは、意見、慣習、伝統をばらばらにすることを警戒する。確信なしに、議論や討議を価値づけられるだろうか。ジョン・ロールズやハーバーマスの反目的論主義に反論するために、リクールは個人の確信のうちに善の表象を再発見せねばならない。このことは思考の習慣的な動きを逆転するように彼を導く。民主的共同体には善と目的の多数性があるように、伝統の多数性もあるのであって、それらはいずれも確信をうみだす因子となる。一つの〈目的〉、一つの〈善〉がないように、善の唯一の「鉱脈」というものもない。公的空間の出現が不可欠であるなら、同様に伝統の多数性も不可欠である。

リクールにとり、批判思想、またはハーバーマスが他の二つの関心と区別する、解放への関心は、すでにそれ自体伝統と一致する。「批判もまた伝統である。それは諸伝統のなかでもっとも印象的な伝統に入りこんでいる、とさえ言おう。それは解放行為の伝統、〈脱出〉〔出エジプト〕の伝統、〈復活〉の伝統である。もしも人類から〈脱出〉の記憶、〈復活〉の記憶が消えてしまったら、おそらくもはや解放に対する関心も、解放の予測もなくなるだろう……」（*TA*, p. 376）。リクールはしばしば、民主主義を鼓吹するために、確信を供給できるような文化遺産の多数性に注意を喚起する。確信とはもはや単に個人的な関心の表現ではなく、あの「葛藤の合意」を助長するための公的空間において他の善の考え方と対決しなければならない世界観を表わしている。ハーバーマスが伝統のうちに慣習、すなわち伝統の残滓を見るのに対し、リクールは慣習と議論との荒っぽい対立をのりこえようとする。議論が個人的関心との断絶を示すことを認めるならば、議論が機能するのは「超越的審級としてであるが、それは個人の自律の外部にあるのではない。とすると問題は、単なる手続きから内容を派生させることができるかどうかである」。この段階でリクールは「伝統の観念をもう一度考え直しては」いけないかどうか自問する。「権威の絶対的原則として立てられた〈伝統〉と、確信の歴史的媒体としての諸伝統とは別のものである。ところが議論の倫理はそれ自身、この第二の伝統概念なしですますことはできない。なぜなら個人が議論にもたらすことのできるものは、個人が他者の判断にゆだねる確信以外に何があろうか——それは熟慮された確信となる確信である。説得しようとしない議論とはいったい何であろうか。伝統と議論法とを完全に対立させることに代えて、確信/議論法という補完物をおくべきであろう。究極的に議論という単純な手続きに、普遍主義的基準に訴えることが、そこにおいて信頼性をおびてくる。確信をテストする役割にもどされた議論の手続きは、基礎づけの問題の究極的に論争的な性格をあぶりだすことが明らかになる。議論がより激化させるのは、意見の衝突に他ならない」[38]（*L.1*, p. 290）。

確信と討議のこの二つの主題系は当然、リクールが倫理と道徳のあいだで提案する再構成のリズムに合わせて「小倫理学」で再度展開される。たしかに確信は決定的な役割をもつ。としても、それは議論の普遍性の規則に従わねばならない。というのも、争論は常に状況を悪化させるおそれがあるからである。確信はまさに本質的に激しいもので、要求を生じさせるゆえに、確信は同時に議論の規則に同意し、議論法の諸要求を甘受せねばならないのである。しかし逆に、確信が先行するからこそ、議論し、論証することが意味をもつのである。すでに『歴史と真理』でリクールが述べているように、「われわれはもやい綱のない知識人ではない」（*HV*, p. 331)。

5　イデオロギーとユートピア

この段階でリクールは共同体へのアプローチを根本的に方向転換し、充実させた。『歴史と真理』に収められた論文では、共同体は契約や創始的出来事と切り離せなかったが、以後それは民主主義的共同体（善の多数性についての議論）として、また歴史的共同体（伝統の多数性についての議論）としても理解されるようになる。この視点からすると、政治的省察もやはり『時間と物語』三部作を貫く問いかけに近い。すなわち民主主義的共同体を具現できるような物語とは何か。いかにして民主主義は歴史を供給し、始源《アルケー》と目的《テロス》とのあいだに関係を設定できるか。民主主義についての敗北主義的で、幻滅的な表象に屈しないようにさせるものは何か。目的の多数性を演出するために、どのような善の表象を提示できるか。歴史は複数であるが、それでも善と悪の表象を断念することはできない。アルケーとテロスの弁証法がリクールの著作に一貫しているのは、その弁証法がそこではさまざまな形態と結びつくからである。

そういうわけでその弁証法は時宜をえて、イデオロギーとユートピアの関係という形で表現されるようになる。この関係は、歴史的共同体におけるアルケーとテロスについての二重の問いかけを組み入れるゆえに、いっそう啓発的である。蓋然性の論理はドクサとエピステーメーの対立をのりこえようと努めるのであり、イデオロギーとユートピアについての問いかけも同様に、確信の役割を強調する機会であるように見える。たしかにイデオロギーが、それに近いドクサとは混同されえないように、ユートピアの学問的概念の枠内で解釈されたエピステーメーとユートピアとは混同されえない――そうしたい誘惑にかられるが。そこでリクールが確信と蓋然性の論理についておこなった省察は、イデオロギーに関する議論にも介入してくる。「行動の領域は存在論的観点からすると、変化する事物の領域であり、認識論的観点からすると、是認でき、蓋然的であるという意味で、真実らしさの領域である」（*TA*, p. 250）。

この視点から、イデオロギーとユートピアの問題との対決はリクールを、次の二つの議論に導く。第一の議論は、一九七四年に発表された「科学とイデオロギー」と題された論文で、アルチュセールのテーゼを検討するものである。(39) その論文でリクールは、帰属の絆から離脱し、人倫（Sittlichkeit）から免れて、科学主義的立場で満足できると主張する立場を告発する。第二の議論は、リクールがガダマーに対し、また再びハーバーマスに対して自分を位置づけることを可能にする。ユートピアはこの場合、解放のための、束縛のないコミュニケーションのための関心の形と結びつく。そして〔解釈学的〕前理解は伝統へもどされる。

リクールの数多くの著作を貫いているイデオロギーとユートピアについての省察は、ドクサとエピステーメーについて、次に慣習と議論、確信と討議について、遅ればせの問いかけを解明する機会となる。行動は言説において、仕事において、イメージにおいて実行されるというのが、主体の解釈学の条件である。純粋なコギトというものはなく、いきなりの実践もない。実践、現実生活は、確信によってもたらされる言説それ自体においてつねに具現される。確信とは、多かれ少なかれ弱いものであり、多かれ強いものであり、多かれ少なかれ激しいものであり、多かれ少なかれ想像的なものである。確信はイデオロギーとユートピアによって二重に磁化されるのである。

認識論的切断に逆らって

リクールは政治的逆説を確証したが、同様に今度は確信についての逆説に言及する必要があろう。すなわちもっともユートピア的な確信から、もっとも狂暴なイデオロギーが生まれるおそれがあるのである。だからこそリクールはけっしてイデオロギーとユートピアを分離せず、両者のいずれか、あるいはいずれも自律させてしまうおそれのある一切の圧力を警戒する。アルチュセールの立論を論じようとするリクールの意図は、こうした状況において理解される。イデオロギーと科学とを強引に分離する認識論的切断（そこからヒューマニズムと反ヒューマニズムの論争はしばしば議論の材料を汲み上げた）についてのアルチュセールの主題系と対決して、リクールはイデオロギーとユートピアの概念は容易に分離できないことを立証する。断絶とか切断とかの構造主義的主題系は、ドクサとエピステーメーの対立――そこからその認識論的本性が由来する――を窮地に追い込んで、ついにはそれにイデオロギーとユートピアの対立を、つまり疎外と真偽との対立を重ねあわせてしまう。

しかしこのようなイデオロギーの考え方をどうして認められようか。イデオロギーを真実の表象に対立する偽りの意見の束とみなすことはできない。「イデオロギーの認識論的レベルは、意見のレベル、ギリシア人のいうドクサのレベルである……。だからこそイデオロギーは好んで、格率、スローガン、簡潔な言い回しで表現される」。そしてリクールはこうつけ加える。「それゆえイデオロギーほどにレトリック――蓋然的なもの、説得の術――に近いものはない」(*TA*, p. 308)。

のみならずイデオロギーは、メルロ＝ポンティの表現による、「上空飛行の位置」によっては理解されない。「問題は、実践に介入する認識のイデオロギー的条件から離脱できるような、行動に対する視点は存在するかどうかである」(*TA*, p. 305)。その対象から距離を保っていられるような政治哲学あるいは行動についての思想、などというものをどうして考えられようか。リクールはここで、クロード・ルフォールの発言に同意する。ルフォールは政治的なものを、政治科学によって受容されるものに還元してしまうのを、断じて拒否する。なぜなら「〔政治思想に〕熱中する者は、自分の時代から、自分の住む社会から、自分をとりまく状況から、自分にふりかかる出来事から、認識から逃れ、自分の想像力をかきたてると同時に自分の限界を自覚させるような未来についての感情から解放されているという錯覚に全く屈してしまうことはありえない[40]」からである。しかもまさにそこに行動思想の難しさがある。行動思想は解脱や受動的観察の誘惑に屈してはならないし、支配の誘惑、行動知の幻想におしつぶされてもならない。「もう一度アリストテレスの著作の有名な箇所に、実践に適用される学問の観念に対する厳しい警戒を読み取ることができる。そこでアリストテレスは、決心次第の、さまざまな人間的なことがらの次元では、たとえば数学におけると同じ程度の正確さ―― acribie ――に到達することはできず、したがってその学問の厳密度は、その対象の要請にそのつど釣り合わせるべきである、と述べているのである。実践理性はあるが実践の学はない、という考え方ほどに、今日では、健康的で開放的な考え方はない」（*TA*, p. 250）。政治的なものとは、個人あるいは思想家が自分から切り離しておけるような「対象」ではない。なぜなら政治との関係は、各人の隷属、支配の関係だけでなく、「共に生きる」関係をも働かせ、また危険にさらすからである。

それだけに、上空飛行の位置を占めようとする要求に対応するのは、論理的には支配の意志である、というのはよくわかる。「非イデオロギー的な場所があるというだけでなく、そこは幾何学についてはユークリッドの、物理学や宇宙論についてはガリレイやニュートンの科学にも比すべき科学の場所でもある」（*TA*, p. 305）。リクールは自分のイデオロギー理解を、歴史的共同体に活力を与え、それを支えるものを考慮に入れることと切り離さない。ところでその共同体は、イデオロギーなしにすますことはできず、イデオロギーの統合する性質は重要である。「社会的団結は、当該集団の平均的文化水準に対応するドクサの最適条件を超えないかぎりはおそらく確保されることができよう」（*ibid.*）。しかしアルチュセールのイデオロギー過小評価は、認識論的切断という科学主義的要求に依拠しているのだが、それは必然的に「イデオロギーについてのいかなる真理判断をも断念する」ように導くのだろうか（*TA*, p. 327）。

ガダマーとハーバーマスの論争——それはハンナ・アーレントとハーバーマスとのあいだに起こった論争と重なり合う——に言及しつつ、リクールは「〈歴史的〉性格の理解の条件についての解釈学的性格の言説」を実践する。イデオロギー理論の陥った困難な状況を上から裁くために、一挙に前理解の存在論（ハイデガー）に立脚する言説を拒否して、リクールはもっと遠い道「歴史的理解の解釈学の道」（*TA*, p. 328）をとるのである。

そこで三つの命題が表明される。

(1)批判のためになんらかの距離をおくまえに、われわれは歴史に、階級に、国家に、文化に帰属している。同時に正当化と歪曲の機能をもつという二重の性格をもつのがイデオロギーの統合機能である。イデオロギーは歴史的共同体にとって不可欠であり、それは共同体の言説の多数性、意見の多様性、伝統の異質性を表わす。だがこの統合機能も、イデオロギーが自律し、固定化し、表象の凍結を助長するなら、それは疎外を起こすようになる。マルクスは『一八四四年草稿』や『ドイツ・イデオロギー』で、イデオロギーの疎外的性格を力説した。この観点からすると「イデオロギーとは、それによって現実生活の過程、実践が、人々のそれに抱く想像的表象によって変造されてしまうような一般的方式となる」（*ibid.*）。

(2)リクールはイデオロギーのこの第一の機能（いわゆる隠蔽）を指摘してから、第二のレベルの概念へのアプローチを前面に押し出す。「そこではイデオロギーは、寄生的、偽造的というより、正当化するものとして現われる」（*ibid.*）。この第二のレベルは、イデオロギーと政治の関係を表明するもので、その関係は国家の権力もしくは装置というプリズムを通してのみ理解される。そこでこのイデオロギーの正当化の機能は、政治の説得の機能とは分離できない。「どんな社会も規範、規則、社会的シンボリズムの全体なしには機能しない。社会的シンボリズムのほうは、公的言説のレトリックを要請する」（*TA*, p. 383）。しかしこのレトリックの用い方は、それが権威の正統化の

1986年12月13日ミュンヘンでハンス・ゲオルク・ガダマーとともに。

過程のために奉仕させられる瞬間から、イデオロギーとなる。「権力のあるところ、正統性の要求があり、正統性の要求のあるところ、説得のために公的言説がレトリックに訴えるということがある」（*TA*, p. 384）。イデオロギー現象を理解するこのレベルは不可避である。「イデオロギー現象は、決意にも確信にも影響を及ぼす真実らしさの領域に対応する。もちろんそれは疑惑やイデオロギー批判を招く。しかしそれはやはり、イデオロギーと政治とのあいだに存在する同一実体的関係を表明している」（*ibid.*）。

(3)第三のレベルは統合機能に相当し、それはリクールにとり三つの機能のうち、もっとも基本的なものである。というのはその機能は、社会自体の起源にある、創始的な出来事に送り返されるからである。[41]「集合的記憶のために中継点を用いるのがイデオロギーの機能である。それは創始的な出来事の創始的価値が、集団全体の信じる対象となるためである」（*TA*, p. 385）。そしてリクールは創始的な出来事の解釈が解釈学的次元に属することを強調してやまない。「その結果、創始的行為そのものは解釈の手段によってのみ再び生きられ、再活性化させられることになる。その解釈は、事後にたえず出来事を改作しつづけ、創始的な出来事はイデオロギーとして集団の意識に現前するのである」（*ibid.*）。しかしイデオロギーが堕落するのは統合機能が他の二つの機能のために消滅するとき、そして正当化の機能が隠蔽の道具となり、支配を覆い隠すとき、そして〈イデオロギーが人工的な解読格子となる〉ときである」（*TA*, p. 386）。

ユートピアの諸レベル

以上の三つのレベルの分析から結論されるのは、集団がイデオロギーによって自己同一性を信じるということである。「イデオロギーはその三つの形態をとって、社会集団を強化し、倍加し、その意味で、あるがままに保存する」（*TA*, p. 388）。しかし歴史的集団は、自己に内向する危険を冒しても、ユートピアの機能、すなわち「想像力を現実の外側、どこでもない、別の場所に投影すること」なしですますことはできない。そこでイデオロギーへのアプローチの三つのレベル（隠蔽、正統化、統合）に、それらに相当する三つのレベルが、ユートピアへのアプローチという枠組みで、対応することになろう。しかしリクールはその三つのレベルを、下から上へと逆方向に考察することを提案する。というのはユートピアの基本的な方向を明瞭に補うのがイデオロギーの基本的な方向だからである。「イデオロギーが現実を保護し、保存するとするなら、ユートピアは何よりもその現実を問題にする。この意味でユートピアは、現存する秩序によって抑圧されている集団の、あらゆる潜在性の表現である」（*ibid.*）。

イデオロギーの統合的次元に反論する第一のレベルでユートピアは、別の場所、「存在するとは別の仕方」を指定し、二者択一を描く。ユートピアは、個人が現在の世界の疎外に従わないのを許すようなもう一つの世界の物語である。ミゲル・アバンスールは、ユートピアが物語と、書かれたものと、「どこにもない」（ウイリアム・モリスのいう nowhere の意味で）の想像力といかに無関係ではないかを立証した[42]。この最初のレベルに続くのは、政治的権力を対象とするイデオロギーの正統化の性格に対応するレベルである。「イデオロギーの基軸的機能は権威の正統化であるというのが正しいなら、まさに権力が行使される平面で、ユートピアが——どんなユートピアであれ——その運命を賭けるのに期待しなければならない」（*TA*, p. 389）。ユートピアのこの非正統化の次元は、カール・マンハイムが『イデオロギーとユートピア』で強調したところであり、それはトマス・ミュンツァーのラディカルなユートピアではあっても、トマス・モアのユートピア的物語ではない。疎外する権力の非正統化を求めて、ユートピアはその権力の破壊に努める。それはここで国家批判の役割を果たす。しかし同時に、「ユートピアは、想像力がこれまで蓄積してきたあらゆる夢想を、今ここで実現しようという重大な要求を表現している」（*ibid.*）。このことが表わしているのは行動の論理に対する根本的な軽蔑であり、またユートピア的計画を即座に、暴力的に実現するという形以外の仕方では、ユートピアの政治的創設を考えられないということである。

それだからこそ第二のレベルは病理学的次元（第三のレベル）に帰結する。それはマルクスによって告発されたイデオロギーの隠蔽の機能に相当するものである。「オール・オア・ナッシングの狂った論理が、行動の論理にとって代わる。行動の論理は、望ましいものと実現可能なものとがつねに一致しないことを知っている」（*ibid.*）。しかしリクールはユートピアの積極的な次元を力説する。ユートピアでは想像力が、可能なものの領野を開くどこにもない場所の発明が、優越するのである。

ユートピアとイデオロギーの三つの次元を交叉させることによって、リクールは行動について、変化するものごとについて、省察することとの経験論的条件を指し示す。そして彼はあの真実らしさの論理に具体的な形を与える。その論理なしには行動は失敗し、またしてもドクサかエピステーメーかに、疎外された意見に、行動知という錯覚に、陥ってしまう。意見の支配と、ユートピア的活動主義を激化させる行動知の錯覚とのあいだで、リクールは行動が想像力と、可能性の尊重と切り離せないことを示すのである(43)。

ユートピア原理から責任原理へ

政治的なものについてのリクールの省察の構造は、この段階では、もはや深部からの動揺は受けなくなる。それほどその構造は、行動思想を中心に組織され、真実らしさの論理で編成されている。とはいえそこに、人間行動の変動と、リクールのユートピア精神に対する明らかに違った関係とが結びついた、いくつか明瞭な変化のしるしを見てとることができる。

ある論文集(44)に寄せた長い「あとがき」で、リクールは人間行動の変動を一つ一つ検討して、人間と自然の関係は深部から変わったと結論する。「近代技術の時代では、人間の行動はもはや、不死身と言われてきた自然の庇護のもとには繰りひろげられはしない……。そして関係は逆転している。今日まで人間がその庇護のもとに生きてきた自然は、生命が発展し、次に人間が出現するのを可能にしてきた偉大な平衡のレベルで、脅かされている。それと同時に、これまでわれわれを守ってくれていた同じ自然が、これからは人間の守護に委ねられるようになる。この変動は、事物の流れに干渉する能力としての人間行動の質的変化とみなされる」(*L.1*, p. 272)。こうした変動は前代未聞の道徳問題を提起している、と述べたあとで、リクールはある一つの逆説のまえで立ち止まる。倫理はその究極の原理において問題となるだけに、倫理への要求はいっそう緊急なものとなっている。道徳的秩序に客観的な参照基準を失ったことに変化を見たり、究極の原理間の「争い」を力説するよりも、リクールは不可知論者と信仰者のあいだの確信の一致を書き記す。それだけでなく彼は、「前景」の確信が「背景」の確信を伴っていることを確認する。人物と事物とのカント的区別からはじめて、もしも背景の確信が全員で一致するならば、前景の確信を気に懸けねばならない。この確信のおかげで、現代的挑戦にぴったりした答えを見つけだすことができるだろうから。

そうした答えのなかで、主要なのは責任をとるという答えである（責任をとるは、責任を問われると区別される。後者は過去に重点をおいて、責めを負わせる道徳に属する責任である）。というのは責任をとることは、もはや単に過去のほうを向いているだけでなく、未来のほうにも、予見できる結果のほうにも向いているのであり、その結果の責任を引き受けようとするのであるから。ここでリクールはハンス・ヨナスの『責任原理』(45)に出会う。その本によると——そしてカール・ヤスパースの思想と大いに響き合う——われわれは人類のはるかな未来と、人間の歴史の保続に対して責任がある。

責任原理、それは科学や技術の進歩によって脅かされ、脆弱にされる未来を尊重することであり、将来の世代に対して「現在」を、贈り物である現在を保全しようとする配慮である。もし人間が人間自身にとって危険となったなら、そして人類に絶滅のおそれがあるなら、ユートピアは未来の脆さを保護するために、現在形に変化させられねばならない。ユートピアはもはや希望の原理ではなく、責任原理であって、現在は未来に対して影響力を及ぼすだけに、責任原理は現在に責任を負わせるのである。ここに変化が感じられる。ユートピアとは現在を救い出す未来の創出というより、現在に責任をとる行動によって、未来を保護することである。そこからヨナスの命法が出てくる。「あなたの後にもなお、そして可能なかぎり長く、人類が存続できるように振る舞え」。それをリクールはこう注釈する。「この命法が、単なる人格尊重の観念に比して新しいのは、相互性の配慮によって封印された近接性の倫理を超え出ているからである。テクノロジーの時代にあって、責任は、われわれの力が空間や時間に、また生の深層に広がるのと同じだけ広がるのである」(*L.I*, p. 283)。

アルケーとテロス、イデオロギーとユートピアの弁証法は、現在の行動に責任をとる傾向があり、ユートピア的想像力の病理は、より重症に、危険にさえなったことがわかる。というのは、その想像力は必ずしも個人の責任には属さない行動の領域で結果をもたらすからである。これまで以上に政治行動の価値が増し、これまで以上に、行動することが前面に押し出される[46]。リクールがユダヤのメシア思想に、すなわちあまり終末論的でなく、終末の実現によるより現在の保全、時間の永続、現在の啓示によって特徴づけられるメシア思想に出会うのは、偶然ではない。この段階で、リクールの思想は現在の行動について思索し、直截に民主主義特有の不確定に対決する。とすると、物語についての省察が、なによりも時間性のアポリアを中心に組み立てられていっても、驚くべきではないだろう。

原注

(1) ヤスパースについての著作、また*L.I*に収められた諸論文、とりわけ「ドイツの有罪性」についての論文を見よ。リクールが*L1*でカミュの『反抗的人間』について書いた論文でもやはり有罪性の問題が前面に押し出されている。

（2）リクールはこの重要な著書をしばしば引用する。M. C. Nussbaum, *The Fragility of Goodness. Luck and Ethics in Greek Tragedy and Philosophy*, Cambridge University Press, 1986.

（3）挫折の主題はヤスパースにおいてしばしば出てくる。「挫折はもはや障害ではなく、実存の使命そのものである。われわれは闇へむかっての前進を生きることができる……。孤独、危険、反抗、没落……破局へのどんな暗い傾向がこの闇の国への旅路に隠れているか、と自分に尋ねてみることができる。最後にはいくつかの恐ろしい、最悪の不統一を、すなわち存在の裂け目、逆説、過ち、挫折といった名を次々にもちだすのが、おそらく〈自己〉に、その内面での出現に多くの代価を結びつける哲学の支払う身代金であろう……」（*GMKJ*, p. 347）。*GMKJ*, p. 430 も見よ。

（4）*L1* の末尾の時事的論文を見よ。

（5）戦前は平和主義者であり、一九三〇年代以来ムーニエの主張に啓発されていたリクールは、やがてその主張から遠ざかることになる。一九四七年に小説家ポール＝アンドレ・ルソールについて書いて以後、「共同の探求の意義」がその最初の重要なテクストである。それはエスプリ会議の報告で、一九四八年一二月号の『エスプリ』に発表された。G・ジャルツィクとの対談（*Rue Descartes, op. cit.*）で彼はやはり社会参加の概念に対しある種の距離感を表明している。「人はしばしば私と人格主義とのあいだに深いつながりがあるとみていますが、私はむしろそこから離れる傾向にあります。[…] ムーニエの生涯、彼の幸福と不幸にこうして距離を置くことが、哲学する行為の一部をなしている、と私は考えます」。

（6）時事的論文を次第に書かなくなったことは、リクールの政治思想の動向を明らかにしている。すなわち政治的逆説から、社会的正義についての議論や、「小倫理学」の練り上げに役立つものへの移行である。

（7）ランズベールについては*L2*を見よ。最近、次の著書が再刊されたことを記しておく。*L'Essai sur l'expéri-*

ence de la mort (*suivi de Le Problème moral du suicide*), Ed. du Seuil, coll.《Point Sagesse》, 1993, préface de Jean Lacroix, postface d'Olivier Mongin. ムーニエについてリクールは *TR3*, p. 339 ; *SA*, p. 198 でも言及している。

（8） *Alternative non violente*, no. 80, octobre, 1991. 同じく非暴力についてはムーニエへの答えとして書かれた次のテクストを見よ。《L'homme non violent et sa présence à l'histoire》, *Esprit*, janvier 1949.

（9） F・D・ファンシナによって厳密に作成された論文類の書誌には、一九三五年から三九年のあいだにリクールが『新しき大地』（革命的キリスト者の機関誌）に発表した数多くの論文が記載されている。それらは主に社会主義と平和の問題を扱っている。記載されている最初のテクストは次の書を対象にしている。André Philip, *Le Christianisme et la Paix*.

（10） *TA* の中心的論文《Ethique et politique》を見よ。

（11） しかし一九三八年の次の論文を見よ。《Nécessité de Karl Marx》, *Etre 2*, no. 5.

（12） しかしながら労働について、*HV* に収められた論文、とりわけ論文「労働と言葉」などを想起できる。その主題はカミュについてのテクストで、またもっと後の、ミシェル・アンリの『マルクス』についてのテクストでも扱われ、いずれも *L2* に収録されている。

（13） *Esprit*, juillet-août 1965 に発表され、*L1* に再録された。

（14） *Esprit*, mai-juin 1964.

（15） この講演は次の書に収録。*L'Enseignement supérieur : bilans et prospective*, Presses de l'université de Montréal, 1971. リクールと大学制度との関係、とりわけ六八年五月事件については次を見よ。Paul Thibaud, 《Devant la crise de l'Université》, *Esprit*, spécial Ricœur, *op. cit*.

（16） *Ibid*.

（17） 言論と暴力との関係については次のエリック・ヴェーユとの討論を見よ。Eric Weil : 《Violence et langage》, *L1*.

(18) 《*Temps et Récit*》 *de Paul Ricœur en débat*, *op. cit.*, p. 26.

(19) リクールは創設と暴力との関係を力説する。*L1*, p. 286 を見よ。

(20) Claude Lefort, *Un homme en trop. Réflexion sur* 《*L'Archipel du Goulag*》, Ed. du Seuil, 1976. このなかの《l'égocrate》を論じる章を見よ。

(21) *L'Invention démocratique*, Fayard, 1981.

(22) *L2*, p. 237. 本書の第五章も見よ。

(23) 《Qu'est-ce que juger?》, *Esprit*, juillet 1992.

(24) 「われわれはここで、司法の言述が他の型の言述と共有する弱点に触れる。他の型とは、もちろん政治の言述だけでなく、現在の歴史家、論説委員の言述も含まれる。したがって証明できないけれども、説得することをめざし、さりとて迎合するでもない言述の弱点である」(*L1*, p. 194)。

(25) 《Ethique et politique》, *TA*, p. 393.

(26) *Alternative non violente*, no. 80, octobre 1991.

(27) *Théorie de la justice*, Ed. du Seuil, 1985 ; *Justice et Démocratie*, Ed. du Seuil, 1993 ; *Sphères de justice*, Ed. du Seuil, 1997. 英語圏の議論については次の著書を見よ。*La Force du droit. Panorama des débats contemporains*, sous la direction de Pierre Bouretz, Ed. Esprit, 1991 ; Jean-Pierre Dupuy, *Le Sacrifice et l'Envie*, Calmann-Lévy, 1992 ; Philippe Van Parijs, *Qu'est-ce qu'une société juste?*, Ed. du Seuil, 1991.

(28) この点に関し、たとえばピエール・ブルデューとレイモン・ブードンの対立を参照。

(29) *Théorie de la justice*, *op. cit.*, p. 39.

(30) 《Avant la loi morale, l'éthique》, *Encyclopaedia Universalis*, Symposium, *op. cit*.

(31) この著書については次を参照。Joël Roman, 《Le pluralisme universaliste de Michael Walzer》, in *Justice*

sociale et Inégalités, sous la direction de Joëlle Affichard et Jean-Baptiste de Foucauld, Ed. Esprit, 1992. リクールはウォルツァーに対する興味を表明するのと平行して、次の書にもしばしば言及していることを記しておく。Luc Boltanski, Xavier Thévenot, *De la justification*, Gallimard, 1991.

(32) 古代人と近代人の断絶に関するシュトラウス的解釈についての彼の議論は次を見よ。《Montesquieu et la politique moderne》, *Cahier de philosophie politique*, Ed. Ousia, 1985. 全体論と個人主義の対立については同じくデュピュイの見解を見よ。Jean-Pierre Dupuy, *Introduction aux sciences sociales. Logique des phénomènes collectifs*, Ellipses, 1992.「ここで擁護される〈複雑な〉方法論的個人主義は、単純な方法論的個人主義にも、全体論にも対立する」(p. 19)。デュピュイにとり社会秩序の源泉は社会の(したがって近代社会の)内部にあるが、それは同時になんぴとの手も届かぬところにある(そこで保守的な批判をとどめている)。「すべては社会が個人に対して自律を獲得するように経過する。それでいて個人は社会に行動を供給するのである。それをわれわれは『自己外在化』とか『自己超越』と名づける」(p. 12)。

(33) (民主的)意見に対するこのたたかいについては、特に次を見よ。*Qu'est-ce que la philosophie?*, *op. cit.*, p. 165, p. 191.

(34) 《Volonté générale ou délibération? Esquisse d'une théorie de la délibération politique》, *Le Débat*, janvier 1985.

(35) 《Avant la loi morale, éthique》, *Encyclopaedia Universalis*, Symposium, *op. cit.*

(36) *Ibid.*

(37) *Ibid.*

(38) 伝統の概念については、次を見よ。Eric Weil, 《Tradition et traditionalisme》, *Essaiss et Conférences*, tome 2, Plon, 1971.

(39) *TA* に再録された論文。以後、イデオロギーとユートピアの循環についてのリクールの「講義」を用いる。

この講義は一九七五年になされ、米国で一九八六年に出版され、フランスで次の題で出版された。*L'Idéologie et l'Utopie*, Ed. du Seuil, 1997.

(40) Claude Lefort, *Ecrire. A l'épreuve du politique*, Calmann-Lévy, 1991, p. 11.

(41) それはまさに「社会契約のいかなる理論も説明しない飛躍である」（*TA*, p. 384）。

(42) 次を見よ。Miguel Abensour,《L'histoire de l'utopie et le destin de sa critique》, *Textures*, no. 6-7, 1973, no. 8-9, 1974 ;《Le procès des maîtres rêveurs》, *Libre*, no. 4, Payot, 1978 ; *Le Nouvel Esprit utopique*, Seuil (近刊)。

(43) 想像力についてはカストリアディスの思想との一致と相違が注目される。彼は次の著書ではっきりとリクールを参照している。Castoriadis, *Le Monde morcelé. Les carrefours du labyrinthe III*, Ed. du Seuil, 1990, p. 278.

(44) *Temps des responsabilités*, Fayard. のあとがきで、これは *L1* に再録。

(45) Ed. du Seuil. *L2* に再録されたハンス・ヨナスの生物学哲学についてのリクールの論文も見よ。

(46) リクールは定期的に高等研究院で正義について講じた。そこで彼は、一方で司法のレベルの複数性について問いかけ、そこから行動のレベルの多極性（国家のレベルはもはや「政治的逆説」の時代のように唯一の特権的レベルではなくなったので）についても省察した。他方で彼は法解釈（ドゥオーキン）や議論法（ハーバーマス、アティエンザ）についての現代的議論の枠内で発言に努めた。それらは次に収録されている。*Le Juste, op. cit.*

訳注

〔一〕レオ・シュトラウス（一八九九―一九七三）は近代の合理主義と異なる古代、中世の合理主義を再興しようとし、新旧論争を再現した。

第三章　物語る

――歴史とフィクション

要　旨

『生きた隠喩』では隠喩に、『時間と物語』では物語ることに対して表明された興味は、時間の問題に支えられた行動思想と無縁ではない。時間はいかにして現出するか。直接にか、間接にか。言語論的転回をそれにふさわしく信頼し、また言語の自律を尊重する者にとり、物語ることは時間性の最初のアポリアへの応答として起こる（心的時間と宇宙論的時間のあいだ、魂の内的時間と世界の外的時間とのあいだのアポリア）。というのも、物語ることは、筋立てによって、時間の統合形象化、「異質なものの綜合」を可能にするからである。

しかし物語のジャンルは等質ではない。それは歴史叙述にも、フィクションにも関係づけられ、そこにおいて二つの機能を発揮する。すなわち物語ジャンルはすでに過ぎ去った実在にかかわり、他方それは時間のあらゆる可能な変容を表現するための時間の実験室である。だからといって、物語は行動に結びつくあらゆる問題にこたえる、と認めるべきだろうか。そうではない。物語ることは時間性の究極の二つのアポリアに答えることができないゆえに、その限界も露呈するのである。このことは物語が、記述と命令の、現象学（あるいは分析哲学）と倫理学の、中間の位置を占めることを表わしている。「物語論的合理性」は、行動が登場し、自己同一性が「物語的自己同一性」の形をとって現われるまでの移行の段階をなす。物語的自己同一性の二極性は、自己同一性が同一性と自己性の、また同一と自己の混合であることを強調する。

1　時間と物語

時間は直接に現出しない（ジル・ドゥルーズ）

行動からテクストへ……。政治についての省察はすでに物語行為の主題と絡みあっていた。まず第一に、創始的な出来事の象徴的な役割がはっきり強調されてきた。歴史が出来事の継起によって区分されるとするなら、そのなかでもある種の出来事がとくに、歴史的共同体の発展を促す。次にイデオロギーとユートピアの弁証法によって、想像力の役割と、社会がその未来の物語を「別様に」予測する必要とが強調される。歴史的共同体は、その起源、その創建、またその将来に関しても、物語づくりから逃れることはできない。物語の筋、物語的自己同一性の基礎をなす筋が歴史的意味をもつなら、物語についての問いかけは、行動を対象とする問いかけと重なり合って、ついには両者が分離できないほどになるのは、意外なことではない。ただしその二つには重大な違いがある。それは行動、政治的実践が、価値を規定する問いかけと不可分の価値論的次元と結びつくという違いである。しかし後者の議論は銘記するに値する。すなわち全体主義的社会は、支配下においている共同体が自分たちの歴史を書き、それを物語る能力を破壊する権力をもつ、という議論である。

行動と物語行為が多少とも解釈しやすい関係を結んでいるのは、いずれも時間を具現し、時間に形を与えるのを務めとしているからである。リクールの研究の全体を貫いている一つの問いかけがある。それは「変化する事象はいかにして〈真実＝らしさ〉という性格をもつか」である。この問いかけはこう二分される。第一に「いかにして時間の流れが歴史を創造できるようになるか。政治的支配の諸形態が歴史を破壊し、その意味を無効にすることなくして、歴史はいかにして可能か」。次に「いかにして歴史のうちに受肉している変化が、意味を保存できるのか。いかにしてこの歴史が、物語行為のうちに表明されるのか」。行動の存在論が変化する事象の存在論であり、歴史性によって一極に集中した問いかけであるなら、その存在論は論理的には行動とテクストのあいだ、テクストと行動のあいだをゆれ動く。たとえ価値論的平面、すなわち真実の平面にもとづいて行動と物語行為とを区別する度合いの差はあるにしても。そこで歴史的変化についての省察と、歴史を物語る能力についての省察とは重なり合う。

しかし新たな問題が生じる。「二重の弁証法――歴史と物語の弁証法において二重になる出来事と歴史性の弁証法――はどのように展開するのか」。この問いかけは、時間性のアポリア論と、介入できる媒介についての省察とを関係づける。政治と物語の二つの媒介――表象の二つの様態――

は、それぞれ「未完了の媒介」である諸形態のうちに刻みこまれる時間性と不可分である。時間は「直接には」現前せず、直接的なものにおいては捉えられず、現われない。したがって時間は媒介物、諸制度から、また文書や物語からとり集めなければならない。さてこの戦略の要点（時間は直接に与えられるか、それとも媒介物に沈殿しているか）はいろいろな選択の起源にある。「いいですか、空間なき時間、線的時間、逃げさる時間、不可能な現在の時間、すべては哲学の現在についての〈アポリア〉です。これは記憶への、過去把持への熱心な訴え、未来への、近い将来への、歴史の意味への、やはり緊急の飛躍と合致しています」(1)。

リクールにおける時間のアポリア論は逆に、それを通して世界と意識とが時間の次元に接近する、もろもろの媒介を考慮するように求めるのである。

リクールが援用する解釈学の遺産と、歴史性を「留保する」思想とのずれは、媒介と制度とにあたえられる地位の違いと切り離せない。それを証明するのは、映画史の枠組みでイメージの変容を対象とするジル・ドゥルーズの仕事である。リクールが物語を、その二つのヴァリアント、すなわちフィクション物語と歴史物語において特権視するのに対し、ドゥルーズが興味をもつのは映画のイメージであり、次に運動＝イメージから時間＝イメージへの移行である。『時間＝イメージ』と『運動＝イメージ』とにおいてドゥルーズが分析するのは、運動＝感覚的行動と不可分の、まだ物語行為において媒介されている時間から、いかなる媒介もなしに「直接に」現前する時間への移行である。「運動から、その規範から、その修正された逸脱から生じてくるのは、もはや時間ではない。いまや時間に依存しているのは〈偽の運動〉としての、逸脱した運動としての運動である。時間が新しい様相を発見したように、運動が偶然的にでなく、本質的に逸脱的になったように、時間＝イメージは直接的になったのである」[3]。

ドゥルーズは時間の現前の直接性を前面に押し出すと同時に、運動の逸脱した性格も強調する。時間の直接的現前が（歴史的、構造的に）運動の解消とその空間化に結びついているなら、時間は「世界外で」、「外部で」現出する。同時にこの時間の外部領土化、直接に与えられる時間という「純粋の出来事」の外部領土化は、時間がその最初のエネルギーを失って「間接的に」沈殿している諸制度を動揺させるのに与って力がある。リクールとドゥルーズそれぞれの興味を比較してみるなら、両者とも時間思想を特権化しているが、両者を隔てる「戦略的」対立がもっとよく理解できよう。すなわち、時間は直接に与えられるかどうか。リクールが時間性のアポリア的性格と、時間に形を与えることができる文書や物語といった媒介の役割を強調するのは、その問いに肯定的に答えるのを拒否するからで、彼は時間の現象学の袋小路を正式に認めるのである。

リクールは出来事、歴史、物語から力動的なものをけっして分離しない。現代思想が出来事の確立と構造の確立のあいだでためらっているとき、現代思想が熱いものと冷たいものとのあいだで、融合と凍結のあいだで、純粋の出来事と硬直した制度化のあいだで、過激な不確定と科学主義的決定とのあいだでゆれ動いているとき、リクールは、出来事としての歴史は必然的に制度の変動を経由するのであり、それはイデオロギーとユートピアのあいだをゆれ動く物語へと象徴化されねばならない、と主張する。

たしかに、制度、そしてそれに付随する物語は、原初の出来事の意味を見失ってはならない。その原初の出来事とは反復されるべき起源ではなく、〈同〉のしるしのもとでも、〈他〉のしるしのもとでも変化しない。『ソピステース』で述べられる、主要な類の弁証法が再び解明してくれるように、出来事は〈同一のもの〉としては反復されえず、さりとてそれは根本的に〈他なるもの〉でもない。それは〈類似〉の形で生じる。このことは歴史の平面で、同質のものか異質のものか、一義性か多義性かという二者択一を免れさせてくれる。リクールの多元論的存在論は――それは外部の思想が人間学的意図からまったく解放されるところで、逆に人間学と存在論を結びつける――必然的に物語と歴史を結びつけるように導く。歴史は、差異にも反復にも抵抗するところの物語においてのみ、形をなすことができる。

　歴史とは、時間と媒介についての二重の省察がそのまわりを回ることのできる軸である。そして行動は、解釈学的意識（出来事をいかに解釈するか）の形をとって、それだけでなくまた物語としての歴史（何が物語られるか、何が物語られるもののうちにとどまり、あるいは先取りされるのか）の形をとって、歴史に照合される。始源《アルケー》と目的《テロス》のあいだに捉えられ、イデオロギーとユートピアのあいだを振り子のように往復し、記憶と未来の予測とのあいだをゆれ動くリクールの思考は、本質的に歴史的である。その思考は歴史の訴訟（動きを止め、強度を緩和し、出来事の拡散を凍結するようなすべて）に、あるいは純粋の出来事の称揚だけにとどまることはできない。ヘーゲル主義の訴訟、認識理論の批判は、ニーチェ主義的な新しい思考術と同調するよりも、解釈学という高くつく迂回路をとるよう、つまり未完了の媒介に固執するようにさせるのである。〈歴史〉の終わり、つまりニヒリズムが言われていたにもかかわらず、われわれは歴史から抜け出さなかった[4]。

以上の歴史と未完了の媒介とについての省察は、表面的には対立する二つの型の物語行為、すなわち歴史叙述とフィクションに出会う。しかしリクールの著作特有の構成において、物語の媒介を経ることは何を表わしているのか。それはテクストに偏った解釈学的野心の拡大にすぎないのか。それ以上に、物語の媒介は、〈テクスト〉の上に築きあげられた解釈学的省察から、主体の解釈学へ移行するのに不可欠なのである。この物語と行動についての交叉する問いかけは、自己の解釈学（『他者のような自己自身』で明瞭に具体化された解釈学）への必然的な通路であり、それらの収斂点が物語的自己同一性である。とすると、フィヒテ、ジャン・ナベール、メルロ＝ポンティとの対話によって特徴づけられるリクールの反省的思考は、物語をパラダイムとする解釈学的迂回からあらゆる利得を引き出してからでなくては、自己の解釈学を構築することはできないのである。

物語的自己同一性

ここまできて、リクールがたどってきたいくつかの段階を省みることは無益ではない。一九六〇年代に書かれた数多くの論文はまず「解釈の葛藤」を前面に押し出した。それらの大部分は『解釈の葛藤』に収録された。次に『生きた隠喩』の執筆は、言述の解釈学から主体の解釈学への移行を促す転回点に当たり、構造主義や「新しい歴史学」との対決がそこで中心的な役割を果たした。隠喩についての問いかけは『時間と物語』全三巻でも続けられ(5)、それは「物語的自己同一性」という表現に帰結する。以後、自己の解釈学、つまり「自分で自分自身を理解する」ことと物語行為との関係は明白になる。「次のことを思い起こそう。人生とは、この物語ることを求めている生の歴史である。自分で自分自身を理解するとは、自分自身について理解できると同時に受け入れられる、何よりも受け入れられるいくつかの物語を物語ることができることである[6]」。換言すれば、『他者のような自己自身』の構想は、物語的自己同一性について、「同一《イデム》と自己《イプセ》」について予め分析していなかったら、できなかったのである。物語的自己同一性は、一九九〇年の『他者のような自己自身』では、もはや〈自己〉理解のいくつかのレベルの一つにしかすぎなくなっても、やはり決定的な役割を確保している。なぜならその概念がなかったら、事実と価値の、記述の極と命令の極のヒューム的対立は、のりこえられないであろうから。

次のことは性急な読者には逆説と思えよう。すなわちリクールは物語的自己同一性の主題のおかげで、自己の解釈学の基礎を築くことに成功したのだから、その分だけ気がねなく彼はみずから現象学の後継者をもって任ずるだろうということである。一九六〇年代、七〇年代にフランス本国で展開された人文科学に偏した論争に納得のいく距離を保ちつつ、『他者のような自己自身』がアングロ＝サクソン系の分析哲学を苦心しながら採り入れているのはたしかである。だからといって急いでこう結論づけてはならない。すなわちリクールがアングロ＝サクソン系の伝統につらなる著者たちと交わす議論は、以前と断絶しているどころか、前にしたように、多くは歴史叙述を対象としてなされている、と。だがリクールにとり、分析思想はずっと居心地のよいもので、そこで控えめに表明されている野心は、行動理論に厳密な基礎を据えようとすることである。それに反し、七〇年代の構造主義は、歴史と行動についての反省を中断することに役立ったのであった。行動の哲学

1976年，エジプトに旅して。

者にとり、〔米国で教えるために〕地理的移動や大西洋を横断する行程は、なんら強制的でも恣意的でもない。彼は、分析哲学者とは異なり、行動の人間学を行動の存在論によってさらに延長するのを断念しなかったのである。

しかし物語的自己同一性はもう一つの段階を追加することになる。つまりそれは歴史叙述的物語とフィクション物語とに、その十分な意味を付与することになるのである。

歴史叙述的物語とフィクション物語との交叉

アナール派のマルク・ブロック、フェルナン・ブローデル、次いで次の世代のジョルジュ・デュビー、ジャック・ル＝ゴフ、ミシェル・ド・セルトー、クルジストフ・ポミアンといった錚々たる人物たちによって脚光を浴びた歴史叙述に関する議論は、多かれ少なかれリクールの注意をひきつけるいくつかのレベルで、捉えることができる。私はそれについて次の五点を挙げよう。

『歴史の作法』(7)のような論集に収められた諸家の発言を読んでみると、歴史学的反省が歴史哲学に対する訴訟に帰結することは否定できない。この訴訟はとりわけマルクス主義による実践によってそれまで知られていた同業者団体（ギィ・ボワ、フランソワ・フュレ）にダメージを与えた。しかしこの第一の様相はリクールの関心をほとんどひかなかった。彼はとくに歴史的現実の地位に関する議論に介入した。それは何よりもニーチェによって着想を与えられた系譜学的方法に関係する議論である。たとえば、ポール・ヴェーヌに賛同して、あるのはただ諸解釈のみであり、事実はつねに解釈に覆われている、と認めるべきだろうか。系譜学的実践に対しては、実証主義者の反論に満足しないリクールは、歴史の実在性についての分析をおこない、それを「代理表出」(re-présentance) のしるしのもとに位置づけて、実在性とフィクションの二つの地位を強調するのである。そこから歴史叙述の領野における第三の興味の極が出てくる。それによって彼は、歴史叙述的物語行為について、すなわち歴史叙述の書法におけるフィクション、物語に与えられる役割についての議論に参加するようになる。この領域で彼はしばしばミシェル・ド・セルトーの研究に言及する。セルトーが歴史の実在性を根本的に他なるものとみなす考え方を、リクールは拒否するものの、セルトーから負債の概念を借用する。[8] 議論の第四の極は、歴史性のリズム、すなわちアナール派の第一世代によって練りあげられた時間性の形態を対象とする。[9] それを示すのは、リクールが『時間と物語』Ⅰでフェリーペ II 世を扱う章である。[10] ポスト゠宗教的社会における歴史叙述と歴史の表象との関係について、また神学゠政治的なものの地位についての、より周辺的な議論にリクールが取り組むのは、『世界の幻滅』についてマルセル・ゴーシェと討論する際にである。[11]

歴史学の領域とのこの対決は彼に、歴史的行動の可能性の条件についての省察を再び展開させることになったが、それと平行して、彼はフィクション物語の地位についても考察した。フィクション物語は『生きた隠喩』の中心に位置し、その著書の各章は、物語論、記号論、要するにテクスト科学のいずれかの変種を対象とする議論の枠内に介入してくる著者にそれぞれささげられている。[12]

フィクションの問題は、それと平行して彼が歴史叙述の平面で提起している問いかけと無縁ではないのであるが、同じく、ウィリアム・ブレイクが聖書に適用した表現を再び用いるなら、聖書という「大いなるコード」についてのリクールの省察にもそれは一貫しており、そこで彼は聖書解釈学について数多くの論文を生み出したのである。[13] 以上のことを最初に指摘したからといって、フィクションは伝統的に聖書釈義的解釈やテクスト解釈学に結びついた解釈学的思想をも磁化するということを忘れてはならない。[14] そのうえ、リクールの省察は、想像力の役割を評価しようとする詩学と切り離すことができない。それを証明するのは、たとえば、六〇年代の初め、構造主義の波がおし寄せる以前の、友人ミケル・デュフレーヌにささげられた二つのテクストである。[15]

第五の問題点はすこぶる変わってはいるが、注目に値する。それはリクールが美的省察の面では控えめである、ということである。聖書テクストについての熱心な読解、ギリシア悲劇についての省察を除くと、リクールが文学畑に手を出すことはそれほど多くない、というのは驚きである。たしかに『時間と物語』では彼は記念碑的な三冊の文学、ヴァージニア・ウルフの『ダロウェイ夫人』、トーマス・マンの『魔の山』、マルセル・プルーストの『失われた時を求めて』の力強い分析を提示し、また最近ではベティ・ロイトマンの美しいエッセイに序文を寄せている。[16] だが結局文学を参照するのはかなり稀である。

彼のこうした控えめな態度は絵画や音楽にも当てはまることを見てとるとき、以上の指摘は十分な意味をおびてくる。[17] リクールが文学や絵画に対してひそかな情熱を抱いていることを知るなら、このことをどう理解すべきか。彼は『フロイトを読む』で、フロイトがレオナルド・ダ・ヴィンチの絵画的創造に驚嘆しているのを強調しているのだから、彼がその面で感受性がないなどとどうして想像できよう。〔フロイトによれば〕その絵画的創造のおかげで、〔レオナルドの〕過去は「否認され、克服され」、「痕跡的」でない想像が可能になるのである。[18] そこにわれわれは、いろいろなジャンルを混ぜまいとし、ニーチェ主義や脱構築由来の、いろいろな型の言述を混同したり、概念を隠喩と混同する誘惑に屈しまいとする、彼の慎み深さ、意志を見るべきなのだろうか。[19] それについては、談話のような口頭表現が彼にあっては文章表現の代償をしている、とだけ反論しよう。リクールはフランス文化放送のトーク番組「ポール・リクールの楽しみ」で情熱と才知をもって、マチスやモネについて語っている。そして私的に、彼が詩や絵についてコメントするのを聞いた人は多い。私は二度そうした特権的な折に居合わせたのを思い出す。マドリッドのプラド美術館でピカソの『ゲルニカ』についての彼の大胆な解釈を聞いたときや、グラナダ近郊でフェデリコ・ガルシア・ロルカが殺された場所で彼の詩への讃辞を聞いたときである。彼がシェーンベルクの『モーセとアロン』について時折述べる注釈は、けっして聞き捨てにできないものである。[20] それは彼の隠れた部分ではあるが、陰の部分ではなく、それ自体として尊重されることを要求する私的な部分である。

こうした評価は、フィクションの問題に対する彼独自の理解を十分明らかにしてくれるだろうか。もちろんそうではない。というのはフィクションの問題は一つのフィクション物語のみと一緒にはされず、前述の二つの型の物語と出会うからである。歴史叙述には一部のフィクションがあるが、だからといって歴史叙述は、その部分を実在性から切り離さない。実在したもの——すでに起こったもの——が言語化されるには、それを物語らねばならない。歴史を物語る行為が一部のフィクションの媒体となるのは、そのフィクションがすでに過ぎ去った実在を再現するかぎりにおいてであり、過ぎ去った実在とは、それに形を与えるべき痕跡である。それと平行して、フィクション物語が現実を変形する、あるいは創出するという役割をもつという野心を表明するなら、実在したものの再形象化はフィクションの原動力でありつづける。というのは読書の作業は、テクストを行動に結びつけるからである。

（歴史を資格づける）単なる反復という仮説とも、同じく（フィクションを資格づける）根本的な違いという仮説とも区別されるフィクション――それは『生きた隠喩』の最後の章では「……のようである」と分析される――の課題は、実在と区別される、あるいは実在を再生することよりも、実在を展開し直すことである。フィクションの活力が想像力にあるなら、想像力はまた行動の一カテゴリーでもある。だからフィクションが読書の作業においてこそ十分な意味をおびるというのは、意外なことではない。フィクションの役割は二重である。それはすでに過ぎ去った実在に形を与えるのを助けるか、それとも別の実在を創出するのを可能にするか、である。フィクションは歴史叙述のおかげで記憶することを可能にし、したがってアルケー（始源）を指示する。しかしフィクションはまた目的を描写し直すことも可能にする。フィクションはアルケーとテロス（目的）を関連づけるのだが、テロスを所有していると思わせないのと同様、アルケーを支配することもない。フィクションをもって、アルケーとテロスの弁証法はイデオロギーとユートピアの弁証法をいっそう強める。このフィクションについての問いかけは、真が偽と区別されるように知と想像を対立させるとりわけフランス的な二分法を拒否するのであり、それだけにそれはいっそう啓発的である。もっとも科学的な実践でさえ「想像力なしにはすまされない」。作家もまた現実から分離されてはい

ないのであり、そのことが作家の書くものにいっそう責任をもたせるのである。(21)

2　解釈学的循環からテクスト的範型へ

三重の媒介——記号、象徴、テクスト

『生きた隠喩』と『時間と物語』三部作の執筆と平行して、リクールは言述、テクスト、行動のあいだのまったく新しい関係を探索し、分析する。『テクストから行動へ』という論文集の表題は、その動きの向きを逆にして、『行動からテクストへ』と改めることもできただろう。実際にここで実行される行動の思想は、記号、象徴、テクストによる三重の媒介によって編成される解釈学と切り離せない関係にある。

記号による媒介。「そこにおいて一切の人間経験の根源的に言語的な条件が確認される。知覚は言葉で言い表わされるし、欲望もそうである。ヘーゲルはそのことを『精神現象学』ですでに立証した」(*TA*, p. 29)。次に介入する象徴による媒介は、さらに二つの時期に分けて解釈される。『悪の象徴論』は、解釈学を象徴の解釈に還元しようとする。すなわち「二重の意味をもった表現の第二の意味、あるいは隠された意味の説明」への還元である。この二重の意味に重点を置いた第一の反省に、徐々にとって代わるのは、意味の多義性についての問いかけである。このように意味の多義的性格を考慮することは、やがて『解釈の葛藤』に帰結するのであり、この著書は解釈学の「論

争的」性格をうち出す[22]。

しかし解釈学的企図が解釈の葛藤、ないし解釈の戦いによって活気づけられるとき、その企図はどうなるか。解釈学は、象徴表現に隠蔽されている「ひそかな力」を露呈させて、象徴表現を非神話化しようと企てるか、それとも、もっとも豊かで、もっとも高尚で、もっとも精神的な「意味の黙想」をめざすか。このように「暴露」と「精神化」のあいだをゆれ動くことは、この解釈学の主要な葛藤を指し示し、同時にそれを明らかにする。それは精神分析と宗教学とのあいだに介入する葛藤である。『解釈の葛藤』のなかのある論文で、また『フロイトを読む』の結論で、リクールはアルケーとテロスの弁証法を練り上げる方向に進む。その弁証法の意図は、解釈学的理解を豊かにすることであるが、とりわけアルケーのほうに向けられた解釈学（フロイトの精神分析）と、目的によって一極に集中させられた宗教学とのあいだのこの論争を明確にすることである。主要な解釈学的葛藤をもたらすこの弁証法の枠組みで『フロイトを読む』を読むのでなければ、リクールのフロイトへの興味を理解するのは不可能である。解釈学的葛藤が、何よりも精神分析と宗教学、フロイトとミルチャ・エリアーデのあいだに介入するこの段階で、解釈学的意識と歴史意識との関係はすでに顕著である。たしかにアルケーとテロスの弁証法が指示するのは、解釈学的反省がヘーゲルを、つまり絶対知を断念しなければならないが、さりとてそれは「経験の諸レベルの多様性を引き受けるような弁証法[23]」を断念することはないということである。解釈学的企図が記号と象徴とに集中しているかぎり、歴史意識から後退したままであり、歴史意識が出現するには、第三の媒介、すなわちテクストの媒介を要求する。テクストは書かれた痕跡（古文書、文書資料）なしには存在しない。テクストによる媒介は歴史意識を神話から区別するかぎり、決定的役割を果たすが、もしもはじめの二つの媒介の後に介入するなら、それは視覚的に獲得するものを、広がりにおいて失う(以後、解釈は書かれたもののなかの沈殿物に縮小する)。

記号と象徴の解釈学――それはリクールを隠れた意味や指示についての論争に一時閉じこめる欠点があった――をのりこえることは、本来的には言述や書かれたもの《エクリチュール》の概念を厳密に評価するきっかけとなる。バンヴェニストのいう意味での、言述《ディスクール》についての問いかけは、フレーゲの用語で、意味(Sinn)と指示(Bedeutumog)の問題を再定式化し、ラングとパロールのソシュール的な対立をのりこえるのを可能にする。言述を「出来事」にする四つの特徴を順に述べれば、言述の現前化(instance de discours 言述は現在において実現される)、語り手への照合、世界の指示(それと対比してラングの諸記号は弁別的である)、そしてメッセージの交換である。「言述の四つの側面」とは、語り手、その相手、意味の主題系、指示である。すなわち「誰かが、別の人に、あることについて、何かを言う」。

言述についてのこの反省の枠のなかで、エクリチュールは二つの解釈を生じさせる。エクリチュールは「言述の出来事」がつねに失われていることを明示する。ところで出来事の実在性は「直接には」与えられえないとするなら、『パイドロス』の神話が、エクリチュールは「〈言述の弱点〉に〈救いをもたらす〉ために人間に与えられた」と断言することですでに指摘していた言述の無力さのしるしが、そこにこそ存在する。エクリチュールのほうの弱点は、時間が直接に与えられず、記入されることを要求するということを指している。「われわれが書くもの、われわれが記入するものは、言うことのノエマである。それは発話の出来事の意味であって、出来事それ自体ではない」（*TA*, p. 185）。

しかしそれが第二の特徴であり、書くことは、反面、言述を出来事から解放して、言述の自律を可能にする。そこにエクリチュールの全逆説が存する。つまりエクリチュールの明らかな弱点が、とりもなおさずエクリチュールにそのすべての力を与える疎隔（distanciation）の動機なのである。この疎隔の能力がなかったら、話し相手と対面しているという錯覚、あるいはロマン主義的な融合の錯覚は持続するおそれがある。「エクリチュールのおかげで、言述は三重の意味論的自律を獲得する。すなわち語り手の意図に対して、最初の聞き手の受け取り方に対して、言述を産み出す経済的、社会的、文化的状況に対して、の自律である」（*TA*, p. 31）。

とすると、この三重の自律は解釈学的企図にどのように影響を与えるのか。この三重の自律は、「主体が自己自身に対して透明であるというデカルト的、フィヒテ的、そして一部はフッサール的理想に、決定的な終止符を打つ」（*ibid.*）。第一に、解釈を読者の才能と著者の才能という二つの才能の一致に帰することはできない。著者の意図も、同じく読解行為も、同時に解釈学的問いかけの対象とならなければならない。「自己理解すること、それはテクストの前で自己理解し、読解において到来する自我《モワ》とは異なる自己《ソワ》の条件をテクストから受け取ることである。著者の主観性であれ、読者の主観性であれ、二つの主観性のどちらも、自己の自己自身への根源的現前という意味で最初にあるものではない」（*ibid.*）。テクストは書くことと読むことのこの二重の作業から分離できないのであるから、両面からの評価の対象となる。つまりテクストはその内的力学において考察されると同時に、その外的力学、すなわちテクストの「ことがら」、換言すれば、世界を産み出して外部へ投影する能力においても考察されるだろう。「物語において理解されるべきは、まずはテクストの背後で語っている人ではなく、物語がそれについて語られていることがら、テクストのことがら、すなわち作品がいわばテクストの前で展開する世界のようなもの、である」(*TA*, p. 168)。リクールはここで、新しい進路を開始するアリストテレスの鍵概念を想起する。「詩人は作り話、筋、ミュトスを作りながら、ミメーシスすなわち行為する人間の創造的模倣を提供する」(*ibid.*)。

一九六〇年代の終わりから八〇年代の半ばにかけてリクールは物語と隠喩を対象とする分析に没頭したが、その分析の際に彼は二つの戦線で同時に戦っていたことをしばしば認めている。彼はいろいろな対談で、判で押したようにこう語っている[24]。「一方で私は、直接的理解という非合理主義を否認します……。しかし私は同じ力で、説明の合理主義も否認します。それは記号体系の構造分析をテクストにまで拡張しようとするのですから」。この二つの戦線での戦闘で、それまで説明と理解の弁証法として解されてきた解釈の定義の変型が見出される。テクストの疎隔(distanciation)が、単なる説明の方法論的条件ではないならば、「余分に付加された、寄生的なものとしての疎隔こそが、テクストをエクリチュールとして構成するのである」(*TA*, p. 112)。そして何よりも疎隔は解釈の可能性を条件づける。「Verfremdung(疎隔)は単に理解が克服せねばならないものというだけでなく、理解を条件づけるものでもある」(*ibid.*)。

疎隔の概念によって解釈概念をゆたかにし、記号による媒介から象徴による媒介に、そしてテクストによる媒介に順次移行したあとで、リクールが強調するのは、テクスト理論と、行動理論と、歴史理論とのあいだに介入できる諸関係である。そのとき解釈学的企図は、歴史と行動についてつねに現前している問いかけに近づき、そして解釈学的意識は本来的に、『時間と物語』の末尾での歴史意識の形態と結びついてしまう。

こうした歩みは、『他者のような自己自身』を仕上げるために不可欠の下準備である。この著作は解釈（自己理解）の平面や、歴史意識の平面にこうして前進することを利用して、自己の解釈学を構築するのである。この議論の歩みは「物語についてのフロネーシス（賢慮）的理解」を伴っている。「われわれは詩という手段によって、物語の筋立てによって構成されるあれこれの行為から運命の変転がどのように生じてくるかを学ぶ……。こうした詩の教訓が、アリストテレスの語る一般概念をなしている。けれどもそれは、論理学や理論的思考のそれよりも低次の一般概念である。だがわれわれは、アリストテレスがフロネーシスに与えたような意味の知性について語らねばならない。そこで私は理論的知性に対立させて、フロネーシス的知性について語ろう。物語は後者の知性に属し、前者の知性には属さない[25]」。

テクスト理論と行動理論

とはいえ解釈学的循環の理解をゆたかにするだけでは十分ではなく、テクストと行動とを近づけ、また区別するものは何かを強調しなければならない。リクールはテクスト理論と行動理論との類比をよりよく証明するために、エリザベス・アンスコム――『意図』（一九五七）の著者――のような分析哲学の代表者と議論する。アンスコムはヴィトゲンシュタインと同様に、いくつかの言語ゲームを区別し、行動が属している因果性や動機づけの領域をはじめ、もろもろの領域を混同するのを拒否する。『意図』の著者にとり、動機（因果性の領域）と計画（行動の領域）とのあいだには連関があり、それは原因と結果の論理的区別とは一致しない（*TA*, p. 170）。こうした事情から、テクスト解釈に関してはとり除かれた理解と説明とのあいだの溝が、行動の平面では再び出現する危険があり、それがテクストが行動と関連づけられるのを妨げるであろう。テクストに対しては予めとり除かれていた二分法を、行動のほうはいかにして免れることができるか。言語ゲームの多様性を認めて、われわれは物語行為と行動が交叉するという仮説を斥けざるをえないのか。リクールは「言語ゲームはすべて平等の権利をもつので、哲学はもはや知を分節し、序列化し、組織する務めはなく、異質な言語ゲーム間の差異を保持する務めをもつ」と述べたうえで、しかしこう続ける。「この表面的には和解的な態度は実際には維持しきれない」（*ibid.*）。

行動とテクストがそれぞれに表わしている二つの言語ゲームの異質性という仮説を斥けるために、二つの論拠が主張される。リクールはまず、行動の動機づけと計画とのあいだの明白な対立を宣言するについては議論の余地があり、それは行動の人間学を隠していることを力説する。実際、行動は因果性と動機づけの、説明と理解の二つの体制に同時に属していないと、想像できようか。「人間とはまさに、因果性の体制と動機づけの体制とに同時に属しているものである」（*TA*, p. 172）。それと平行してリクールは行動における行為者の位置についての第二の議論に介入して、フォン・ウリクトにこう反論する。「人間の行動と物理的因果性とは、行為者が事物の流れに干渉するというこのきわめて原始的な経験において、まったく絡み合っているので、人間の行動を除外して、物理的因果性を絶対視することはできない」（*TA*, p. 175）。因果性の次元と動機づけの次元の区別を斥けようとする以上の議論に留意するなら、テクストと行動とのあいだには、相違よりも合致が見いだされる。両者のいずれも説明と理解の対立には従わされない。「弁証法的解決のもつ同じアポリア、同じ必然性が、二つの領野で生じたのである」（*ibid.*）。

しかしリクールはこの合致はけっして偶然でなく、行動とテクストがたがいに確証しあうのはたまたまではないことを立証しようとする。「要約すれば、一方でテクスト概念は人間の行動にとってよい〈範型〉であり、他方で〈行動〉はテクストというカテゴリーにとってよい指示対象である。第一点に関していえば、人間の行動はいろいろな点で準＝テクストである。行動は、エクリチュールの特徴である固定化になぞらえられる仕方で、外在化される。行動はその行為者から切り離されて、テクストの自律にも似た自律を獲得する。行動は痕跡、標識を残し、事物の流れに記入され、古文書となり、資料となる。テクストの意味が、それを産み出した初期条件から引き離されるように、人間の行動がもつ重要性は、行動が現出したときの最初の状況における重要性には還元されず、行動はその意味を新しいコンテクストに再記入するのを許す。最後に、行動はテクストのように、際限なく続く可能な読者にむかって語られる〈開かれた作品〉である」（*ibid.*）。このような転移に着手する権利は、ある種のテクストが行動そのものを指示対象とするならば、いっそう強くなるだろう。

別の論文でリクールは、すでに定義されたテクスト性の四つの基準がいかにして「有意味な行

1977年，日本に旅して。

動」に適用されるかを強調しつつ、論証を展開する（*TA*, p. 199）。このようにリクールは論を進めていって、テクスト解釈は範型的な地位をもち、要するにテクストは行動の範型である、とまで提言するにいたる。そこから彼は、説明と理解の対立関係を回避させてくれる条件を力説するようになる。それは解釈学の性質の変化にほかならず、それによって以後、読む／書くの対が、語る／聞くの対にとって代わるようになる。「ディルタイが出会った難問への答えが与えられるとするなら、それは対話を構成する語る／聞くの対に立脚した解釈学から［…］読む／書くの対に移るときである」（*ibid.*）。解釈学的循環、説明と理解の相関関係は、ディルタイから受け継いだ、理解の科学と説明の科学、精神科学と自然科学のあいだの溝に対しての「具象的な」反論である。テクストと行動を近づけることは、解釈学的循環をゆたかにすることと切り離せず、このことは『時間と物語』におけるミメーシスの循環の分析によって証明される。ミメーシスの循環は『生きた隠喩』からの転移をはかるものである。「一方で隠喩的再記述は、世界を住むことのできる世界にするような感覚的、パトス的、美的、そして価値論的な価値の領野をむしろ支配するのに対し、物語のミメーシス機能は好んで行動とその時間的価値の領野において働くのである」（*TR1*, p. 13；X）。

3　ミメーシスの循環

時間と物語行為　調和と不調和

なぜ解釈学的循環はミメーシスの循環に次第に席を譲っていくのか。実際に、『時間と物語I』は三重のミメーシスの提示にあてられている。[26] 三重のミメーシスの循環的性格は、解釈学的循環を倍加し、ゆたかにする。

「ミメーシスの循環」は、物語の統合形象化の操作であるミメーシスIIを、それに先行するもの（実践的領野の先形象化）と、それに後続するもの（読解行為による実践の再形象化）とに結びつけることである。「作品が著者によって読者に与えられ、読者はそれを受け入れて、自分の行動を変えるように、生き、行動し、受苦するという不透明な背景から、作品がくっきり浮き出るようにする一連の操作を再構成するのが解釈学の務めである。［…］解釈学は、実践的経験がみずからに作品と著者と読者とを与えるための一連の操作というアーチ全体をなんとか再構成しようと努める。［…］そこで賭けられているのは、それゆえ、テクストの統合形象化（ミメーシスII）が実践的領野の先形象化（ミメーシスI）と、作品受容によるその再形象化（ミメーシスIII）とのあいだの媒介をする具体的過程である」（*TR1*, p. 86；101）。先形象化、統合形象化、再形象化という三つの操作は、物語と行動の時間との関係を強調する。『時間と物語』が目的とするのは「ミメーシスの過程における筋立て（muthos）の媒介的役割を立証することにより、時間と物語の媒介を確定すること」（*TR1*, p. 87；101）なのであるから。「われわれは先形象化された時間が、統合形象化された時間を媒介として再形象化された時間に移る成行きをたどる」（*ibid.*, p. 102）ことが必要である、とリクールは言う。物語に与えられる特権はそれゆえ偶然ではない。それは行動、出来事、歴史、時間についての問いかけと無関係ではなく、リクールはハンナ・アーレントとその点で考えが近いことを認めつつ、その問いかけをこう言い換える。「時間が物語の仕方で分節されるのに応じて、時間は人間的時間となる。逆に、物語が時間経験の諸特質を描き出すのに応じて、物語は意味をおびる」(*TR1*, p. 17 ; 3)。

しかしどのようにして時間は人間化されうるのか。時間の不調和、瞬間、瞬間の絶え間ない継起は、この不均質な時間を調和させることに解決を見いださねばならないのではないか。そこに介入するのが物語であり、その役割は不調和なものを調和させることである。「ここで感嘆すべきは、不調和が調和に対して、協調できないものとして外部にとどまっていないことである。物語的理解の力は、不調和を調和に合体させ、おどろきを意味効果に一役買わせることで、その意味効果はストーリーを事後に真実らしく、さらには必然的に見せるのである」(*L2*, p. 472)。

時間と物語的理解(物語)の、いずれも協和音と不協和音のあいだをゆれ動くという逆説的性格を解明するために、リクールはアウグスティヌスとアリストテレスとの架空の会談を演出する。それは筋立《ミュトス》ての役割を明らかにし、アリストテレスの三要素(ミメーシス、ミュトス、カタルシス)の意味を明確にする。「このアウグスティヌスの『告白』十一巻とアリストテレスの『詩学』との対決は、不調和と調和の対立、不調和が調和をひき裂く生きた経験と、調和が不調和を償うすぐれて言語的な活動との対立に対処する措置を可能にする」(*TR1*, p. 55 ; 57)。アウグスティヌスの分析が、魂の調和への意志を乱し、均衡を失わせる時間的不調和に重点をおくのに対し、アリストテレスはミュトスが調和と不調和の関係を逆転することを示して、その難問に答える。「アリストテレスはすぐれて詩的な行為、すなわち悲劇詩の制作に、不調和に対する調和の勝利を認める」

(*ibid.*)。

しかしアリストテレスをリクールがここでとりあげる野心は、ミュトスの役割を特定するよりも、その役割を、行動やミメーシス活動、すなわちミメーシスの循環のなかで働くミメーシスについてのもっと広範な省察に結びつけることにある――ミュトスの務めは「異質なものの綜合」つまり統合形象化(ミメーシスII)を可能にすることである。いかにも「新しい対象とは物語であり、それは悲劇のミュトスよりも上級の審級としてはアリストテレスには知られなかったが、虚構性と時間化する力という二重の次元をもっている」(*L2*, p. 474)。こうした事情から、ミメーシスIIの前過程と後続過程も検討しなければならない。ミメーシスIIが基軸的機能(つまり詩的創造に相当する段階)を呈することを認めるなら、ミメーシスIは創造に先行し、それを可能にする段階に相当し、ミメーシスIIIは観客や読者の行動を表わし、ミメーシスIIに続く段階に相当する。「こうして創作としてのミメーシスの前過程と後続過程とをなす二つの操作によって想像力の跳躍に枠をはめることによって、ミュトスのなかに投入されるミメーシス活動の意味自体を弱めるどころか、逆にゆたかにするものと私は信じる。このミメーシス活動は、その再形象化の力によって、テクストの前過程からテクストの後続過程へと導く媒介の役割から、その理解可能性をひき出すことを、私は立証したいと思う」(*TR1*, p. 77 ; 80)。

悪循環？

しかし解釈学的循環とミメーシスの循環とはそんなに容易に重なり合うのだろうか。第一の解釈学的循環がミメーシスの三段階を形成する第二の循環から再生するのは、つねに確実なのだろうか。物語は不協和音のあるところにただ協和音を入れるだけ、と言いたくならないだろうか。また時間的不協和音に押しつけられた物語的協和音のなかに解釈の暴力を見たい誘惑にかられないだろうか。物語は時間を臣従させ、異質のものを不当に秩序づけるようになるのではないか。不協和音を時間性の側のみにおき、協和音を物語の側におくことは、distentio（広がり）とintentio（集中）とが、アウグスティヌスにおいては相互に対決しあっているのを忘れさせるおそれはないだろうか[27]。その反面、物語をギリシア悲劇のみと、あるいはフランク・カーモードが名づける黙示録的物語と混同する傾向がないだろうか[28]。カーモードによれば、黙示録的物語が終わりとすれば、「創世記」ははじまりに相当する。リクールはシェイクスピアの『リヤ王』と『マクベス』のみごとな分析で、結末がつねに延期され、黙示録的物語がもはや可能ではない危機的世界を指摘する。「リヤ王の味わう責苦は終わりへと向かうが、その終わりはたえず先に延ばされていく。最悪の事態の向う側に、さらに最悪の事態がある［…］。『マクベス』において、どんでん返しは、予言的両義性のパロディとなる」（*TR2*, p. 41；34）。

一面的な解釈には、どんなものであれ異論の余地がある。黙示録的モデルがいつまでも存続していることは、ユートピアとかユークロニー〔架空の歴史〕といったそれの現代的再現によって証明されるが、そのモデルとて、他にいくつもあるなかの一つの範型にすぎず、それが物語的活力を汲み尽くしてしまうことはけっしてない。したがって時間の原初的な逆説に答える、不調和な調和という基本的弁証法が以上の批判によって再検討に付されることはない。同様にアンチ・ロマンは、リクールによれば、調和と不調和の関係の新しい変型の一つを表わしているにすぎない。

しかし以上の最初の異論に対しては応答が可能であるけれども、ミメーシスの循環は、解釈の暴力よりも解釈の繰り返しに重点がおかれるとき、悪循環となるおそれはないのか。象徴体系や物語の体系による媒介を要請しないような人間の経験はない、ということを認めるなら、物語と行動を結ぶ明らかな絆のゆえに、ミメーシスの循環は繰り返されるのである。それは出来事が物語られないのを認めないことである。たとえば敗者の忘れがたい記憶に応えてワルター・ベンヤミンはこう表明する。「苦難の歴史は復讐を求め、物語を呼び求める」。その反面、フランク・カーモードが『秘儀の発生』で言うように、ある種の物語は、あることを明るみに出すよりも、むしろそれを晦渋にし、韜晦しようとする。論文「物語作者」でのベンヤミンの発言に敏感に反応して、リクールはとまどいを隠さない。「おそらくわれわれはある種の死の、つまりそこからある形式の物語る術が発生してくる、ストーリーを語る術の死の目撃者――あるいはその仕掛人――なのかもしれない[…]。だがしかし……だがしかしである。おそらく、それにもかかわらず、今日でもなお読者の期待を構造化する調和の要求を信頼し、われわれはまだ何と名づけてよいかわからない新しい物語形式がすでに生まれつつあり、それが物語機能は変容はしても、けっして死なないことを証明しているのだ、と信じるべきなのだろう。なぜなら、物語ることがもはや何を意味するかわからないような文化が、いったいどうなるかについて、われわれには皆目わからないからである」(29)(*TR2*, p. 48 ; 41-42)。

4　再形象化――時間のアポリアに対する二重の応答

増大する時間のアポリア性

以上に述べた危機的世界や物語の衰退についての論評は、再び『時間と物語』の中心的な意図に導く。すなわち人間的時間が物語られる時間であるなら、時間はどのようにして物語られ、いかにしてなおも物語られることができるのか。ホフマンスタールが言うように、言葉が事物から離れてしまったとき、三重のミメーシスで形成される循環を、危機的世界の要求に対して与えることが必要である。その世界では、時間の断片化、分裂、さらには「細分化」に脅かされている現代の歴史的条件に固有の「分かれ広がり」があらわれている。「期待がユートピアに避難し、また伝統が死んだ沈殿物に変わるとき、現在は全面的に危機に陥る」(*TR3*, p. 339 ; 422)。逆に、決定的な影響力をもつ外部の思考は、世界と人間の関係が断たれたとき、時間経験が外部から経験されるほかはないことを証明するのである(30)。

「物語られる時間」という副題をもつ『時間と物語III』は、「危機」の問題に焦点を定め、ミメーシスIII、すなわち再形象化、指示（もはや統合形象化に属する意味ではない）、そして物語による行動の再活性化の能力を示す作品世界に固有の超越、に中心をおく。そこにおいて『時間と物語』I、IIを占めている物語のなかの統合形象化と、物語による再形象化とのあいだの敷居は越えられる。しかしいったんこの敷居が越えられるや、解釈学的循環あるいは三重のミメーシスについて問うよりも、リクールが特権化する歴史物語とフィクション物語という物語の二大形態の真理要求について問うほうがぴったりする。たしかに指示の問題は、これら二つの物語を交叉させる可能性に結びついている。「その道はアリストテレスを越えて、さらに遠くへと続く長い道のりとなろう。フィクション物語と歴史物語とが生きた時間経験に基づいて交叉する、交叉する指示の問題が全面的に提出されるまでは、物語がどのようにして時間に結びつくかを言うことはできないだろう」（*TRI*, p. 56 ; 59）。

統合形象化にあてられる一連の認識論的論考が、記号論的観点や内的論理として理解される「意味」に重点をおくのに対し、ミメーシスIIIは物語についての考察を、「実在」のほうへ、指示のほうへと移動させる。歴史物語だけでなく、フィクション物語の非現実性もまた、それぞれ違った仕方で、指示へとさしむけられる。そこではっきりと問いかけの視点が移動する。不調和な時間がいかにして物語に記入されるかと問うことはもはやせず、物語はいかにしてもう一つの時間経験を可能にし、それを想像しうるか問うようになる。歴史物語が実在した過去、すなわち実際に起こった過去を指示するのであれば、フィクションは、すでに『生きた隠喩』の第七章で研究したような指示の様態によって特徴づけられる[31]。こうしてまず歴史物語とフィクション物語との分割線が確認される──前者は実在の本質体（entité）を指示し、後者は非実在の本質体を指示する。だが第二段階では、その分割線は取り除かれる。人間的時間は二つの形の物語のあいだで構成される。「時間性のアポリアに直面して、歴史とフィクションを対にするアプローチのもつ利点は、〈実在した〉過去を指示するという古典的な問題を再形象化という用語で再定式化するよう促してくれることであって、その逆ではない」（*TR3*, p. 12 ; 6）。こうして実在性の問題は、フレーゲがその範囲を決定したような指示の用語とは異なる用語で再定式化される。

しかしながら実在性というこの中心問題の再定式化は「時間性のアポリア論と物語性の詩学」（*TR3*, p. 10 ; 4）との対決を伴っている。換言すれば、それは時間性の増大するアポリア性を考慮に入れることである。リクールが実在性の領分に進出したことは、時間のアポリアを評価することと切り離せない。『時間と物語Ⅰ』は時間の逆説に応答するために、アウグスティヌスとアリストテレスを対立させたが、『時間と物語Ⅲ』においては、再びアリストテレスとアウグスティヌス、次にフッサールとカント、最後にハイデガーと通俗的時間概念、といった対立が継起する。なぜこの選択がなされたのか。ジャン・グレーシュはこう述べる。「すべては、まるで同一の戦闘が二度おこなわれるように経過する。一度目は古代哲学の舞台で、二度目は近代哲学の舞台でである[32]」。

リクールは自分の哲学史観に沿って、こう証言する。「時間性の現象学によって獲得されるどんな進歩も、進歩のためにますます増大するアポリア性という、毎回値上りする代価を支払わねばならない」（*TR3*, p. 17 ; 13）。時間のアポリアはますます増大して、もはや物語がすべてのアポリアに反論しえないほどになる傾向があるゆえに、物語の詩学の応答はそこでいっそう貴重なものとなる。[33] この増大するアポリア性はどのようにして明らかになるのか。リクールはまたしてもアリストテレスとアウグスティヌスを対立させる最初の哲学的フィクションをつくりだす。魂の時間に重点をおく心理学的アプローチ（アウグスティヌス）と運動の物理学的、宇宙論的性格を強調するアプローチ（アリストテレス）のあいだ、「アウグスティヌス的考え方とアリストテレス的考え方とのあいだに、考えうる移行はない」（*TR3*, p. 35 ; 29）。時間は心理学的に解釈されるか、それとも宇宙論的観点から解釈されるか。そこにはアンバランスがあり、それはこの二つの解釈のいずれにも影響を及ぼさずにはいない。たしかに「魂の広がり（アウグスティヌス）のみでは、時間の伸長を産み出すことはできないし、運動の力動性（アリストテレス）のみでは三重の現在の弁証法をひき出すことはできない」（*TR3*, p. 36 ; 30）。こうしたわけで、この時間のアポリアの第一の様相は残りつづける。

そのアポリアはカントとフッサールとの第二の対決によって除かれるだろうか。それはもはや心理学的時間と宇宙論的時間を対立させるのでなく、直観的時間と不可視の時間を対立させる。この対立は客観性と主観性の両極性に送り返される。これら二つの時間はいずれも、時間の哲学的思想史の面では、アウグスティヌスとアリストテレスの企てを延長するものである。「時間それ自体を現出させるという野心によって、フッサールの『内的時間意識の現象学』はアウグスティヌスの企てを延長するもので、それに対し、客観的時間はそれ自体けっして現出しないというカントの断言は、アリストテレスの発見を延長するものである」[34]。リクールはフッサール現象学の豊かさと同時に客観的規定を免れようとする彼の野心を強調するような分析をした後で、こう力説する。「内在的時間の分析は、排去された客観的時間から反復して借用しなければ成り立たないかのようである」（*TR3*, p. 39 ; 41）。内的時間意識が時間の客観的規定の全体を派生させえないのであれば、われわれは直ちに、宇宙論的時間と魂の時間という新しい型のアポリアにまたもや送り返されてしまう。ここでの対立は際立っている。フッサールは持続を、それ自体で自己構成し、みずから現出し、可視的になる流れに結びつけるのに対し、カントは時間の不可視性を強調し、それこそが現出の条件であるとする。現出せねばならぬ時間と、現象の現出の条件である時間とのあいだの溝は埋めがたい。しかし「現象学的アプローチも、超越論的アプローチも、どちらもそれだけでは足りない」（*TR3*, p. 87 ; 89）。魂／時間の最初の対から、主観／客観の対に移行して、アポリア性はかなり深められたが、「現在を要求する時間と、結局は自然の時間であるゆえに現在のなかに指標をもたない時間との」（*TR3*, p. 89 ; 92）最初の対立から生じてくる対立は、だからといって消滅してしまわなかった。逆にそれはいっそうアポリア的になった。

リクールは第三の段階で、この新しい型の時間性のアポリアがハイデガーの『存在と時間』のなかに入りこみ、そこで適切な定式化を見いだす仕方を探求する。『存在と時間』で実践された解釈学的現象学は、それに先んじてアポリアを産み出した二重の対立（魂／世界、可視性／不可視性）から脱出できるだろうか。リクールは時間性の分析論に結びついたハイデガーの三つの発見を強調しながら[35]、そこでもアポリア性に終止符を打たせない難問を強調する[36]。ハイデガーは先行するアポリアを移動させはしたが、彼の分析は新しいアポリアを生じさせずにはいなかった。そのもっとも重大なアポリアは、「基礎的時間性から通俗的時間概念の特性を残りなく」（*TR3*, p. 128 ; 146）ひき出すのを妨げるアポリアである。

以上の三段階を見た後で、われわれは単純にそれは哲学的に失敗だったと結論する誘惑にかられないだろうか。その誘惑は誤っている。というのはこれらのアポリアは、時間性のアポリアが深まったことを示しているのであり、そこでそれは思弁的言述を抜け出て、そのアポリアに適した応答を生じさせるべきものだからである。

第一の応答――歴史物語

時間のアポリアに対して、物語の詩学がもっとも適した応答であるとしても、その応答能力は歴史物語とフィクション物語が交叉する最後になってようやく表明されるのであり、その交叉が、「代理表出」として解釈される実在の意味を洞察するのを可能にする。

リクールはまず歴史的時間の分析に基づいて、時間思想のアポリアに対する最初の応答を考慮するように提言する。「私がここで提出するテーゼはこうである。すなわち歴史が時間の現象学のアポリアに答える独自の仕方は、生きられる時間と宇宙的時間とを媒介する第三の時間、すなわち本来の歴史的時間を練り上げることである」（*TR*3, p. 147；181）。こういうわけで歴史的時間は、生きられる時間と、普遍的時間と同義語となった宇宙的時間との媒介、連関を確立できるようにするのである。この再定式化の詩的機能は、歴史的時間のさまざまな結合子と切り離せない。

その第一は暦法的時間で、その務めは「働きかけ、受苦する個人の体験に中心をおいた日常的時間を、目に見える空に描かれる世界の時間に」（*TR*3, p. 156；192）結びつけることである。暦法的時間は、物理的時間にはっきりと関係づけられる特徴（瞬間への分割、方向づけられる、測定できる）をもつとしても、生きられる時間と無縁どころではない。というのは「暦法的時間の分割は現在についての現象学的主題系を含意している」（*TR*3, p. 158 ; 194）からである。こうしたわけで暦法的時間は同時に「生きられる時間を宇宙論化し、宇宙的時間を人間化する」（*TR*3, p. 160 ; 196）。なによりも宇宙論的に支持されている暦法的時間に続くのは、生物学的に支持されている「世代連続」である。カント、ディルタイ、シュッツ、マンハイムにならってリクールも、世代連続の主要な役割は生者の時間と死者の時間の対立を廃して、「獲得したものの伝達と、新しい可能性の開始」（*TR*3, p. 163 ; 199）を考えられるようにしたことである、という立証をおこなう。世代の概念は、生者と死者の媒介を確実にするとともに、私的な時間と公的な時間の関係づけもする。死者の証言をしようとする意志、死者に対して負う負債は、公的生活に現存していることと切り離せず、それなくしては生者と死者はもはやアリストテレスのいう意味での「ポリス的」存在ではなくなる。力点は一般に世代連続の生物学的次元におかれるとしても、それは本来政治的な意味をもつものであることが、そこからわかる。以上の二つの結合子の後で、リクールは第三の結合子について考察する。その認識論的次元は歴史的認識にとって決定的である。それは痕跡という結合子で、その素材は古文書と史料である。「古文書は制定され、史料は収集され、保存されると言えるとすれば、それは過去が痕跡を残し、その痕跡が記念物や史料によって過去の証人に仕立てあげられる、という前提のもとにである」（*TR*3, p. 175 ; 211）。この痕跡概念は、必ずやレヴィナスの倫理的用語を想起させずにはおかず、重要な役割を演じる。というのはその概念によって、ハイデガーによって定式化される時間分析の中心的アポリアに応答するのが可能になるからである。痕跡は現実存在の歴史的性格を、残存し操作できる事物に転移するが、そのことをハイデガーの歴史性概念は認容しない。ここにおいて痕跡の概念はいくつかの次元をおびる。それがハイデガーの拒否する認識論的平面でハイデガーに応答するとしても、レヴィナスがそれに割り当てる倫理的意味はもたない。リクールはその意味の範囲を次のように測る。「想起される過去が何らかの仕方で太古の昔をもとにして意味をもつのなら、結局は相対的〈他者〉、歴史的〈他者〉はあるという可能性を私は開かれたものにしておきたい」（*TR*3, p. 183；220）。『他者のような自己自身』で練り上げられる自己の解釈学は、痕跡なき歴史性と顔の倫理的痕跡とのあいだに妥協点を探し出すよりも、倫理なき存在論と存在論なき倫理のあいだに、独自の位置を描き出そうと努める。[37] 媒介者の役割をはたすこうした歴史の結合子を分析してから、リクールは歴史的時間（またその時間を物語る物語）からフィクションの時間に移ることができる。

第二の応答――フィクション物語（ウルフ、マン、プルースト）

フィクション物語は、「時間の話」の創作を可能にし、それが先に分析されたアポリアの克服を可能にする。フィクション物語は、歴史物語のように痕跡、世代連続、暦法的時間の尊重にしばられないので、時間の現象学的側面とともに、時間の宇宙論的側面をも含んだ、時間の多様な源泉を開発することができる。生きられる時間の平面でも、宇宙論的時間の平面でも、フィクション物語はとりわけゆたかで、豊穣な時間経験の認識を可能にする。フィクション物語は時間の流れをゆるめ、永遠性が表わす、すぐれて時間の限界に近づくことによって、時間の想像的変更を多様にし、助長する。「虚構の時間経験」は「テクストによって提起される世界内存在の潜在的な経験の時間的な相のみを」（*TR2*, p. 151 ; 188）表現する。そのことを示すためにリクールは「時間についての話」を表現しているような作品の読解を提起する。フィクションのみが探索できるかぎりの時間経験の想像的変更や多様性が読解行為に提供され、それによって日常的時間性が再形象化されるのである（*ibid.*）。

三つの作品が考察される。ヴァージニア・ウルフの『ダロウェイ夫人』、トーマス・マンの『魔の山』、マルセル・プルーストの『失われた時を求めて』である。これらの作品のいずれもが、時間についてのどんな想像的変更を具現しているか。『ダロウェイ夫人』では、ビッグ・ベンの鐘音（それは作品全体を通して鳴り響く）が時計の時間を象徴する。この時間は年代順的時間と混同されるどころか、記念碑的歴史の時間、権威の人たちの時間に対応している。そうするとウルフの作品は、時計で測定できる時間を、作中人物たちの生きられる時間に対立させるだけにとどまるのか。そうではない。それはいろいろな人たちが時間ともつさまざまな関係を描写し、「それによって時間に対するいろいろな視角を編成するのであり、思弁のみによってはそれらの視角を〈媒介する〉のに失敗してしまう」（*TR2*, p. 161 ; 200）。権威の人物たちの記念碑的時間を体現するブラッドショー医師と、内的時間の死すべき不調和を体験するセプティマスとのあいだで、「時間的解決」の全範囲が舞台にかけられる。『ダロウェイ夫人』は時計の時間と生きられる時間とを対決させることに尽きてしまわず、時間経験の多様性に価値を付与するのだが、そうすると時間経験の単一性が脅かされるのではないか。リクールにとっては「訪れるいくつかの〈穴倉〉間の近さが、『ダロウェイ夫人』における時間経験であるところの一種の地下の組織網をなしている」(*TR2*, p. 167 ; 206)。時間経験は、登場人物たち(クラリッサ、ピーター、あるいはセプティマス)の「時間的試練」には還元されず、「それは一つの孤立した経験がもう一つの孤立した経験に反響することによって読者に暗示される」(*ibid.*)。ここでは時間は、それぞれの生きられる時間を彼ら自身に送り返して、個々の経験を互いに孤立させるものであるよりも、ある経験を他の経験に移していくものである。したがって意識どうしが互いに連絡網をめぐらせるのを、時間が可能にするのであり、それなしに理解可能な社会はないのである。

なぜ『魔の山』はそれ自体で「時の小説」(Zeitroman)と呼ばれるのか。それは年代順的時間を廃棄したためで、それがダヴォスのサナトリウム、ベルクホーフの入居者たちが「生活し、居住する仕方の主要な特徴」なのである。この年代順的時間、日常性の時間と「時間外」とのずれは、上と下、高地のサナトリウムと平地の住民を対立させる溝によって倍加される。サナトリウムと平地の住民とは、生の世界(日常的時間)と時間が消滅している病気の世界の対立を表わしている。この小説が同じくヨーロッパ文化の衰退を思わせることを認めるなら、どうして同じ小説が「時の小説、病気小説、文化小説」(*TR2*, p. 173 ; 212)となりうるのかが問題になる。時間とのまったく新しい関係が重みを増してくるにつれて、上の人たちと下の人たちの関係が薄れてくるのにリクールは注目する。「新しい探求の空間が開かれてくる。そこにおいて明るみに出された逆説とは、時間の内的経験が年代順的時間との関係から解放されるときに、まさにその内的経験を悩ませる逆説である」（*TR2*, p. 193 ; 232-233）。この新しい探求の空間で、時間と永遠との不均衡が、最後にはもっとも大きくなる。このことは不調和の意識を一段と高める。下の土地で生きられる時間に対して、増大するずれをもたらす不調和が、次第に調和にまさっていくなら、そこには時間のアポリアに対するいかなる解決もなく、そのかわりアポリアを一段階高次にすることSteigerungがあるだけである。この時間の話では不調和が優位に立つが、「不調和の意識は一段と高次なものにされたのである」（*TR2*, p. 194 ; 233）。

取り上げられる最後の作品『失われた時を求めて』もまた時間についての話だろうか。リクールは、まず語り手のうちに『失われた時を求めて』を支える虚構の本質体を見るという第一の仮説を提出し、次にこの作品を、無意志的記憶の近道に対し、記号習得の遠い道を特別視する『プルーストとシーニュ』の著者ドゥルーズが提出したテーゼにしたがって[38]、シーニュ（記号）の習得小説とみなすと同時に、「最終的啓示の、芸術作品の超時間的啓示の発見の小説」（*TR2*, p. 195 ; 235）ともみなすのである。この観点からすると、『失われた……』の作品群はいわば楕円のようなもので、その第一の焦点は探求、記号の習得であり、第二の焦点は芸術の啓示である。『失われた……』は楕円の二つの焦点のあいだの緊張をつくりだすという意味において、時間についての話である。一方で、記号の習得は時間を失わせる。他方で、芸術の啓示は超時間的なものの魅惑によって表わされる。そこから、習得によって失われた時間は、芸術の啓示によって再び見出されたと結論すべきだろうか（*TR2*, p. 217 ; 258）。否である。記号習得で失われた時と、超時間的なものの観想とのあいだには、ある距離が残り、それがまさに作品制作の作業が経由していったものを表わしているのである。のみならず、もし「失われた時」が「見出された時」のなかに包含されるなら、それは結局のところ時間がわれわれを包含するからである。

歴史物語とフィクション物語による時間の再形象化についてのこの最初の分析の終わりにきて、それぞれの物語が時間を把握するのに矛盾した傾向をもつことが見てとれる。フィクション物語が時間をゆるめ、想像的変更のアーチを拡大するのに対し、歴史物語は時間を単一にし、同質化することによって時間を引き締めるのである。歴史の語りが公的空間、歴史的共同体の条件をつくるのに寄与するのに対し、フィクションは日常的時間を溢れさせて、ついには流失させてしまう。「歴史家たちの考慮するさまざまな長さの持続期間が入れ子の法則にしたがう（のであれば）その法則はこうした持続期間とそれに相当する速さとを極度に均質なものにする」（*TR2*, p. 232 ; 299）。逆にフィクションの、時間についての話は、持続をきわめて不均質なものにするのである。

指示、または歴史と実在性との交叉

実在と過去性の謎

歴史物語とフィクション物語についてのこの最初の分析をしてから、議論は新しい方向づけがなされ、『時間と物語』の流れは変わる。歴史的実在性の特殊性を考慮することは、もはや表象ではなく、「代理表出」（représentance）の用語で分析される。そのあとで、歴史とそれが照合される実在性との関係を例証するために、負債のカテゴリーが介入する。第一の論拠——歴史的実在性は痕跡であり、歴史的過去はそれを報告する証言なしには存在しない。そこから過去に適用される実在性の概念が問題になり、またそれへの疑念も出される。「歴史家によって伝えられるこれこれの出来事が過去の証人によって観察されえたと言うことは、何も解決しない。過去性の謎はただ単に、伝えられる出来事から、それを伝える証人に移動しただけである」(*TR3*, p. 228 ; 287)。この第一の論拠に続いて、過去性の謎を解くために第二の論拠が出される。過去性とは「既在性」つまり「……であった」であり、それはつねに「対面するもの」(Gegenüber) として考察される。「既在性が問題になるのは、それが出来事の既在性であれ、証言の既在性であれ、まさに観察されえないというかぎりにおいてである。過去における観察の過去性は、それ自体観察されえず、記憶されうるだけである。この謎を解くために、われわれは〈代理表出〉(représentance または lieutenance) という概念を練りあげたのであり、それによってわれわれは、歴史の構成物は〈対面するもの〉の要請に応える再構成物であろうとする野心をもつことを意味する」(*ibid.* ; p. 287-8)。要するに、この謎にみちた過去性は、われわれが過去に対して負債を負っていると感じるゆえに、歴史的な形をとるのである。

議論のこの段階では、すでに過ぎ去ったものの代理表出という機能をもつ歴史物語と、意味形成性の次元が前面に押し出されるフィクション物語とでは依然として互いに異質である。ところが、まさにそこで分析は逆転するのだが、リクールは以後これら二つの型の物語が一点に収斂するのを捉え、両者の交叉を注視しようとする。そこにおいて歴史物語は、フィクションとの表面的な対立から、深層の収斂へ移れるようになる。歴史叙述は実際にどのような実在性と照合されるのか。歴史家の注意をひきとめる過去の実在性とは何か。歴史的時間が、媒介する結合子と結びついた「第三の時間」であるなら、それは生者の死者に対する負債を強調するもう一つの、それほど認識形而上学的ではない次元と、切り離すことはできない。

歴史的負債について問いかけることによって、認識論的アプローチから、倫理的、哲学的次元が前面に出てくる分析へと移っていく。この〈負債〉を、私が負債を負っている相手の〈他〉を、どう理解すべきか。リクールは次の二つの暗礁を避ける。一つは、このすでに過ぎ去った〈他〉に〈根本的な他〉しか見ない暗礁である。つまりそれから私が切り離され、フィクションの道を借りなければその痕跡を見つけだせないほど〈根本的な他〉である。もう一つはこの〈他〉のうちに〈同〉の形象を、つまり反復か先形象化を見ようとする暗礁である。科学とフィクションの関係についての現代の議論（ポール・ヴェーヌ、ミッシェル・ド・セルトー）によって注目される歴史学的アプローチと、〈絶対知〉のありうべき出現とのあいだにあって、意見を述べる（doxazein）や、真実らしさの領域を重視しようとつねに心がけているリクールは、プラトンの『ソピステース』における三つの「主要な類」すなわち〈同〉、〈他〉、〈類似〉を提示して、代理表出の概念を明確にしようとする。〈同〉の形象である反復しか、あるいは「過去の否定的存在論」（*TR3*, p. 212 ; 261）に帰結しかねない他性としての過去である〈他〉の形象しか、記憶にとどめない歴史の再形象化を警戒してリクールは、それなしには過去が関心をひかなくなるおそれのある負債のカテゴリーを強調する。「既在性を探し求めるのに、〈類似〉は単独では働かず、同一性と他性に関連して働く」（*TR3*, p. 226 ; 273）。この「主要な類」の〈類似〉が、すでに過ぎ去った実在の理解を可能にする。

「過去としての過去の過去性において謎めいたままのものをよりよく考え」ようとして、つまりその過去性を主要な類のもとにおいて、「われわれは少なくとも負債の神秘的な性格を保持した。この負債は、筋立てにおける主人を、過去の人々の記憶の僕《しもべ》としてしまうのである」(*TR*3, p. 227 ; 275)。(39)

しかしリクールはおなじくこの代理表象の機能を、フィクション物語のうちにも追求する。歴史の語りと同じく、フィクションも世界の再形象化に寄与するとすれば、これら二つの物語形式のあいだの類似は実在についての物語と非実在についての物語を対立させる溝をのりこえるように促す。「代理表出の機能は、それに対応するものをフィクションの機能のなかにもつ。フィクションの機能とは、日常的実践を明示すると同時に変換することでもあると言える」(*TR*3, p. 229 ; 288)。受容美学や、読解行為の分析についてのコンスタンツ学派の研究(H・R・ヤウス、W・イーザー)に依拠しつつ、リクールは歴史とフィクションとの平行関係を強調し、それを明確に示す。過去の「代理表出」、負債の感情に結びついた過去の再形象化は、「テクストの虚構の世界から読者の現実世界への転移」に呼応する。過去の「実在性」という素朴な概念への批判は、それと平行して「フィクションの投影するものに適用される実在性という、〔過去の実在性に〕劣らず素朴な概念」への批判を伴う。過去の代理表出は再構成を含意し、負債の感情を表現するのに対し、作品のほうは読者の世界へさしむけられる。以上が再形象化の二つの形であり、それが二つの型の物語を近づける。ふりかえってみるなら、この二つの型の物語がなぜ特別視されたかがもっとよくわかる。この二つの物語形式の合流は、ミメーシスの循環のレベルとは別のレベルで、時間性のアポリアに応答するのを可能にする。そのレベルが対応するのは「存在論的でも、認識論的でもある基本構造である。その構造によって歴史とフィクションは、それ自身の志向性を、他方の志向性を借用することによってしか具体化しないのである」（*TR*3, p. 265；334）。歴史がフィクションから借用するなら、フィクションも同様に歴史から借用する。リクールはこう述べる。「私がここで提案する、フィクションの〈準歴史的〉性格についての解釈は、言うまでもなく、私が歴史的過去の〈準虚構的〉性格について提案する解釈と重なりあう」（*TR*3, p. 278；350）。

こうした文脈において、歴史とフィクションの交叉という観念はあらゆる意味をおびる。その交叉のさまざまな様態が評価されよう。すなわち一方では、ありのままの過去を思念するときの想像世界の役割である。「問題はまさに、どんなユニークな仕方で、想像世界がその〈実在論的〉思念を少しも弱めることなく、既在性の思念に合体するのかを立証することである」（*TR*3, p. 266；335）。他方では、フィクションの歴史化の諸形態である。『時間と物語』は純粋なフィクションの真実らしさと、「物語る声の準過去」と、歴史的過去の実現されなかった潜在性とのあいだの、深いそして選択的な親和性を明瞭にする。「フィクションの準過去」はそこで「実際の過去の中に埋もれている可能性の探知器」（*TR*3, p. 278；350）として現前する。リクールはこの大周航の最後に、ミメーシスの三段階を実践する思想のために、実在とフィクションのア・プリオリな対立を移動させることに成功した。こうしたわけで、物語の死という仮説は、ミメーシスIIの統合形象化だけに関係することはありえず、ミメーシスIIIの再形象化を考慮に入れなければ、ほとんど意味がないことがわかる。

代理表出についての以上のような省察は、記憶と記憶すべきものとの関係を別様に考えるように促す。その問題は、残存していた過去の再出現と混同されることはない。何が記憶させるのか。リクールは、歴史的共同体の面で、歴史において創始《エポック・メーキング》的な出来事の役割を重視する。彼はそうした出来事に、まさに歴史のフィクション化の方式の一つを見るのである。しかし人権とホロコーストとを同時に想起して評価するなら、そうした創始的な出来事は肯定的にも否定的にも、よいほうにも悪いほうにも変わる。「この恐怖すべきものの記憶においてフィクションの果たす役割は、その明白な一回性こそ重要な出来事に対して向けられる恐怖の力、そして同じく感嘆の力から必然的に派生してくる」(*TR3*, p. 273 ; 344)。リクールはこのようにフィクションと出来事の一回性について語ることによって、「唯一独自の」出来事は必然的に歴史叙述のアプローチからのがれてしまうと考える人々と、一線を画すのである。(40)

最後の二つのアポリア、または物語行為の限界

フィクション物語と歴史叙述的物語の交叉が、アポリアの三つのヴァリエーション（宇宙的時間／心理学的時間、直観的時間／不可視の時間、現象学的時間／通俗的時間分析という対立）における思弁的な時間思考の第一のアポリアに対する反論となるとしても、今度は第二のアポリアが生じ、それに適した反論を要求する。第二のアポリアは時間の単一性と複数性を、一つの時間と複数の時間を対立させる。時間を「集合的単数」として表象するにもかかわらず、時間の三つの脱自態（未来―過去―現在）の分離をどのように認めるのか。

「単一の人類、単一の歴史という観念を——やはりカント的な語義で——何らかの仕方で図式化する先取りの興味は、以前の、あるいは同時代のコミュニケーションの実践においてすでに働いており、したがって伝統そのものに埋もれているこれこれの先取りと連続しているものとして、認められねばならない［…］。ということは、時間の諸脱自態の複数の統一性と、歴史意識の未完了の媒介とのあいだのこのよき相関関係が、やはり物語の責任に帰されるということなのか。けれどもそれは疑わしく思える」（*TR*3, p. 371；466-467）。リクールはこのアポリアに反論するために「未完了の媒介」のカテゴリーを試みることを提言する。これはヘーゲル的企ての起源にある人間性の全体化に対する訴訟を、〈絶対知〉による解決を避けつつ、遂行することに帰する。

しかしリクールは、物語がこの第二のアポリアに反論し、単数の時間と複数の時間との不均衡に応答しうる能力に対し疑問を抱くのであり、これは時間の準神話的性格、すなわち時間の「表象不可能性」(41)を強調する最後のアポリアの場合に、もっと明瞭になる。厳密な意味での物語と、時間単位の複数性とのあいだの重要な不適合性は、物語の文学的カテゴリーそれ自体が、歴史の思考に不適合になることから生じてくる。

リクールの論の進め方は、ヘーゲル以後の歴史意識の条件を考えるために、物語と時間と歴史を関連づけることであった。しかし物語的自己同一性が行動の思想と切り離せないように、やはり物語も限界をもつこと、物語は行動や時間についてすべてを表現できないことを認めねばならない。時間は、カントが言うように、神秘的で、測りがたく、推量不可能性を残しているからである。『時間と物語』は物語について超教派的な反省を提案するものではない。一方でリクールは、物語がすべての時間アポリアに応答することはできず、ある段階にくると、物語は口をつぐみ、沈黙し、あるいは物語がいったんはのりこえたと思った神話に、またしても席をゆずることを示す。時間の推量不可能性に応えるために、神話が回帰する可能性に対し、ロゴスも物語も備えをしていない。ここでは物語的要素は非物語的要素に、物語はその限界に、直面させられる。つまり「物語の内的統合形象化の手段をとおしてのみ、時間を再形象化する物語の能力に」ではなく、「物語による時間の再形象化の限界そのものに」（*TR3*, p. 387；484）に直面させられるのである。(42)

他方、物語の「未完了の媒介」は、行動への問いかけの発展を促す。完全な知の不可能な記憶を運ぶ過去からの影響を私は受けている。ところがこの不完全な知は、物語が最後の手段とみなされることのないように私が振る舞うことを要求する。そこでも物語の限界が力説される。体験と道徳的命令とのあいだの未完了の媒介である物語的要素は、必ずしも一方から他方への推移を確実にするのに成功しない。そこからなぜ「歴史的条件を歴史意識の段階にまでたかめるために、歴史的条件を再形象化する」（*TR3*, p. 151；185）ことがまず必要であるかがよりよく理解される。物語は、時間性の第一の循環、すなわちアルケーとテロス、イデオロギーとユートピア、記憶と期待の地平、の循環から、負債に重点をおく第二の循環に移行するのを助長することによって、歴史を意識化するのに寄与するであろう。率先行動するために、また始めることを学ぶために、われわれは累積する現在、〈同〉と〈他〉の時間を断念したのであった。(43)「われわれは今や、ヘーゲル主義の外への脱出が思想上の事件と呼ばれるのは、どんな意味においてであるか、もっとよく理解できる」（*TR3*, p. 298；373）。

原注

(1) Jean-Luc Nancy, *Le poids d'une pensée*, Presses universitaires de Grenoble, 1992, p. 110.

(2) Gilles Deleuze, *L'Image-Mouvement*, Ed. de Minuit, 1983 ; *L'Image-Temps*, Ed. de Minuit, 1985.

(3) *L'Image-Temps*, *op. cit.*, p. 355.

(4) 『時間と物語III』の「ヘーゲルを断念する」と題された章を見よ（原書 p. 280-299)。そこでもリクールにとり、絶対知を断念することは弁証法的精神と断絶することに等しくないのであり、そのことは未完了の媒介を積み重ねようとする気遣いが証明している。

(5) 次の書も参照。*La Narrativité*, sous la direction de Paul Ricoeur, Ed. du CNRS, 1980.

(6) 苦悩についての次の書からの抜粋。*Actes du colloque de psychiatrie*, Lille, 1995.

(7) *Faire de l'histoire*, sous la direction de Jacques Le Goff et Pierre Nora, Gallimard, 1974.

(8) Michel de Certeau, *L'Absent de l'Histoire*, Mame, 1973 ; *L'Ecriture de l'histoire*, Gallimard, 1975 ; *La Fable mystique*, Gallimard, 1982. 次も参照。Luce Giard, Hervé Martin, Jacques Revel, *Histoire, Mystique et Politique. Michel de Certeau*, Jérôme Millon, 1991. ミシェル・ド・セルトーの逝去前に、彼と議論する機会をリクールは残念ながら一度しかもてなかった。それは一九八三年十二月にConfrontations主催で『時間と物語』I、II巻をめぐって二人が討論したときである。それについては次を見よ。*Cahier recherches-débats*, année 1984.

(9) 次の有名な論文を見よ。Fernand Braudel,《Histoire et sciences sociales. La longue durée》, *Annales Esc*, XIII, 4, 1958 ; *Ecrits sur l'histoire*, Flammarion, 1969.

(10) *La Méditerranée et le Monde méditerranéen à l'époque de Philippe II*, Armand Colin, 1949. この書について論じた箇所 *TR1*, p. 146-152 を見よ。

(11) 『エスプリ』誌のリクール特集号での、ジャン・ボロック、ロジェ・シャルチエらの発言を見よ。現代において歴史学の著作活動をするときにリクールの発言に応答しないわけにはいかない。次の書の結論を見よ。Luce Valensi, *Fables de la mémoire. La bataille des trois rois*, Ed. du Seuil, 1992.

(12) グレマスはリクールの特権的な対話者であった。それについては、*TR2* の「グレマスの物語記号論」の章、および、*L2* のグレマス論考を見よ。

(13) 本書の最後の章を見よ。またロラン・バルトやルイ・マランらが発表している次の論集を見よ。*Exégèse et Herméneutique*, Ed du Seuil, 1971.

(14) Cf. Peter Szondi, *Introduction à l'herméneutique littéraire, de Chladenius à Schleiermacher*, Ed. du Cerf, 1988 ; Pier Cesare Bori, *L'Interprétation infinie*, Ed. du Cerf, 1991.

(15) Mikel Dufrenne, *Pour l'homme*, Ed. du Seuil, 1968 に対して、リオタールが次の書評を書いた。J.-F. Lyotard,《A la place de l'homme, l'expression》, *Esprit*, juillet-août, 1969 ; *Traversées du XX*e *siècle*, La Découverte, 1988. それでもこの著書は不本意ながら人間主義論争に加担することになる。

(16) 次の書のリクールの序文を見よ。Betty Rojtman, *Une grave distraction*, Balland, 1992. 次も見よ。Guy Petitdemange,《Détresse et récit》, *Esprit*, spécial Ricœur, *op. cit*. しかし聖書テクストの解釈の重要性も忘れてはならないだろう（本書の最後の章を見よ）。

(17) ドゥルーズ、マリオン、アンリ、ルフォール、リオタール、リシール、デリダらの哲学的言説において、絵画に対する興味が復活し（あるいは継続し）ていることについては次を見よ。Olivier Mongin,《Renouer le fil de la peinture》, *A quoi pensent les philosophes?*, *op. cit*. 構造主義者たちが音楽に特別の興味を示しているとすれば（次の雑誌のレヴィ＝ストロース特集号を見よ。*Musique en jeu*, Ed. du Seuil, octobre 1973）、感覚的なものと縁を切らなかったポスト現象学の流れがむしろ絵画作品のほうへ関心を向けたのは意外ではない。絵画への興味は、崇高の主題系と無関係ではない（論文集 *Du sublime*, Belin や、マルク・リシールの著書を見よ）。この主題系は、共通感覚に重点をおく解釈とは対立して、カントの第三批判書を再考する。その点でも、Deleuze, *La philosophie critique de Kant*, PUF, 1963 で、この移行を先取りしている。

（18）「フロイトも新しい意味の媒体となるこの非痕跡的想像に出会ったが、それは彼が宗教について語るときでなく、芸術について語るときであった［…］。死んだ母親の思い出はまさに芸術作品（ジョコンダ）によって再創造されたのであって、それは、地層から掘り起こされたかのように、何かの下に隠れていたようなものではない。それはまさに創造されたもので、表現されたかぎりにおいて存在している」（*DI*, p. 517 ; 590）。

（19）言語のタイプ（思弁的や形而上学的）を区別したり、可能な交叉圏を統制する必要性については、*MV* の最後の章を見よ。

（20）「モーセとアロン」については本書第五章の三二七―三二九頁を見よ。

（21）リクールの発言への応答と見られる次の著書を見よ。Danièle Sallenave, *Le Don des morts*, Gallimard, 1991 ; Italo Calvino, *Leçons américaines. Aide-mémoire pour le prochain millénaire*, Gallimard, 1989. また Betty Rojtman, *op. cit.* のリクールの序文も見よ。この書はデュラス、ルクレジオらの作家や、カバラやハシディズムといったユダヤ教の伝統にも言及している。

（22）*DI* の序文や、*CI*, p. 485 を見よ。リクールはそこで「解釈学論争」について語っている。

（23）*CI* に収録されている最後の論文は父性の主題を扱っている（「父性――幻想から象徴まで」）。そこでは分析が三つの方法論的アプローチにしたがって展開する。すなわち欲望の経済論、精神の現象学、宗教的形象の解釈学。そこからまたしてもヘーゲル的弁証法の企てを再開するよう促すのに先立って、リクールは次の問いかけをする。「考察されるこれら三つの領野のあいだに構造や展開の類比がなされる理由は何か」（*CI*, p. 486）。

（24）たとえば次の論文をみよ。Paul Ricœur,《Ce qui me préoccupe depuis trente ans》, *Esprit*, août-septembre, 1986.

（25）《Contingence et rationalité dans le récit》, *Jeanne Delhomme. Les cahiers de la nuit surveillée*, Ed. du Cerf, 1991.

（26）アリストテレス由来の語 mimēsis はここでは、模倣活動の意味に解すべきである。
（27）*TR1*, p. 111 を見よ。
（28）この点については次を見よ。*TR2*, p. 38, 41.
（29）G・マルセルやK・ヤスパースについての著書で、この問題はすでに論じられていた。痕跡の破壊との関連で、この挫折の根底を描き出している、次の書を見よ。*GMKJ*, p. 431-432.
（30）「断絶しているのは、人間と世界の絆である。とすると、この絆こそ信念の対象にならねばならない。それは信仰においてしか与えられない不可能なものであろうか［…］。人間は純粋の視覚的、聴覚的状況にいるように世界の中にいる」（*L'Image-Temps*, *op. cit.*, p. 223）。「二つの瞬間のあいだにあるのはもはや時間ではない。〈時の間〉にあるのは出来事である。〈時の間〉は永遠には属さず、また時間でもない。それは生成である」（*Qu'est-ce que la philosophie?*, *op. cit.*, p. 149）。
（31）隠喩についての最初の省察なしには、リクールは「比喩的再記述」を文の平面から物語の平面に前進させることができなかっただろう。
（32）グレーシュの次の二論文を見よ。その独創性は、イマージュについてのドゥルーズの研究と、物語についてのリクールの研究を平行させて論じているところにある。*Revue des sciences philosophiques et théologiques*, Vrin, No. 69（1985）, p. 87-101 と No. 70（1986）, p. 419-438.
（33）*TR3* の結論を見よ。
（34）Jean Greisch, article cité, 1986. また次も見よ。*DI*, p. 421.
（35）リクールは次の諸点を力説する。全体性としての時間と、〈気遣い〉（Sorge）に相当する「時間の複数化」を関連づけること、時間の水平的―脱自的単一性、時間を構成する階層の複数性。ハイデガーの時間分析については次を見よ。Françoise Dastur, *Heidegger et la Question du temps*, PUF, 1990.
（36）言及されている主要な障害とは、実存的と実存論的の区別がなされていないこと、歴史的時間の認識論的問題を拒否したために、時間性から歴史性への移行が困難になったことである。

(37) 『他者のような自己自身』の結論で、ハイデガーとレヴィナスとの衝突を裁定するのはジャン・ナベールである。本書の第四章を見よ。

(38) ドゥルーズのニーチェ主義とリクールの〈ポスト・ヘーゲル的カント主義〉の交叉は、スピノザ、プルースト、ヒューム、ペギーなどをめぐってしばしば起こる。時間について省察するときに、リクールがベルクソンの再読を企てなかったのは残念である。ドゥルーズにはベルクソンについて *Le Bergsonisme*, PUF, 1966 があるのであるから。リクール、ドゥルーズ、ベルクソンのあいだで、非常識な和解をさせようなどと思わずに、「三者会談」をするなら、必ずや、普遍と特殊、ニーチェとカントの対立を避けることができるだろう。それでも普遍と特殊のあいだに階層的関係ができることについての不一致が残るのは言うまでもない。

(39) この主題については次の著書を見よ。Stéphane Moses, *L'Ange de l'histoire*, Ed. du Seuil, 1992. この書はベンヤミン、ローゼンツヴァイク、ショーレムの三人のポスト・ヘーゲル主義者に言及し、それぞれのテーマは、リクールのそれに近い。すなわちローゼンツヴァイクにおける形象、ベンヤミンにおける記憶と負債の関係。

(40) ホロコーストについての、理解と説明の弁証法の厄介な問題点については次を見よ。Olivier Mongin, 《Se souvenir de la Shoah. Histoire et fiction》, *Esprit*, janvier, 1988.

(41) 「アポリアが生じるのは、時間が、時間を構成するためのいかなる試みからも逃れて、つねにすでに構成の作業によって前提されている構成するものの次元に属することが明瞭になるときである。それが〈推量不可能性〉という語の表現するもので、それはカントが、解明に抗う悪の起源につまずいたときに使った語である」(*TR3*, p. 375 ; 470)。

(42) リクールは「限界」という語の二つの意味を明確に示す。「内的限界という語で、物語る術を推量不可能の近くまで使い果たしてしまうにいたる限度越えを意味しよう。外的限界という語で、物語ジャンルが、やはりそれなりの仕方で時間を言い表わそうとする別の言述ジャンルによって越境されることを意味しよう」（*TR3*, p. 387 ; 484）。彼はこの第二の限界について、かれの聖書釈義の仕事に言及し（本書の第五章参照）、物語る術を経由しない抒情詩の特異性を喚起する（*TR3*, p. 391 ; 488）。

（43）歴史のなかで（再）開始する能力については次を見よ。Michel Rey, *Colère de Péguy*, Hachette, 1987 ; *Paul Valéry. L'aventure d'une œuvre*, Ed. du Seuil, 1991.

第四章　証しする
──『他者のような自己自身』（一）

要旨

『他者のような自己自身』が哲学のサイクルをそれで完結するという野心を表明はしていないとしても、この書はリクールの著作の構成において独自の役割を果たしている。彼は「自己の解釈学」のいくつもの標柱を立ててきた。それが、これまで何度か予告されながら、さまざまな迂回路をとったために、いつも延期されてきた倫理学の計画の実現を促したのである。その倫理学は「記述する」、「物語る」、「命令する」の三つの極から展開するが、それぞれに伴う三重の弁証法（反省と分析の弁証法、同一性と自己性の弁証法、自己性と他者性の弁証法）の最後に介入するのではない。倫理学は、三つ組構造として、「基本的三元性」（自己評価、心づかい、正しい制度）として現われる。基本的三元性は、言語（意味論と語用論における語る人）と、行動（行動し、受苦する人）と、物語行為と、そして倫理の各領域が考慮されるのに応じて、次第に姿を現わしてくる。しかし一九九〇年に出されたこの著作は、リクールの全行程の底流をなしている存在論的執拗さを忘れてはいない。リクールが演出する、もっとも手強い反省思想（ナベール）と、倫理なき存在論（ハイデガー）と、存在論なき倫理（レヴィナス）の三者会談は、リクール自身の戦略を明らかにし、そして存在論的証しの概念に帰結する。

1　自己の解釈学

本書の一章をなぜ『他者のような自己自身』にあてるのか。なぜリクールの数々の出版物のなかの一冊に特権的な位置を与えるのか。哲学のサイクルを完結するこの著作に決定的な役割を与えることは、年代順というものを過度に信用することにならないか。

著者自身が認めていることだが、『他者のような自己自身』は決定的な契機を表わしている。[1] この書はいわば一つの山塊であって、そこから眺めると、それまで通ってきた数多くの迂回路の意味を理解するのが可能になるのである。それは『時間と物語』ですでに企てた自己同一性についての長い作業をさらに続行し、明らかにする書である。とはいえ『他者のような自己自身』のうちに、先行するものの綜合を見、以前の著作を過小評価する危険を冒してまで、以前の著作をすべて覆い尽くす究極の作品を見ようとするのはばかげている。そういうことをしたら、建物全体が崩壊の危険にさらされ、リクールの進め方の方針そのものを問題にすることになろう。

『他者のような自己自身』読解のいくつかのレベル

『他者のような自己自身』のもつ力は、それまでになされた分析をかなり複雑にし、それを証しと証言という二つの主題系を中心に再編成し、さらにはっきり表明された野心に結びつけるように展開し直すリクールの能力に存している。その野心とは、すでにいろいろな場で予告されていた「自己の解釈学」を実現することである。このリクールの書では逆説的ながら、解釈学の伝統は明示された参照項として、あるいは論法としてはほとんど現われていないにもかかわらず、長い解釈学的遍歴に潜んでいた計画が成就しているのである。[2] 堅固に構築されたこの書は、埋もれた諸次元を、著書全体の底を流れる地質学的問題を、表面まで浮かび上がらせ、露呈させるだけに、いっそう奇妙で、驚かされるのである。また、いつも新たな取り組みをしてきた作業のもっとも控えめな秘密の局面に、あとから照明をあててくれる。そしてリクールは以前にもまして率直に、現象学と解釈学の二重の遺産を援用するのである。

『他者のような自己自身』は物語的自己同一性についての省察を、自己の解釈学のほうへ移動させる。自己の解釈学では、idem（同一）とipse（自己）の弁証法は、自己性と他者性の弁証法によって倍加される。時間と物語についての省察に伴って導き出された物語的自己同一性は、それをもって『時間と物語』を明示的に完結させたのだが、ここでのもっと細分化し、密度の高い、複雑な構成においては、それは全体を支える一本の孤立した梁にすぎないのである。

十一の章から成るこの書は、リクール自身の示唆にしたがって、四つの部分集合の連続として読むことができる。第一の部分集合は「言語哲学に属する」。それは「誰が語るか」の問題を考察する。そこはアングロ＝サクソン系の分析哲学の伝統に発する研究を論じつつ、順次論を進める。第二の部分集合は行動の哲学に属し、「誰が行動するか」の問いを発する。以上の二つの集合が、言葉の問題がもはや行動の問題と切り離せなくなるほどに、相互に複雑な関係で結ばれるとしても意外ではない。その行動は、この段階では、アリストテレス的「行動」（praxis）とも、証言の概念とも区別される行動理論によって理解されている。証言は後に、自己同一性についての問いかけが新たな展開をみせるときの軸となるものである。第一の部分集合が道具《オルガノン》の役目を果たすのは、「行為者が自分を行動する者として指示するのは、言述の行為においてだからである」。リクールは同時に、「第二の部分集合は第一の部分集合に直結する」（*SA*, p. 29；21）ことを力説する。

　第三の部分集合では、分析哲学と解釈学との対決そのものが要求され、人格的自己同一性の問題が明示的に提出される。それは物語的自己同一性についての最初の問いかけを、さらに延長し、移動させる。「物語的自己同一性の主題がこのように新しい展開を見せたおかげで、行動の概念は［…］アリストテレス的行動概念（praxis）がもつことのできる意味の全範囲を覆いつくすであろうが、それは、行動の意味論が先の部分集合で人間の行動に課した思い切った限定（だが分析哲学的意図によって正当化されよう）とは反対なのである」（*SA*, p. 32；22）。この第三の部分集合の最後で、分析的＝解釈学的手法が実践され、それは行動の人間学の輪郭を描き出しつつ、他方では、物語的自己同一性の概念を明確にする（同一としての自己同一性〔identité-*idem*〕と、自己としての自己同一性〔identité-*ipse*〕の弁証法）。

　物語ることの機能は、はじめの「記述する」から、おわりの「命令する」への移行を確実にする

1960年代初めの公式写真。(photo Harcourt)

ことであるが、この新しい物語的アプローチのあとで、第四の部分集合の課題は、「義務によってなされる、またはそうでない、善い、またはそうでない行動の責任を帰属させることのできる主体の、倫理的および道徳的次元」（SA, p. 32, 22）を明るみに出すことである。

以上の四つの集合の配置と意味をどう理解すべきか。これらは次の三つの意図と切り離せない。第一の意図は「分析哲学的」迂回、すなわち記述の根気づよさと厳密さを最後までまもることを自らの課題とする。第二と第三の意図は、自己性と同一性の弁証法と、次に自己同一性と他者性の弁証法を連続して実行しようとするものである。表明されたこれら三つの意図は、リクールの企図全体にわたって予示されている「自己の解釈学」を構築する計画にむかって収斂する。(3)

しかしこの自己の解釈学の深い意図は何か。それはデカルト的コギト（賞揚された主体）かニーチェの砕かれたコギト（辱められた主体）かの、二者択一のとりこにならない主体の哲学を練り上げるという、これまで多少とも表明されてきた野心的な企図を実現することである。リクールと反省哲学的伝統につらなる思想家たち、わけてもジャン・ナベールとの隣接関係が、そのことをもっとも明瞭に証言してくれる。

『他者のような自己自身』は逆説的な書である。意志的なものと非意志的なものについての最初の反省、解釈学的配慮、物語への問いかけ、倫理学の練り上げ、などが交錯するこの企図が目標を達成するには、忍耐づよい努力を続けながら長期にわたって飛躍を遂げねばならなかったに違いないという印象を受ける。ここにおいて、「記述する」、「物語る」、「命令する」に対応して、著書のあらゆる部分が関連づけられる。それと平行して、大陸の思想と分析哲学の影響下にあるアングロ

＝サクソン系の伝統との対決は、人間行動の存在論に帰結し、その存在論は最終的に、プラトンの『ソピステース』に出てくる「主要な類」についての考察を再開するのである（SA, p. 368 ; 391)。

コギトの冒険（デカルトからニーチェへ）

この自己の解釈学の企図に「形を与える」ためにリクールは、コギトを「賞揚する」哲学と、それを「辱める」哲学との対立の哲学的動機を一挙に舞台にかける。主体に「与えすぎる」伝統と、深層において主体を「軽蔑する」批判とのあいだで、「これらの哲学の〈私〉については、誰かが父親のことをそう言うように、少なすぎるか、多すぎるかのどちらかだ、と言うべきだろうか」(SA, p. 15 ; 6)。

哲学の舞台を脅かす不均衡をみきわめて——こうした極端さから自衛するためにリクールは「未完了の媒介」の役割を強調するのだが——『他者のような自己自身』のはじまりは、主体の地位をめがけ、自己についての問いかけを用意する。その自己は、過度のコギトからも、衰弱したコギトからも区別されねばならない。としても自己の解釈学には、コギトと反コギトの裂け目を陽気にのりこえるための第三項を見せびらかす下心などないことは、認められねばならない。自己の解釈学が信頼できるものになるには、この表面的な拮抗関係がいつわりの対立であることを証明せねばならない。

「デカルト的コギトに結びついた基礎づけの野心」が、デカルトからカントへ、次にカントからフィヒテに、そして最後に『デカルト的省察』のフッサールにいたって急進化したことを認めつつ、リクールはこの究極の基礎づけの野心と、懐疑の誇張法的性格とがデカルトにあっては明瞭に結びついていたと主張する。「その企ての急進性は懐疑と見合っており、懐疑は意見というものの管轄内から、常識も、科学も（数学であれ、物理学であれ）、哲学的伝統も排除しない」（SA, p. 15 ; 7）。しかもこの懐疑をドラマチックにすることから、大欺瞞者の仮説と混同される邪悪な守護霊の仮説が発してくる。「懐疑によって〈いまだかつて何もなかった、と自分で自分に思いこませる〉。しかし私が発見したいのは〈確実で疑う余地のないもの〉である」（SA, p. 16 ; 8）。

そうであるなら、懐疑が「コギト」の確実性に反転するのに先立って、「第二省察」できわめて重要な意義をもつ断定がでてくるのは意外ではない。「デカルトはこう書いている。『彼が私を欺こうとも、私が存在することにいささかの疑いもない。彼が好きなだけ私を欺こうとも、私が自分をなにものかであると考えるかぎりは、私がなにものでもない、と信じさせることはできないだろう』」（SA, p. 17 ; 8 に引用）。この文は、次のようなリクールの注釈を導き出す。「これこそ実存的命題である。そこでは動詞〈ある〉は繋辞ではなく、単独で絶対的に用いられている。すなわち〈私はある、私は存在する〉」（*ibid.*）。沈思する主体はみずからを「錨を失った」主体として措定するので、彼は『他者のような自己自身』の要所要所で登場する一連の人物像、すなわち語り手、行為者、物語の登場人物、道徳的責任帰属の主体とは「共通の尺度がない」。デカルトにおいては、主体は（身体的、言語的な）一切の登録を免れ、「無条件に」思考する行為に還元される。「私は考えつつ存在する」は、それになにものも先行しない真理、懐疑する〈私〉の直観によって直接に知られる真理である。

デカルトのコギトの思想を解釈するこの段階にきて、リクールは今度は哲学史家マルシアル・ゲルーの『理由の順序によるデカルト』で主張される異論を、自分流にとりあげる。それは次のように長々と再定式化される。「もし〈私は考えつつ存在する〉がこの第一の真理の位置に入ってくるなら、理由の順序で表明される他の諸真理はコギトの確実性から発してこなければならないはずである」（SA, p. 18 ; 10）。ところがこれら他の諸真理は、コギトの確実性とは結びついていない。コギトは主観的な面の真理を与えるだけで、その確実性が客観的な価値をもつかどうかは「確実」でない。こうした状況で、ゲルーによれば、神の存在証明のみがその問題の解決を可能にする。なぜならその証明は、主観的真理と客観的真理の必然的関係を確証することにより、客観的真理を保証するからである。コギトは第一の真理であるから、「自我から神へ、次に数学的本質へ、感覚的事物へ、そして身体へ導くはずの」認識の順序（ordo cognoscendi）は、「第三省察」では、したがって存在の順序（ordo essendi）に置き換えられ、その順序によって、神は連鎖の第一の環になり、以後その連鎖はコギトの確実性を下位におく。したがってコギトの確実性は「神の無謬性に対して従属した位置におかれる。神の無謬性こそ、〈事物の真理〉によれば第一である」（SA, p. 19 ; 11）。コギトは「存在論的に二番目」に滑り落ちる。

しかしなぜこのように長々と『省察』を迂回するのか。誇張法的懐疑とデカルト的コギトの急進主義がひき起こす両刀論法をリクールが先取りできるからである。一方で、しかもそこにスピノザの企てのすべての意味が存しているのだが、唯一基礎づけの価値をもつ無限実体（Deus sive natura）のためにコギトは二番目に後退する。他方で、観念論の流れ（カント、フィヒテ、フッサール）は依然として、コギトが第一の真理であり、神が示す「保証の保証」を第一の真理の付属物とみなす。この観点からすれば、コギトは連鎖の始まり、「その後に第二、第三と続く、第一の真理」ではなく、「自分で自分を基礎づける基礎づけである」。そしてデカルトの「私は考える」は、カントの「私は考える」にとって代わられ、カントの「超越論的演繹」は、「私は考える」が私の表象のすべてに伴っていなければならない、と宣言するのである。

リクールはデカルト後の哲学に供される二つの選択を提示してから、依然として彼の導きの糸である〈自己〉の問題へと跳躍する。「自己の問題系は、ある意味で、拡大する結果になるが、その代償として、話題にしている人物との、私と対話の相手との、責任ある自己との関係は失われることになる」（SA, p. 22 ; 14）。実際問題として、デカルト的なコギトの賞揚は次の二者択一に帰結した。実体の存在論への回帰か、それとも解釈学にとって重要な媒介を、ほとんど信用しない超越論的観念論か。いずれにせよ、そのいずれに決定しても、行動の存在論から遠く隔たってしまう。

解釈のニーチェ的批判

自己の解釈学は、デカルト的両刀論法から継承した二つの哲学的伝統を前にして、ただ自分の態度を明確にするだけであってはならず、同じく懐疑の思想にも立ち向かわねばならない。懐疑の思想は、少なくとも見かけは、究極の基礎づけというデカルト的野心とは正反対の振る舞いをする。ニーチェの『遺稿』(一八八二―八四)の断章に述べられているような真っ向からのコギト批判に言及しつつ、リクールはニーチェのレトリック的アプローチよりも、デカルトの懐疑の企てを究極にまで押し進めようとするニーチェの意志のほうを重視する。それは要するに、虚偽と真理の区別を公然と拒否したために、懐疑の誇張法的次元を徹底させてデカルト的懐疑を成就しようとする意志である。そうであれば「ニーチェの反コギトは、デカルト的コギトの反対のものを示すことではなく、コギトが絶対的な答えをもたらすとみなされていた問題そのものの破壊を示すことである」(SA, p.25;17)。のみならずニーチェは確実性の観念そのものに反対する。まさにデカルトが懐疑に従属させられると信じた確実性の観念にである。リクールの明快な定式によれば、ニーチェは「私はデカルト以上に疑う」ということ以外は言わなかったのである。

ニーチェにとって「レトリカルでない言語の自然性」というものはない。なぜなら言語は徹頭徹尾比喩的なのであるから。それが哲学的言述を比喩論に還元することになる。それと同様、事実というものはなく、ただ解釈があるのみで、あると推定される実在も、隠喩に席を譲る。事実というものはない、ということは真理の次元に照合される実在は一つとしてないのである。主体が比喩の「文彩」にすぎないとき、真理は錯覚の仮面を共有する。そこから実証主義か系譜学的手法かの、解釈の拒否か事実の拒絶かの、二者択一が出てくる。そのいずれも解釈学的手法を問題視する。事実しかないという実証主義的確信に応答するのは、ニーチェ的批判による事実の拒絶であり、それが例の「系譜学的」手法を創始する。そしてミシェル・フーコーはフランスで、一九六〇年代から七〇年代にかけてその手法を再賦活させることになる。

証しと信頼

コギトの賞揚と辱め、主体の観念論と懐疑の師たちのあいだで、リクールはすでに表明した自己の解釈学の基礎工事にいかにして着手するか。自己の解釈学は、デカルト的企図に伴う確実性の型と区別されるとともに、あとから省みればニーチェ的企てをモデルとする懐疑の型とも区別される。リクールは『他者のような自己自身』を構成するはじめの研究から、証し（attestation）の概念を前面に出す。それはジャン・ナベールにおいてすでに出会っていた証言の概念と一致する。[4] リクールによると、証しが規定するのは「デカルトに発するコギトの認識的賞揚に照らしてだけでなく、ニーチェとその後継者たちによるコギトの辱めに照らしても、解釈学が要求しうるような確実性である。証しは、その一方よりも少なく、他方よりも多くを要求するように見える」（SA, p. 33；26）。

コギトを基礎づけようとするデカルト的野心に比して、証しはまずエピステーメーの概念、「究極のそして自己基礎づけの知の意味に解される」学問の観念に対置される。だからといってそれは客観的知を検証する基準を問題視するのではない（そのことを証明するのは、まさに分析による迂回である）。この見解にもとづいてリクールは、どんな基礎づけとも明瞭に切り離された証しは一種の「信念」として現われる、と断言する。実際、これから中心的な役割を果たそうとする証しの概念は、予期せぬ仕方で、あるいは不意に、介入するのではない。その概念は、真実らしさの論理、アリストテレス的 doxazein（意見を述べる）を価値づけるべきリクールの努力を、すべて受け入れ、明確に示す。アリストテレスの doxazein は、エピステーメーとも、憶見に格下げされたドクサ doxa とも区別される。(5)

ある一つの誤解はやはり除かれねばならない。エピステーメーともドクサとも一線を画すこの「信念」は、宗教的な平面では捉えられない。知の認識モデルに伴う基礎づけの要求への批判は、リクールにとり、ドクサに「栄誉を与える」ことにならないとしても、彼が真理の知の代わりに、真理と意見を混同しているとニーチェ主義者たちから非難されるいわれもない。証しの概念は、変貌を遂げつつある概念上の戦略において決定的な役割を演じる。その概念が証明するのは、エピステーメーとドクサのいずれをもニーチェ風に告発することに満足せず、その両者のあいだで思考しようとするリクールの意志である。(6)「ドクサ的信念は〈……と思う〉の文法に含まれるのに対し、証しは〈……と信じる〉の文法に属する」（SA, p. 33 ; 27）。このとき、リクールは明らかに証しの概念と、ナベールに見られる証言の概念（「人が信じるのは証人の言葉である」）とを比較するが、また信念や信用の概念とも比較する。これらの概念の発生を促すものは何か。この概念装置は反省の移動に伴っている。それは著書の動きを調整する三重の弁証法（反省と分析の、自己性と同一性の、そして自己自身と自己以外の他者の弁証法）に結びついた移動である。しかも信用についてリクールは「それより高度の認識の審級に訴えることはでき」ない、とまで断言する。

証しと信用とを二重に考慮することは、デカルトの邪悪な守護霊を呼び出さずにはいない。それは「第一の真理の問題系を、欺瞞と真実性の次元に」位置づける。リクールはそこで、一方で、彼自身が認めるように、デカルト的筋書に近づくが、他方で、証しはデカルト的確実性のように神の存在の保証を利用はしない、と断言してデカルト的筋書とはみずからを区別するのである。神の存在の保証は「自己基礎づけの理論的知という強い意味での真理のうちに、真実性を解消してしまう」(SA, p. 34 ; 27) のであるから。究極の基礎づけのあらゆる要求から見ても、「証しの弱さ」があり、みずからの基礎づけの欠如を自覚している「言説の弱さ」がある。自己の解釈学は、いかなる基礎づけの野望とも決定的に、はっきりと絶縁したのである。

デカルト的確実性に対して、リクールは解釈学的手法の弱点と脆さを恐れずに語る。しかしこの手法は、それを当然疑念にまで導く基礎づけの拒否によっても、同じく脆弱にされる。基礎づけの欠如から結論されるのは、実際には、真理と真実性とのずれであるよりも、真理という錯覚であり、信念＝信用＝証しは、この疑念の言説の前にたちまち譲歩してしまう。そこでなぜリクールがニーチェのうちに、デカルトの敵対者というより、誇張法的懐疑の企てを究極まで推し進めた思想家を見たかが理解されるのである。信念はエピステーメーとドクサのあいだで、自己基礎づけの誘惑と一般化した疑念の誘惑という二重の誘惑に抵抗せねばならないだけに、信念の領域はいっそう脅かされるのである。[7]

政治的言語がその典型であるが、[8] 信念の領域のこの脆さは、行動の哲学に重圧をかける。行動の哲学は価値のニヒリズムから、このニヒリズムへのニーチェ的応答から、また実践理性と知との同一視からも自衛せねばならないからである。このような企図は、人間の行動能力に大きな信頼を寄せることを要求する。信用 (créance) が信頼 (confiance) の一つの形を意味するのは、意味論的偶然ではない。「信用もまた信頼である。[…] 証しは根本的に自己の証しである。この信頼は順に、言う力への信頼、する力への信頼、自分を物語の登場人物と認める力への信頼、最後に、対格で告発にこう答える力への信頼となる。すなわち、レヴィナスになじみの表現で〈わたしはここにいます〉(Me voici!) と」(SA, p. 34-35 ; 28)。真理への接近がけっして確実に根拠づけられたものとならないとき、確信と信念の表われであるこの信頼は、決定的な機能を果たす。それは警戒すべき疑念の企てを前にして、屈服しないようにしてくれる。「[…] 証しは、行動し受苦する自己自身であるという確信として定義できる。この確信は一切の疑念に対抗する最後の手段である。たとえその確信がつねにある意味で他者から受け取られるものであっても、それはやはり自己の証しである」(SA, p. 35 ; 28)。

「自己の」証しは、「誰が」の問いが「何が」(「物象化された」人格) または「なぜ」(予め与えられた真理) に変容しないようにしてくれる。だがそれはまた、答えがないために証しを「堅固な隠れ家」としようとする「アポリアの陰気な洞穴」をも放棄しないようにしてくれる。そこでリクールは「序言」を、これまで一度も語られたことのない言葉で締めくくる。「保証のない信用として、しかしまたいかなる疑惑よりも強い信頼として、自己の解釈学は、デカルトによって賞揚されたコギトからも、ニーチェによって失墜したと宣言されたコギトからも等距離に立っていると主張できる」(SA, p. 35 ; 29)。『解釈の葛藤』の時期 (六〇年代から七〇年代) に当たる著作で、リクールは「懐疑の師たち」に大いに重要性を与えており、これら「懐疑の師たち」は (カント以後の) 表象理論を均衡させるために、論文の最後や、論証のなかで呼び出されていた。リクールはここで生やコナトゥス（努力）に力点をおく準スピノザ的論証の仕方で、いかに彼らが誇張法的懐疑というデカルト的手法を増幅し、完璧にしているかを示して、「懐疑の師たち」自身を懐疑してはばからない[9]。それゆえリクールは、相対主義や現代のニヒリズムを産み出そうとする懐疑の精神に対し彼自身のほうがより疑い深くなるのである。

2 証しの動き（記述する・物語る・命令する）

行動の諸レベル

自己の解釈学の企図を基礎づける証しと信用の概念を強調したところで必要になるのは、事実の「記述」と価値の「命令」との直接対決を避け、事実と価値を対立させるヒュームの反論に脅かされないことである。これは逆説的である。というのは、リクールは信念、belief の価値づけを自分なりの仕方でとりあげて、ヒュームに接近したからである[10]。もし信念が記述のなかに、ドクサ的なもののなかに立てこもることができないなら、記述と物語行為と命令とを関連づけることのみが、信念に「ドクサ的真理」の全意味をおびさせることができる。

こうした三重の把握の仕方は、リクールにあっては意外なことではない。行動を記述することは、物語行為についての反省や、倫理的問いかけと同じく、事実と価値をつねに関連づけてきた。しかし記述、物語行為、命令の三つの契機はそれぞれ異なった言語ゲームとして、個々別々の仕方で着手されてきた。こうしたやり方と、『他者のような自己自身』は手を切る。というのは自己の解釈学の可能な別の呼び名である、行動の諸レベルについての思考は、行動の自己を「自己同定」するために、三つの極を交叉させるからである。こうして行動のある次元から別の次元へと漸次移行する。すなわち言語的、語用論的次元から物語的、倫理的な次元への移行であり、換言すれば、「まます」〈自己〉へのアプローチであるような、行動へのアプローチへである。それと平行して、〈自己〉が同定可能になればなるほど、ますます物語的自己同一性の弁証法は、追加される弁証法に、つまり自己性と他者性を相関させる弁証法に席を譲るようになる。こうした行動の諸レベルの展開は、行動概念を実践のレベルにもたらすように、その概念を拡大し、位階化する役割をもつ。リクールは、とりわけ啓発的な論文で、別の仕方を提案する。すなわち彼は、一挙に最後の段階(倫理、つまり責任をとる人間の段階)に赴いて、倫理の基本的三要素、その三肢構造を明確にし(11)、それからこのエートスに結びついた「三つ組」がいかにして倫理に先立つ層、つまり言語の層(語る人)、行動の層(行動する人)、物語の層(物語る人)において次第に形をなし、ついには倫理そのもののレベルで姿を現わすかを示すのである。

記述の極

意味論から語用論へ

自己の解釈学のリズムにあわせて、次第に倫理が明らかになっていくとするなら、それに言語哲学が寄与するというのはどんなものでありうるのか。かつては現象学的方法にとっておかれた記述の極を、言語哲学はどのようにして充実させるようになるのか[12]。意味論と語用論が次々に提供してくれる手段に訴えながら、匿名から自己指示された行為者への脱出の条件を観察するために、リクールは行動と行為者とを同時に記述しようと企てる。

言語哲学に結びついた平面、すなわち意味論の平面では、言語の二つの特徴を強調することができる。第一に言語は、個体化の操作によって、潜在的な自己の個体化しようとする意図を可能にする[13]。個体化の操作は、まだ人物ではない個体を指示して、その個体は潜在的な人物の「特殊性」を強調する興味を呈する。潜在的な人物は、ある種の個体なのである。

意味論の第二の特徴は、個体の「指示的」含意を力説することである。ストローソンが『個体』[14]で示すように、特殊者を、物体か人物かに分類せずに同定するのは不可能であるなら、「人物は基礎特殊者として現われる」。すなわち「われわれが世界の構成要素についてするように、われわれが話すときに、人物は指示しなければならない特殊者のひとりとして現われる」(*L2*, p. 210) のである。しかし基礎特殊者をどう定義すべきか。次の三つの特質が考慮される。(1)「人物が、さらに人物であるためには、まず物体でなくてはならない」。(2)「人物と物体を区別する心的述語は、人物と物体に共通の述語、すなわち物的述語と同じ本質体に賦与される」。(3)「心的述語は、自分自身に適用されるにせよ、他者に適用されるにせよ、同じ意味をもつ」。

とすれば、意味論の二つの教え(個体化する指示、指示的含意)からどんな帰結を引き出すべきか。この段階では、基礎特殊者はまだ自分で自分を指示できる自己ではない、なぜならそれはわれわれが語っている指示にすぎないのであるから。しかしながらこの把握のレベルは文法の三人称にすでに十分な権利を与えるのを許す。三人称は語用論の平面でのみ、真に自己となるのである。

語用論、すなわち「ある命題の意味が話し合いのコンテクストに依存している言述の状況における言語の研究」が、「基礎特殊者」から自己指示できる主体への移行を可能にする。しかし話し合いの「過程」によって価値づけられるのは誰か。倫理の基礎的三要素を裏づける三つの特質、すなわち自己評価・心づかい・正しい制度の三つ組が主として強調される。この第一の特質は、自分を「自己自身」として指示できる話し手を登場させる。「意味論のレベルでは、人物は単にわれわれが話題にするものにすぎないのに対し、語用論のレベルでは語る主体が自分の言葉を関与させる発話内行為を指し示すたびに、自分で自分を指し示すかぎりにおいて、人物は直接に自己として指示される[15]」。話し合いの過程の第二の特質は、自己が他者に話しかけるのに応じて、他者を考慮に入れることである。そして第三の特質は、言語の制度に対応する。「話し合いの過程で前面に出てくるのは、単に私と君だけでなく、制度としての言語それ自体もである。われわれは話す——私は話す、君は話す、彼は話す。しかし誰も言語を発明はしない」(*L2*, p. 212)。

帰属のアポリア論から行動理論へ

意味論と語用論で獲得された知識を利用して、リクールは漸次、当初のアプローチを移動させる。そこで彼はそれを行動理論の枠内に登録する。行動理論は人物を単に語る主体としてだけでなく、行動し、受苦する主体とみなすのである。

行為者に行動を賦与することは、論理的主語に述語を賦与することとは区別されるゆえに、行動理論に課される問題とは、行為者を行動に含意させる問題である。「ascription」（帰属）という新語がこの独自の（sui generis）属性賦与を表現しようと試みるのであれば、帰属の現象は難問にぶつかり、それがアポリア的次元を強化する。しかしこのアポリア的次元は、否定的に考えられるべきではない。というのは、その役目は言語的アプローチの段階をのりこえることであるから。「帰属のアポリア論から、先に述べた言述理論によって課された限界を、自己の自己性のもっとゆたかで、具体的な決定の方向にむかってのりこえようとする衝動が発することができるし、また発しなければならない。帰属のアポリアのいずれも、厳密に言語学的な観点を独自にのりこえることをめざしている」（SA, p. 135 ; 144）。

また語用論の平面に属している第一のアポリアは、心的述語が「明白な述語賦与を一切中断して」それ自体で理解されるという能力を指すことである。述語賦与がどうして含意となるのか。意味論から語用論へ移行することによって、すでに述語賦与の中断から、独自の帰属へと移ったのである。というのは「語る主体の位置は、〈私〉と〈君〉を対面させる対話の状況を巻き込む」（SA, p. 121 ; 128）からである。

しかし第二の難問が生じ、それに対して今度は語用論は十分に答えられない。その難問は「記述」と「命令」のあいだで、帰属が占める両義的な地位を目立たせるのであり、それが前提とするのは、行動が規則に従わされること、行為者が自分の行動に責任があるとみなされることである。しかしながらこの帰属と道徳的責任帰属（imputation）との同一視は正当であろうか。リクールはアリストテレスが、徳論よりも、選択の分析のほうを先行させていることに注目する。「その分析において、なされた行動の非難すべき、また称賛すべき性格よりも、原始的な力が表明されている」（SA, p. 123；131）。この論拠は決定的である。行動と行為者の関係はたしかに、自己による話し手の単なる指名や、「自己以外の他者として」話し相手を指名することには還元されない。帰属と責任帰属の区別は、両者の隔たりが「実践的様態の研究によって埋められなければならず、その実践的様態は［…］行動理論の限界をはみ出している」（SA, p. 136；144）と考えるようにさせる。こうして語用論と意味論によって可能になった行動の記述は、実践、行動理論だけでなく、人間行動の本来倫理的な評価までを対象にする研究に帰結するのである。

この段階で第三の難問が介入する。この「行動の力」とは何を意味するか。これに先立つ論法は、動力因という古い観念の回帰を促しているように見える。なぜ行動の力が「原始的事実」と呼ばれねばならないのか。それは怠惰な議論、つまり起源の思想への回帰ではないのか。リクールは原始的事実を拒絶せず、それに適した弁証法によってそれを強化することを提言する。その弁証法は次の二段階で展開する。一方の「離接的」段階は「行為者の原始的」因果性の特異性を肯定する。他方の「合接的」段階は行為者の原始的因果性と他の形式の因果性が協同しあうようにする。この弁証法は行動の力という原始的事実を主張し、それを率先行動の現象に近づけるのを可能にする。率先行動に関して、リクールはカントによって練り上げられた性格概念をもちだす。「この超越論的対象に、それがわれわれに現われるという特性のほかに、それ自体は現象ではないが、その結果は現象のうちに見出されるような因果性を賦与するのを、阻むものは何もない」（カント『純粋理性批判』*SA*, p. 132；141に引用)。率先行動において現われる、実践の領域に特有の現象は、世界のなかに変化を実際にひきおこす、行動の行為者による干渉である[16]。この段階で、確信という概念が中心的なものとして重要になる。「問題はまさに原始的事実にかかわる。つまり行為者はする力をもつという確信である」(*SA*, p. 136；145)。確信の認識論的次元と、存在論的次元の両方を解明しなければならない。一方で確信は認識論的平面で、証しの現象を明るみに出す。「われわれは信念や、知より劣るドクサではない確実性をもっていると確信している」(*ibid.*)。他方で確信はその存在論的な面を露呈させ、『他者のような自己自身』を完結させる自己の存在論を先取りするのである。

物語行為の極

『他者のような自己自身』は意味論、語用論、行動理論の用語で三重のアプローチをおこない、第一の記述のレベルで、自己の出現すなわち行為者の出現を可能にした。しかし自己と行為の時間的次元は依然として空白のままであり、そのことは人間行動に固有の時間性と切り離せない人格的自己同一性の出現に影響を与える。「同定的指示の観点からの人物の定義や、［…］行動の意味論の枠内での行為者の定義はいずれも、われわれが語る個人や、行動が属する行為者が歴史をもつこと、彼らが歴史そのものであるという事実を考慮にいれなかった」(*SA*, p. 137；148)。

そこで物語理論を実践することが、次の二つを論証することに着手させてくれる。すなわち一方では、物語理論と自己性と同一性の弁証法とのあいだに生じる絆を重視することであり、他方では、記述的観点と命令的観点とのあいだで物語が果たす中間的役割を明示することである。しかしながら物語理論が権利上その媒介の役割を果たすには、一つの条件が課される。すなわち「物語理論が覆う実践的領野は、行動文の意味論や語用論によって覆われる領野より広く」なければならず、また「物語に編成される行動は、倫理学の枠内でのみ主題的に練り上げられる」(SA, p. 139 ; 147) べきなのである。ここからふりかえってみれば、『時間と物語』の重要性がよりよく理解される。この三部作は、「記述的」部分――年代的には、現象学的研究と、アリストテレス的人間学と、意味論的次元と語用論的次元での分析哲学とのあいだをゆれ動いている――率先行動についての省察、そして命令的部分の三つを関係づけるのを可能にしたのである。人間学から倫理学へ自然に移行するアリストテレスと違って、リクールは前者から後者へ推移するために物語を必要とする。人格的自己同一性 (identité personelle) が「時間における恒常性」を要求するように、物語理論はリクールが、自己の時間性、自己の歴史性、つまりは物語的自己同一性 (identité narrative) を説明するのを可能にするのである。

物語的自己同一性――〈同〉と〈他〉のあいだ

リクールは『時間と物語』ですでに、同一性 (mêmeté) (ラテン語 idem、英語 sameness、ドイツ語 Gleichheit) としての自己同一性と、自己性 (ipséité) (ラテン語 ipse、英語 self-hood、ドイツ語 Selbstheit) としての自己同一性を対比させたが、『他者のような自己自身』では、持続する「性格」(自己性/同一性) と、約束における「自己自身の維持」(純粋な自己性) との、前例を見ない対立を前面に押し出し、両者の媒介は時間性の次元に求めるべきであることを示す。もっと正確には、その媒介は次の二つの限界のあいだをゆれ動く物語的自己同一性に求めるべきである。すなわち「時間における恒常性が idem と ipse の混同を表わしている下限と、idem の助けや支えなしに ipse の自己同一性の問題を提出している上限」である（SA, p. 150 ; 160）。「性格」と「自己維持」のこの対立が「時間における恒常性の二つの様態のあいだの隔たり」を表わしているなら、同じくその対立は、責任の問題の出現を促す。行動はたしかに反復や断絶のしるしのもとにでなく、約束のしるしのもとに位置づけられるのであり、そのとき自己は自分の行為の相手の前に、責任をもつようになる。リクールはなお二つの課題を企てる。「同一性と自己性の弁証法をその最高のレベルにもたらすこと」とともに、物語理論によって可能になる行動理論と道徳理論の関係を明確にすることである。物語ることが記述と命令との媒介の役割をもつなら、それは実践的と道徳的の二つの斜面に対応する二重の解明をするように導く。

一方で物語ることは、実践の領野の拡大を表現し、道徳的判断の実験室としての役目を課される。「フィクションの非現実的な領域内で、われわれは行動や人物を評価する新しい仕方を探索してやまないのである。想像性の大実験室でわれわれがおこなう思考実験はまた、善と悪の王国でなされる探検でもある。評価を変えること、さらには評価を落とすこともまた評価することである」（SA, p. 194 ; 212）。しかしこのような拡大は危険を含んでいないだろうか。時間の不調和、自己同一性の喪失を避けるには、越えてはならない敷居があるのではないだろうか。『時間と物語』で不調和な調和や、物語の危機にあてた分析をさらに延長しようとして、リクールは出来事の地位を強調し、ワルター・ベンヤミンのいう「起源」（Ursprung）に言及する。[17]「物語的出来事の出現は全体と整合できないとはいえ、それはその断絶や切断の効果によって消えてしまわない。物語的出来事は〈救出されること〉を求める発展の可能性をふくんでいる」（SA, p. 169 ; (30)）。しかし出来事以上に、人物を考慮することが自己同一性の喪失の危険を推進する。ローベルト・ムージルの『特性のない男』によれば、「自己同定されないことは、名づけられないものになることである」（SA, p. 177 ; 192）。物語によって再形象化される自己は、じつは「彼自身の虚無の仮説と対決させられて」いるのではないか。リクールはこの問いに答えるのに、すでに『時間と物語』でおこなったように、idem と ipse の弁証法はこの自己同一性喪失を「同一性の支えを失ったことで自己性を裸にする」[18]ものと再解釈させてくれる、と強調する。物語が促す行動領域の拡大は、時間性の糸の解体と断絶の脅威への反論である。こうして物語における統合形象化は、実践と人生計画を指し示すだけでなく、とりわけマッキンタイアがそれらの上に位置づける「人生の物語的統一」の観念を指し示すのである。「断乎として倫理的な観点からすると［…］物語の形をとった生の結集という観念は、〈善い生き方〉をめざすための支点として役立つべきものである」（SA, p. 187 ; 205）。

しかしもう一つの側面で、倫理理論に物語理論が寄与するものは何か。リクールはワルター・ベンヤミンとともに、物語る技法は経験を交換する技法である、と力説し、「想像性の大実験室でわれわれがおこなう思考実験はまた、善と悪の王国でなされる探検でもある」（SA, p. 194 ; 212）ことを示す。その橋渡しをする第六研究の最後でリクールは、物語的自己同一性が位置するのは「二つのあいだ」、つまり性格（自己性＝同一性の極）と自己維持（純粋の自己性の極）のあいだである、と結論する。「物語は性格を物語化することによって、その動きを性格にもどしてやる［…］。真の生活の目標を物語化することによって、物語は愛され、尊敬される人物に認められる特徴をそれに与える。物語的自己同一性は鎖の両端を結びあわせる。すなわち物語の時間における恒常性の端と、自己維持の端とである[19]」（SA, p. 195-196 ; 214）。

この『他者のような自己自身』の一節は、高度のドラマ性の契機を含んでいる。リクールがこれほどに自己同一性喪失の仮説に譲歩しそうになったことはなく、倫理的企図の決定的な性格をこれほど明瞭に示したことはない。倫理が賭けのように課されるのは、物語が挫折してしまうことがあるからである。「自己の脱ぎ捨てが、自己以外の他者の、自己に対する倫理的優位と関係があることは明らかである。としても他者の闖入が、同一という閉域をうちやぶって、自己が自己以外の他者の利用に自分を供するような自己消失の共犯に出会うことは必要である。なぜなら自己性の〈危機〉の結果は、自己憎悪を自己評価に代入することであってはならないからである」（SA, p. 198 ; 217）。

リクールには二つの可能な倫理的中断がある。第一は脅迫し、不安にさせるような中断で、それは自己同一性の喪失、時間性の破砕の危険を伴うもので、自己憎悪が自信や自己評価にとって代わる。第二の中断は、行程の最初から最後まで要請されるもので、それはメタ倫理、スピノザの〈努力〉(conatus)、ライプニッツの〈欲求〉(appétition) を具現するメタ倫理の要請である。倫理は中断されることがある。だが以上の可能な二つの倫理的中断のうちの一方が、生の過剰を意味するなら、他方は時間の死を意味する。おそらくこれら二つの形の中断は、互いにひそかに関係を保ち、互いに依存しあっているのではないだろうか。

小倫理学（命令の極）

そういうわけでリクールは『他者のような自己自身』の第四の集合を、緊迫した気持ではじめる。そこは自己性の言語的、実践的、物語的次元に、倫理的、道徳的次元を加えるものである。アリストテレスの著作と暗黙に照合されるこの「小倫理学」という表現で、倫理と道徳を区別することを提言する。この区分は、これまで追求してきた自己性の検討にどう影響するか。とりわけなぜその区分が必要なのか。

倫理と道徳の語源や用法の歴史にはその区別を強いるものはないことを確認したうえで、リクールは慣習的に「倫理の語は完うされる生の目標にあて、道徳の語はこの目標を、普遍性の要求と拘束の効果との両方によって特徴づけられる規範へと、分節すること」(SA, p. 200 ; 221) にあてることを提案する。そこに見られるのは、二つの遺産の共存であり、それらはそれぞれ、アリストテレス的倫理学の目的論的視角と、カント的道徳学の義務論的観点とによって特徴づけられる。リクールが、近代人の思想と古代人の哲学とを分ける溝を強調する現代の硬直した言説を、この「小倫理学」におけるほどに激しく背面攻撃をしたことはない。しかしこの溝あるいは裂け目を拒否することは彼を、道徳の諸レベルにらせん形にアプローチするように導くのである。それは彼が現代の意志を厳密に理解していることの証しである。「正統性がアリストテレスにあるか、カントにあるかといった問題にかかずらうことなく、しかしこれら二つの伝統を基礎づけるテクストには大きな注意を払いつつ、われわれは次のことを確定したい。⑴道徳に対する倫理の優位、⑵倫理的目標を規範のふるいにかける必要性、⑶規範が実践上の袋小路に入ったとき、規範が目標に訴えることの正当性。この袋小路は、われわれの省察の新たな段階において、［…］自己性についての省察が直面せねばならなかったさまざまなアポリア的状況を呼び出すのである」（SA, p. 200 ; 221）。

したがって二つの遺産のあいだには、従属と補完の関係が確立する。倫理が道徳を包含するとしても、やはり倫理は道徳に不可欠の役割と優先性を与える。そうした動きは前進的であるとともに、循環的でもある。目的についての合意が考えられないような世界では、倫理は道徳に送り返される。しかし倫理は同時に、それなしには道徳がほとんど意味をもたないであろうような目標を提示する。倫理が自己評価に対応し、道徳が自己尊重に対応することを認めるや、「次のことが出現するはずである。⑴自己評価は自己尊重よりも根本的である、⑵自己尊重は、規範の統制下で自己評価がおびる様相である、⑶最後に義務のアポリアは、自己評価が単に尊重の根源としてだけでなく、尊重の手段としても現われるような状況をつくりだす。それはいかなる確実な規範も、ここでいま(hic et nunc) 尊重を実行するためのたしかな案内役を提供してくれないとしてもである」（SA, p. 202 ; 222)。

このようなラセン形の倫理が、ヒュームが申し立てる異議に答えさせてくれる[20]。その異議によると、事実が価値に対立するように、記述の領域は命令の範囲に対立するというのである。道徳が外部から実行されるという義務論的観点にとどまり、倫理的次元を評価しないならば、われわれはヒユームの言を保証することになる。しかし「義務論的観点が目的論的見地に従属させられることを立証できるなら、あるべきとあるとの隔たりは、記述と命令、価値判断と事実判断の直接対決におけるほどには、越えがたいとは見えないだろう」(SA, p. 202 ; 222)。

善い生き方の目標、あるいは自己評価としての内省

こうした観点から、リクールはまず、倫理の道徳に対する優位を立証する。アリストテレスの『ニコマコス倫理学』第六巻の教えにしたがって、彼は賢慮(phronesis)と賢慮ある人(phronimos)の関係、すなわち賢者が状況の個別性を考慮することを重視する。第六巻によれば、熟慮は賢慮ある人が自分の人生を導くためにたどる道である。そこで一つの問題が出される。どんな実践もそれ自身の目的をもち、いかなる行動も究極の目的をめざすということを、いかに主張するか。いくつかの目的が入れ子状になり、相互に関係するという秘密が存するのは、実践と人生計画との関連にである。一連の人生計画やそれを仲介するものが「善い生き方」の概念に、成就よりも地平を見出すなら、「善い生き方」とはそれ自身に目的を内包する行動が「めざしていく」理想や成就の夢の星雲のようなものである。しかしこの「究極目的のなかの目的」も、その目的が提示されているかぎりは、実践の自己充足や自律を損なうことはない。そこで考えるべきは、人間の行動に内在しつづける最高の目的という観念である。ここにおいて解釈学的態度がはっきり浮かびあがる。「まずわれわれの〈善い生き方〉の目標と、われわれの個人的な選択のあいだに、〈善い生き方〉の観念と、われわれの生き方のもっとも目立つ決定(職業的経歴、恋愛、余暇など)との往復運動によっ

て、一種の解釈学的循環が現われる。これは全体と部分がたがいに包含しあうテクストの場合と同じである。次に解釈の観念は、単なる意味の観念に、誰かに対する意味という観念をつけ加える」(SA, p. 210 ; 231)。論証のこの段階で、リクールは自己の概念が、かなり拡大したことを確認する。「倫理的な平面で、自己解釈は自己評価になる。そのかわり自己評価は解釈の運命にしたがう。解釈としての自己評価は、論争や異論や競争、要するに実践的判断を行使するときに、解釈の葛藤を生じさせるのである」(SA, p. 211 ; 232)。

心づかい、友愛、相互関係、正しい制度

ここで倫理的目標の第二の構成要素が介入する。すなわち心づかいである。それは外側から、外部から自己評価に加わるのでなく、「これまで無言のうちに通りすぎてきた自己評価の対話的次元を広げるものである。ここでふりかえってみると、自我よりも自己に与えられた特権があきらかになる。自己ということは、自我ということではない。なるほど私のものという私有性は、ある仕方で、自己性のうちに含まれている」(SA, p. 212 ; 233)。しかし他者は、行動を対象とする内省によってほんとうに懇請されるのか、「実践の過程で要請されるのか」。この問いはきわめて重要である。というのは、それは政治理論の可能性と自然法理論の運命を支配するからである。「いかなる社会的紐帯にも先立って確立された権利の主体のこの仮説は、能力と実現のあいだで他者が果たす媒介の役割を正しく理解しないという根を断ち切るかぎり、反論されえない。」(SA, p. 213 ; 234)。ここで参照されるのはまたしてもアリストテレスである。「一見すると孤独な徳である自己評価に反映

1960年代シャトネ＝マラブリの書斎で。
(photo Daniel Lapied/France-Soir)

しているとわれわれが見た〈善い生き方〉の目標と、政治的性格をもった大多数の人々の徳である正義とのあいだを、友愛は行き来する」(*ibid.*)。友愛の観念は「善く生きるという願望の最初の展開」であり、それが同時に相互性の問題と相互関係の観念を前面に押し出す。相互関係はたしかに「固有の要求をもち、それはフッサールにおけるような〈同〉からの発生も、レヴィナスにおけるような〈他〉からの発生も隠すことはない。相互関係の観念によれば、各人は他者を、その人がその人であるとして愛している」(SA, p. 215 ; 237)。道徳の平面では、自己尊重のカテゴリーは、心づかいの倫理的カテゴリーに合致する。

各人は他者をその人自身である「として」愛する。この「として」は、以後の自我論の漂流を予防し、相互関係を構成するものである。要するに「自己自身の反省性は廃棄されず、行為者にも行動にも適用される述語〈善い〉の統制下に、相互関係によっていわば二分されるのである」(SA, p. 215 ; 237)。友愛と相互関係とは自己評価に何をつけ加えるのか。友愛が相互性の観念のほかになにもつけ加えないとしても、相互性のほうは正義への道を指し示す。「そこではきわめて少数の人たちの間で生活を共有することが、歴史的政治的共同体の規模で分け前を大多数に分配することに譲歩する」(SA, p. 220 ; 241)。「善い生き方」の願望の反省的契機として理解される自己評価に、心づかいがつけ加えるものは、何よりも「欠如」という心づかいで、それがわれわれに友を必要とさせる。心づかいの自己評価への反動として、自己は自分を多くの他者の一人「として」気づく。友愛を相互的にするのは、アリストテレスのいわゆる「たがいに」(allēlous) の意味である。

倫理の第三の構成要素は、すでに相互主義的性格によって予示されていた正しい制度である。

「ここで二つの主張が問題になる。第一の主張によれば、善く生きることは対人関係のみにかぎられず、制度内の生き方にも拡張される。第二の主張によれば、正義は心づかいにも含まれないような倫理的特質を呈する。すなわち、何よりも平等の要求である」(SA, p. 227 ; 248)。平等と制度内の生との関係は、心づかいと対人関係との関係に等しい(SA, p. 236 ; 257)。この段階でリクールの省察は、すでにわれわれが探求した彼の政治哲学と明瞭に交叉する。[21]

3 行動の存在論

記述する・物語る・命令するという三つ組に応じて自己の解釈学を練りあげてきたのだが、この三つ組を登場させてきたこの長い行程の終わりに来て、リクールは必然的に彼の議論の進め方の存在論的効力について自問することになる。しかし彼はここで再びどんなヘーゲル的誘惑にも警戒を怠らない。「問題は、すでに考察した言語学、実践、物語、倫理などのレベルに、さらに一つ、二つ、三つのレベルを加えることではなく」(SA, p. 369 ; 393)、「自己の存在様態を対象にする存在論の性格を探求することの」思弁的次元を明らかにすることである。この観点から、リクールは証しの存在論的拘束、自己性と同一性の区別の存在論的効力、自己性と他者性の関係の基底にある特有の弁証法は何かを、順次問いかけていくのであり、それらは存在論的探求の三つの契機となる。

しかし自己性と他者性の弁証法の思弁的性格をも同様に強調すべきである。すでに『生きた隠喩』の最後でそうしたように、リクールの省察は第一度の言述から、「メタ゠カテゴリー」、「主要な類」を登場させる第二度の言述に移行する。この主要な類がプラトンの〈同〉と〈他〉に近接しているとしても、自己性をプラトンの〈同〉に、他者性をプラトンの〈他〉にあっさり結びつけてしまうのは誤りであろう。リクールはそれをこう明言する。「存在論が今日でも可能であるとすれば、それは体系化や学校教育の過程によって死蔵され、さらには抑圧されたままになっている意味の潜在力のおかげで、過去の哲学が再解釈や再適合化できるように開かれているかぎりにおいてである。その体系化と学校教育の過程のおかげで、われわれは学説集成《コルプス》をもっているのであるが」(SA, p. 347 ; 369)。リクールは密度の高い、簡潔な文章で「行動すること」を、これまで順次記述してきた行動についての第一度のさまざまな解釈に比して、第二度の概念に高めようとする野心を示している(SA, p. 362 ; 385)。

存在論的証し

すでに見たように、『他者のような自己自身』の序言の末尾で、証しの概念が導入された。その概念は、賞揚されたコギトと辱められたコギトの対立を回避させてくれるだけでなく、真としての存在と偽としての存在のしるしのもとに定位して、認識的アプローチから、「真理《アレーテイア》」の観点によるアプローチへ移るのを可能にしてくれる。しかしアリストテレスの学説に従うことで保証されるよりも、リクールはむしろ「分析の迂回路」(記述)の必要性を力説する。それなしに「存在論的激しさ」は十分な支えを見いだせないであろう。「主な逆説は次のことに存する。その全過程に実在論的な調子を課しているのは、分析を経由するということで、それを別の著者たちは、好んで批判的な意味で、客観化と呼んだことであろう」(SA, p. 348 ; 371)。分析を経由することと切り離せないこの手法は、デカルト的観念論をも、ヒュームの現象主義をも、背面攻撃することを可能にするのであり、それがコギト論争からの可能な二つの帰結である。フレーゲの意味論の指示の要求、デイヴィドソンの出来事概念の分析、人格的自己同一性を客観化するためにパーフィットが練り上げた基準、これらはそれぞれ、この迂回路の実在論的性格を確認する論拠である。こういうわけで分析は、それが言語学的意味しかもたないとか、「一つの言語ゲームから別の言語ゲームへと跳ぶ」のをやめない、といった批判を免れさせてくれる。分析にとり、意味のさまざまな布置は、いろいろな存在様態を指示してくれるものである。

リクールはみずから「存在論的激しさ」と名づける態度をもう一度とり、この存在論的前進の例外的性格を強調しようとして、アリストテレスのいわゆる真としての存在と、証しによる真としての存在を区別する。証しこそ、ここでの枢要な概念となる。証しの反対が疑念であるなら、疑念と証しが対立するのは、真としての存在と偽としての非存在という対立ではない。疑念は、ちょうど「偽の証言が真の証言につきまとうように」(SA, p. 351 ; 374)、証しにつきまとって離れないのである。しかしいったん証しの存在論的拘束が強調されると、証しされるものは何か、が問われねばならない。ところで、証しされる自己性は二重に証しされる。すなわち自己性が同一性と区別されることにおいてと、同時に、他者性とその弁証法的関係においてとである。

コナトゥスの力（アリストテレス、ハイデガー、スピノザ）

証しは「自己性の様態で」存在するところの確信――信用と信頼――であると断言して、リクールは自己の解釈学の新しい存在論的次元を考慮に入れるように促す。『他者のような自己自身』の議論の動きが人間行動の単一性を強調するのに応じて、この単一性を現実態と可能態としての存在という「メタ＝カテゴリー」に結びつける必要がある。現実態（acte）という語が行動する（agir）や行動（action）と同義語とみなされたのに対し、可能態（puissance）という語は行為者の力のさまざまな様態を指し示した。これに注意を喚起して、リクールは次の問いかけを発する。「要するに、現実態・行動と可能態・力という言葉は、たえずわれわれの行動する人間の解釈学的現象学の基礎をなしてきたのである。こうした先取りは、人間行動の単に類比的なだけの単一性を、存在と力の存在論に結びつけるのを正当化してくれるだろうか」（SA, p. 352；376）。約言すれば、行為の存在論に、それが権利をもつ場所をいかにして与えるかである。

この問いかけはすでに『歴史と真理』でも出されており、[22]『生きた隠喩』、『時間と物語』も同じくこの問いかけで終わっているのだが、それがここでは前例のない広がりで再開される。またしてもそれは、行動の存在論と、アリストテレスにおける実体の存在論との関係に分極される。議論は二段階で展開される。まず、実体の存在論と運動とに結びついた現実態の両義性を強調しなければならない。そして第二段で、このアリストテレス的存在論が、人間の実践をはみ出して、「存在の土台」に送り返されるのを確認するのが重要である。現実態《エネルゲイア》・可能態《デュナミス》は人間行動の領域にだけ関係するのではないことを確認して、リクールはこの対概念が「それを背景にして人間の行動が浮かびあがるような、可能的であるとともに現実的でもある存在の土台を指し示す」（SA, p. 357 ; 380）と書くのである。

しかし可能的であると同時に現実的でもある、この存在の土台とは何を意味するか。この問いに答え、その「エネルゲイア＝デュナミスの再建の試み」を明示するために、リクールは自分のアプローチの仕方を、ハイデガーが『存在と時間』の時代に定式化したアプローチとは区別する。リクールはハイデガーから、Gewissen（良心）は「道徳の面で善と悪を識別する能力」を指し示すまえに、「証し」（Bezeugung）を意味する、という考え方を借用する。次にリクールは、Dasein（現存在）と自己性との結びつきはSorge（気遣い）の概念の媒介によってなされることを指摘する。気遣いの意味は、心理学とか社会学といった型のどんな説明によっても汲み尽くされないからである。リクールは、自分の企てにおいて行動は、ちょうどハイデガーが『存在と時間』でSorgeに割り当てた地位に近い地位を占めるのではないかと問う。しかしリクールはすぐに、「それを背景にして自己性が浮かびあがるような現実的で可能的な土台」を理解するためには、ハイデガーよりもスピノザを中継点にするほうが有益ではないかと考える。『生きた隠喩』に先立つ時期に発表された彼の数多くの論文の最後で控えめに出ており、また『フロイトを読む』でライプニッツになじみの〈欲求〉とともに引用されていたスピノザのconatusは、リクールの著作ではきまって「存在に固執する」ための努力を表わし、それが個体としての人間の統一性をなす。「どのようなものも、それ自身のうちにとどまるかぎり、自己の存在に固執しようと努力する」(『エティカ』第三部定理六)。ここでスピノザを呼び出す意味は何か。それはハイデガーが失敗した課題に答えねばならないだけに、いっそう決定的な意味をもつ。「ハイデガーが自己と世界＝内＝存在とを結びつけることができたとしても——たしかにギリシア的というよりユダヤ的出自の——スピノザこそは、彼が essentia actuosa(能動的本質)と呼ぶ、現実的で同時に可能的なその土台に conatus を連接できた唯一の人である」(SA, p. 367 ; 390)。リクールは自然の決定論に対する批判を先取りして、倫理の行動能力と非十全な観念の後退とのあいだに関連があること、換言すれば、生と知性の力との関係を力説する。「われわれがあらゆるものに対し、いわば水平的に、外的に依存していることを、またスピノザがなおも神と名づける原初的な力に対し、垂直的に、内的に依存していることを、適切に理解するとき、われわれは潜勢力をもつのである」(SA, p. 366 ; 388-389)。

まだ自己性と他者性の弁証法を引き受けていない自己性についての、この反省の段階で、われわれは何を考慮すべきか。スピノザによるアリストテレスの存在論の再適合化は、ハイデガーによる再適合化に比して、どの点で前進できたのか。一方で、conatus あるいは、あらゆるものの存在する力がもっとも明瞭に読みとれるのは、行動においてである。他方で、スピノザが神の生命と呼ぶ、力または生命を、程度の差はあれあらゆるものが表現している。反省の出発点ではない自己意識は、長い迂回路をとるうちに、漸次現われてくる。自己自身に十全な意識に、この長い長い迂回を課すのは、まさに意識に対し conatus が優先するからである。その長い迂回は『エティカ』第五部に至ってようやく終わる」(SA, p. 367 ; 390)。スピノザとリクール、それは意識の糸がたえずそれ自身のまわりを巻いている二つの思想であり、二つの迂回である。

受動性と他者性

リクールは第一の弁証法（反省と分析の弁証法）のために証しの存在論的次元を、そして第二の弁証法（自己性と同一性の関係）のために現実態と可能態としての存在の存在論的次元を前面に押し出してから、論理的に第三の弁証法の原動力を明るみに出そうとする。彼はその第三の弁証法の優位をたえず宣言する。「自己性の独我論的漂流を阻止するためのものとして、他者性は、外部から付加されるのではなく、自己性の意味内容に、またその存在論的構成に属しており、この特質がこの第三の弁証法を、その二者択一的性格が依然として優勢な自己性と同一性の弁証法から厳然として区別するのである」（SA, p. 367 ; 391）。

この段階にきて、〈同〉と〈他〉の弁証法はその真の重要性をおびる。たしかに、〈同〉も〈他〉もひびわれし、分裂する。まずは〈同〉がそうなる。というのは自己同一性は以後、idem と ipse の二重の形態をとるからである。〈同〉がすでに「自己の解釈学の変更」のゆえに、その分裂のゆえに変質したとすると、〈同〉のなかの〈他〉の形式も、自己性のなかの他者性の形態も多様化し、受動性の現象学的形態は、思弁的領域のためにとっておかれた用語である他者性の現象学的側面を表わす。受動性が他者性を証しするのである。

この観点から、受動性の三つの経験が考察される。すなわち、まず身体的経験、肉体の経験、次に自己とよそ者、つまり相互主観性のなかに介入する人、自己以外の他者との関係の経験、最後に、自己と自己自身との関係の経験、換言すれば、意識の受動性である。こうしてリクールは、はじめの博士論文の主題、意志の現象学の主題にもどったのである。その主題がなによりも『意志的なものと非意志的なもの』を出版させたのである。そこでリクールは、自己の身体の受動性／他者性と、他者の身体の受動性／他者性とに対して、良心を「三番目に」据えて、他者性というメタ＝カテゴリーの異常な複雑さと、関係の密度の濃さを強調する。逆に、「良心はその前におかれた受動性のすべての経験に、あとからその証しの力を投影するのである」(SA, p. 369 ; 393)。

良心の形象も、したがって『他者のような自己自身』で構築された証しについての反省と切り離せない。存在論的証しが、証しとしての良心と分離できないのであれば、倫理は存在の彼方にあるのではなく、存在論とも無縁ではない。

4　倫理と存在論

ハイデガー、ナベール、レヴィナス

証しの概念は、コギトへの「過度」もしくは「過小」いずれのアプローチをも拒否した結果である。その概念はデカルトとニーチェの対決の終わりに介入した。リクールのたどる長い論述の行程で決定的な役割を果たし、また果たしつづけている三人の思想の衝突のおかげで、証しの概念は何

度も豊かにされた。その三人とは、リクールがたえず取り組んでいる反省的伝統の中心的人物であるジャン・ナベールと、解釈学的反省の特権的な対決の相手であるハイデガーと、リクールの近年の著作でつねに論じられ、倫理の面での対話の相手として重要なエマニュエル・レヴィナスである。

これら三人の思想家たちには、『他者のような自己自身』の最後の章節を占める重要な対決の場が用意されているが、その対決はすでに、エマニュエル・レヴィナスにささげられた論文集で先取りされていたのである。

この三人との議論は二重の意味で適切である。一方でその議論は、コギトを過大視か過小視かする二重の誘惑を免れさせてくれる証しの概念を、次の二つのテーマについて問うことにより、深めさせてくれる。それは〈高さ〉（「超越者」、「他者」に対する垂直的関係）のテーマと、〈外部性〉（他者や他者たちとの水平的関係）のテーマで、これらが三人の思想家の言説を編成する意味論的連鎖の最後の鎖である。〈高さ〉を意味するのは、ハイデガーにおいては「良心」（Gewissen）であり、ナベールにあっては「根源的肯定」であり、レヴィナスにあっては「無限者の栄光」である。〈外部性〉が表現されるのは、『存在と時間』における「見知らなさ」の概念によって、ナベールにあっては絶対者を絶対的に証言する他の意識の媒介によって、レヴィナスにあっては「他者による自己の責任への呼び出し」によってである（*L.3*, p. 83-84）。他方でこの議論は、他者性の多義性を力説していたリクールが、存在論なき倫理（レヴィナス）、倫理なき存在論（ハイデガー）、そしてナベールが代表する反省哲学と対決することを可能にする。それによってリクールは、「ハイデガーからナベールへ、ナベールからレヴィナスへと移るにつれて、高さと外部性それぞれの勾配がともに増していく」（*L*3, p. 84）のを示すコースを特権化し、それをたどるようにするのである。

倫理なき存在論（ハイデガー）

ハイデガーの思想を証言の思想とみなし、「高さ」の主題系へと差し向ける垂直性の要素とは何か。それはGewissen、すなわち良心の声である。「本来的な存在可能の証し、それは存在可能を与える良心である」（『存在と時間』四五節二三四）。もし良心の声が呼び声のように介入するなら、それは「高み」から私を呼び出し、「自己と自己との単純な一致を断ち切る」。しかしハイデガーにとり、この垂直性は超越性と混同されることはできない。垂直性はそこに場所をもたない。このことは重大な帰結をもたらさずにはいない。良心は「脱道徳化し、善悪の彼岸にある……。現存在（Dasein）のなかの存在（sein）を強調すればするほど、呼び声に何ら倫理的な力を認めたくなくなる」（*L*3, p. 85）。他方、垂直性と超越性との不適合は、呼びかける者自身に影響を及ぼさずにはいない。というのはハイデガーが高さを認めるのは、「現存在がそれ自身に完全に内在している」からである。ハイデガーはこう書いている。「呼び声は、私とともに世界内にいる他人からくるのではまったくない。呼びかけは私からくるが、それは私のうえへやってくる」（*L*3, p. 86 に引用）。

自己と自己の一致はないが、〈高さ〉は〈現存在〉と断絶しない。このことは〈外部性〉に反響をもたらさずにはいない。「超越性なき〈高さ〉に、他者性なき〈外部性〉が対応する。[…] 他者は〈世人〉を指示するからこそ意味をもつ。〈現存在〉は非本来的存在に投影され、またそれは他者を〈世人〉と混同するのであるから、見知らぬ人を欠く見知らなさのみが、〈世人〉の家族的支配を中断できる」。高みに位置することが超越性を伴わないならば、外部性は、他者を欠く見知らなさの外部性である。「それこそが、〔世界内の〕現存在の構造に移され、共存在から分離した見知らなさである。そこから、中性代名詞の〈それが呼ぶ〉(es ruft) に訴えることになる……。呼びかける者は結局、誰かではなく、被投され、頽落した条件の見知らなさそのものである」(*ibid.*)。

リクールはこうして解釈をつづけ、ハイデガーによって導入された負債 (Schuld) の概念は、倫理的次元をもたないことを立証する。この証言への存在論的アプローチは「倫理の入口で見張っている」。良心は善悪の彼岸にあり、潔白な良心、やましい良心の概念が、通俗性として糾弾されるのと同じように、決意性——それをめぐってハイデガーとレヴィナスの議論がおこなわれた用語(23)——は「他者の懇請やいかなる道徳的規定からも」切断され、「それが応答する呼びかけと同様に、不確定なままである」(*L3*, p. 89)。ハイデガーの証しは、「高さ」と「外部性」のあいだで素描された関係と切り離されないように、倫理と行動の次元が存在しないところのアプローチとも切り離されえない。

倫理的切断と証言の解釈学（ジャン・ナベール）

リクールは倫理の外側で構築された存在論的思想の枠組みを述べてから、今度はナベールの思想に従い、それに同行する。彼は以前からその思想の恩恵を受け、つねにその厳密さと思弁的な深さに讃嘆してきた。そこから次の問いかけがでてくる。ナベールの哲学のように要求の多い反省哲学が、いかにして「高さ」や「外部性」の主題と概念的な関係を結ぶように折り合いをつけられるのか。「高さ」の平面で、反省哲学は「根源的肯定」の観念を、経験的意識と区別されない「精神的行為」の観念を指示する。この観点からリクールは、ナベールが存在論に「倫理的切断」をおこなうのを確認し、観察する。それがリクールに、ナベール固有の用語を明確にするのを可能にし、それと平行してレヴィナスの「誇張法的」書法に特有の言い回しと区別できるようになる。なぜ倫理的切断について語るのか。倫理によって導入される断絶とは何か。

「カントにおいて第一批判書の超越論的方式が第二批判書に対しておこなう巧妙な後見」を拒否するだけでなく、倫理はさらに、感情によって受け入れられる受動性の経験を、それが反省で再開されるまえに指し示す。すなわち、過ち、失敗、孤独など、『意志的なものと非意志的なもの』で一挙に分析された諸経験である。のみならずナベールの『悪についての試論』が展開する正当化しえないものへの抗議において、「経験的意識は、絶対的意識の〈高さ〉を並外れて評価する」(*L.3*, p. 90)。リクールの用語法では、正当化しえないものは、義務論的アプローチ、つまりカント的で規範的なアプローチでは論じることができず、それは目的論的次元、つまりまさに倫理と道徳を区別する次元を考慮に入れることを要求する。この観点に立つと、「外部性」の主題はいかにして「高さ」の主題と結びつけられるのか。それに答えるのにリクールは『悪についての試論』からの引用に依拠する。「不幸であれ、有罪性であれ、悪というものは、もしも和らぎの源であり、正当化の約束である別の良心の無償の行為が適当な時に生じなかったら、倍加する。悪は意志のなかにあるが、同じく、人間によって人間に加えられる苦痛のなかにもある」(*L.3*, p. 92)。良心はそれ自体では活動できない。根源的肯定が要求する、この「脱ぎ捨ての動き」なしには、「根本的に偶然的で、歴史性にみちているにもかかわらず、絶対者の名において語る、ある種の行為、ある種の人生によって与えられる」（*L3*, p. 92-93）証言など考えられない。このナベールとの対話から――明らかに証言の解釈学に訴えているもう一つの論文もそれを証言しているが[24]――結論されることは、レヴィナスと違い、ナベールにおいて〈高さ〉と〈外部性〉は「他者の審級」と合致しないということである。〈高さ〉は反省の側にとどまるのに対し、〈外部性〉は証言の側にとどまるからである。たしかに、「証言とは、いかなる反省もその土台から引き抜くことのできない現実の出来事である」（*L3*, p. 93）。

次にリクールは証言が二分されることを強調する。一方に、死を賭してまで献身しようとする人々の最初の証言があり、他方の、証言の証言――いわば「バトン・タッチ」のような証言の受け渡し〔フランス語の証人にはバトンの意味もある〕――は、最初の証言の記憶を喚起する。最初の証言は「証言として理解されるのを待っている」ことを理解させるために、ナベールは絵画制作の隠喩に訴える。「画家はあらゆるものを、証人を待っている証言とする」（*ibid.*）。この指摘は、証しの「認識論的地位」を明確にしてくれる。証言は「臆見の確実性ではない、保証であり、つねに行為に結びついた保証である」（*L3*, p. 94）。

ナベールの思想とのこの対決から、二つの主要な教えが引き出される。一つは、証言と非臆見的な信念との関係である。第二の証言もまた臆見的でない信念に属するのである。そのとき信念と信頼、信用との関係が見出される。「第一の絶対的証言についての第二の証言＝信頼は、演繹的な知とも、経験的な証明とも合致しない。証言は理解と解釈のカテゴリーに属する」（*L3*, p. 95）。もう一つは、良心と悪の問題との関係である。「ここで悪と正当化しえないものとの問題を経由することが決定的であるとわかる。良心とは何よりもまず、正当化しえないものに対する抗議である。その〈高さ〉は正当化の要求に存し、それなしには悪は正当化しえないものとはみなされないだろう。その〈外部性〉は行為の証言に存し、その行為の倫理的意味は、正当化に近づく行程としての位置づけから出てくる」(*ibid.*)。

存在論なき倫理（エマニュエル・レヴィナス）

> 「倫理は存在論との二者択一であろうか。[…] 倫理は存在論的伝統に深く根ざしていると思う。ただしそれは正確には、実体の存在論とは別の存在論にである。倫理は行動の存在論に根ざしているのである」(ポール・リクール)

自己の解釈学の条件を明らかにするための、この哲学的演劇の第三場は、エマニュエル・レヴィナスが登場する場である。彼はハイデガーに対して論争を挑んでやまず、ハイデガーとは逆の立場をとって、存在論から解放されようとする倫理学を実現する。しかし「倫理学と証言の解釈学との連携」が表わしているナベールとレヴィナスとの表面的な近さも、根本的な不一致、つまり反省哲学の枠組みについての根本的不一致を埋めることはできない。レヴィナスは「自己性の他者性に対する優越性とは絶縁して、身代わりについての重要な章の一行目から」（*L3*, p. 96）反省哲学とは一線を画す。この絶縁の態度によって、「〈高さ〉と〈外部性〉とは同じ側、他者の側にある」（*ibid.*）。

エマニュエル・レヴィナスにとり「存在論的用意なしに、倫理は自ずからはじまる。それが〈責任への呼び出し〉という表現の意味するところである。その表現はまさに〈顕現〉という語の位置を占めるようになる。存在の露呈が他者の忘却を産み出すようになるまさにその地点で、他者の忘却は存在忘却の場所を占めるようになる」（*L3*, p. 97）。いずれにせよリクールは、意識の哲学と存在論的哲学との溝――レヴィナスは結局のところナベールよりもハイデガーに近いと思わせるような溝――を強調するより、意味のはじまりとして、原理として、アルケーとして、意識が自己措定しようとする要求を告発するレヴィナスの意志を重視する。

レヴィナスの倫理学、ナベールの反省哲学、ハイデガーの存在論が参加する三角対決のこの段階で、リクールははっきりした移行を示しておどろかせる。レヴィナスは同時に意識の哲学と存在論とを、とりわけ前者を対象として思索する。しかし意識の哲学とは議論する機会をもたないが、存在論とはそうではない。というのは存在論はアルケー、起源、はじまりによって磁化されているからである。「その意味で、意識の哲学の革命は、存在論の中心で起こる」（*L3*, p. 98）。とはいえレヴィナスは、『存在するとは別の仕方で、あるいは存在することの彼方』の「身代わり」と題された章で、主体の思想との議論を再開しようとし、彼はそこで、「意識が〈自己〉措定しつつ措定されるという自己同一性の問題」に挑戦する。自己同一性の措定は、〈言うこと〉（le Dire）の忘却を伴い、そこでは〈言われたこと〉(le Dit) は一つの主題、主題化にすぎず、その主題化は真の自己同一性を覆い隠し、その自己同一性とは「他者による責任への呼び出し」(*ibid.*) 以外の起源をもたない。しかし、とリクールは反論する。主体のうちに率先行動の能力が存続していなかったら、いかにして「私はここにいます」と返答するのか。

とはいえ、それが肝要なのではない。リクールはレヴィナスに二重の戦略を見る。すなわち「内側への後退」の戦略と、倫理的言説の誇張法の戦略で、これらは「自己措定的意識の存在論的魅力を断ち切る」ための戦略である。第一の戦略は「内側への後退」の動き、すなわち〈言われたこと〉の〈言うこと〉への、受動から純粋（化した）状態の能動への、「はじまりの、アルケーの内側への」移行をはじめる。「どこにあるか知らない痕跡」をめざすこの請求は、「無＝起源」であり、それは「どんな先行する契約によっても正当化されない責任」とも、「どんな表象可能な先行性にも先行する先行性、すなわち太古性」とも切り離せない。つねにわれわれに先行していたものの〈高さ〉を指し示すこの後退の動きは、いかなる媒介を考慮することも許さない。それゆえに〈高さ〉は、無限の栄光の形象とも合体する。「聖書的起源のこの〈栄光〉という語は現象ではなく、主題でもない。〈栄光〉は顕現でもない。それは〈言われたこと〉の〈前言撤回〉(le Dédit) である」(*ibid.*)。第二の戦略――それ自体がわれわれに〈外部性〉の次元について教えてくれるのだが――とは、通常の思考を惑乱させるために、過度の誇張法に訴えることである。「強迫観念」、「迫害」、「身代わり」といった、『存在するとは別の仕方で』に出てくるこうした表現は、リクールによると、「私を責任に呼び出す審級の〈外部性〉を強固にする」ことをめざす (*L3*, p. 100)。レヴィナスはこう述べる。「告発を受けて、責任は身代わりにまで及ぶ。主体は人質である」（*ibid.*）。このレヴィナスの文を、リクールはこう注釈する。「何にもまして過激なこの概念は、〈秘密の、隠蔽された自由〉の自己肯定が回帰するのを妨げるために、前面に押し出される」。〈外部性〉の平面では、〈言うこと〉の前言撤回を可能にする同じ強迫観念を表わす。そして「証言」は「栄光」に対応する。〈高さ〉と〈外部性〉の対に呼応するのは、「栄光」と「証言」の対である。レヴィナスはこう書く。「言うことは、自己についての証言である」（*L3*, p. 102）。いずれの場合でも、「責任とその基礎づけの経験はない。無限者の〈高さ〉＝栄光と、責任への外部性＝命令とは証明しあうが、示しあうことも措定されることもない」（*ibid.*）。レヴィナスによれば、「無限者はそこで栄光を失うので、超越者は自分自身の証明を中断するのを義務としなければならない」（*ibid.*）。〈無限者〉の〈高さ〉に対してなされる証言なしには、〈栄光〉は言表されえぬものに転落するだろう。そこから〈証言〉（責任への呼び出し）と〈栄光〉との関係が出てくる。

リクールは解釈をつづけながら、『存在するとは別の仕方で』の「身代わり」の章ではとりわけ雄弁なレヴィナスが、前言撤回の二重の動きにもかかわらず、自己同一性の問題、したがって〈自己〉の問題（「回帰」と「自己」と題する節を見よ）を除外しえなかったことを指摘する。「自己自身の予めの回帰」（レヴィナス）があるとすれば、それは責任が〈誰か〉を、「忌避された自己同一性と同じ意味ではない自己自身であるが、やはり自己自身」（*L3*, p. 104）を要求するからである。逆説的ながらジャン・ナベールがハイデガーよりもレヴィナスに近いことを認めつつもリクールは、レヴィナスが同一性としての自己同一性と自己性（これは〈同〉の自己同一性ではないだろう）とのあいだでこのようにためらっているのは、リクール自身が『時間と物語』の最後で定式化した「同一としての自己同一性」と「自己としての自己同一性」の区別とあまり隔たっていないからではないかと示唆する。ここで自己という言葉と出会ってリクールはこう続ける。「自己は自我でないとしても、自己の場所は依然として難攻不落である［…］。そしてたまたま意識を抹消して、自己を抹消したら、われわれは言表しえないものに陥ってしまうだろう」（*ibid.*）。存在論なき倫理から、その倫理が認容しえないものを要求しようとはせずに、リクールはこう問いかける。「自己とは、まずは前提であるから、結果となるのではないだろうか。つまり呼び出しを〔自己が〕潜在的に聞くことができるのでなければ」（*L3*, p. 105）。

このレヴィナス、ナベール、ハイデガーとの三者会談の最後に、良心についての問いかけの枠内で、リクールは同一性と自己性の弁証法を、自己性と他者性の弁証法によって二重化することを力説して、自分自身の態度を明確にする。存在論なき倫理と倫理なき存在論とのあいだで、リクールはナベールの古い企てを再展開する。ただし彼は、反省哲学の枠をはみだす自己の解釈学の用語で、それを提示する。この批判的会談は『他者のような自己自身』の最後で、リクールをハイデガーとレヴィナスに対峙させるように導く。リクールは二重の動きで、証しを命令に結びつける。そのことは、存在論の再展開を容易にするために、Gewissen についての省察を再開するように導く。「他者による命令が自己の証しと連帯していなければ、応答者として向かい合う命令される存在が存在しないために、命令は命令としての性格を失ってしまう。この自己触発の次元を排除してしまうと、極端な場合、良心というメタ・カテゴリーを蛇足的なものにしてしまい、他人のカテゴリーだけで足りるのである。M・ハイデガーに対して私は、証しは根源的には命令であり、さもないと命令は受け取られず、自己は命令される存在として触発されないだろう、と反論しよう」(*SA*, p. 409; 436)。『他者のような自己自身』で実現される自己の解釈学は、ハイデガーにおける証しと、レヴィナスの倫理学の命令とが喚起する証言の二重の形態を考慮するよう要求する。そして証しと命令とのこの交叉が、次の確認に帰結するとしても偶然ではない。「現象学の平面での良心の受動性に対応する〈主要な類〉の平面での他者性の様態が、その断固たる特殊性において認められるのである」(*ibid.*)。またしてもリクールは存在論(「主要な類」)と現象学(「良心の受動性」)を分離するのを拒否する。『他者のような自己自身』の終わりで、証しは命令と、「高さ」は「外部性」と切り離されないのである。

原注

(1) 『他者のような自己自身』は編集者フランソワ・ヴァールに献呈されている。リクールは彼とともに長年、《L'ordre philosophique》叢書を監修してきた。その叢書でリクールはジャン・グルニエ、ピーター・フレデリック・ストローソン、ジョン・L・オースティン、ハンス゠ゲオルク・ガダマーらの名を知らしめるのに寄与した。リクールはいつもヴァールが彼の原稿を厳密に閲読してくれることに感謝している。この書はマルク・リシールとヴァンサン・デコンブ(以下を参照)、そしてイタリアの哲学者アントニオ・ダ・レ(*Notes et Documents*, Trévise, No. 33/34, janvier-août, 1992)の書評を除いては、厳しい書評を受けることがほとんどなかったことを、特記しておかねばならない。

(2) 「解釈学とは次の三つの問題系の連接する場所である。(1)分析の迂回路をとった、反省への間接的な接近、

(2)同一性との対比を通しての自己性の第一の規定、(3)他者性との弁証法を通しての自己性の第二の規定」(*SA*, p. 345 ; 367)。

(3) その上、これらの意図は文法的特徴と合致する。このことはジャン＝マルク・フェリーの次の企てを連想させずにはいない。Jean-Marc Ferry, *Les Puissances de l'expérience*, 2 tomes, Ed. du Cerf, 1991. この本の書評をリクールは *Libération*, le 12 mars 1992 に発表した。

(4) *L3* を見よ。

(5) *Encyclopaedia Universalis* にリクールが執筆した「信念」と「存在論」の二項目に言及されねばならない。ヒュームと彼を延長する英米系の伝統に対するリクールの興味は、「信念」の項目に明白に出ている。

(6) Deleuze et Guattari, *Qu'est-ce que la philosophie?*, *op. cit.* を見よ。

(7) マルク・リシールは『他者のような自己自身』の丹念に練り上げた書評で、はたしてリクールが疑念を究極まで推し進めたかどうかを問題にする。「この意味で、リクールは進みつつ、確信を示しながら、〈本書全体の合い言葉〉である証しを〈証明〉する。彼がそれを〈証明〉するのは、われわれがほんの一瞬もそれを疑っていないからである。疑念とは、ipse についてのでなく、ipse への〈信頼〉についての、おそらくはごく現代的な不信であろう」(*Annuaire philosophique*, Ed. du Seuil, 1990, p. 62-63)。

(8) リクールは自己の解釈学の構築を進めれば進めるほど、ドクサとエピステーメーのあいだの中間領域を重視するようになる。そしてそれに対応する言述の型にいっそう注意を払うようになる。歴史家の言述、裁判官の言述、論説委員の言述、など。

(9) それが特権的な哲学的形象の選択を決定する。スピノザはニーチェの側で、表象の思想家たち(カントの認識理論)に反論するためにしばしば引用された。スピノザは以後、conatus すなわち存在欲望を原動力とする倫理学をつくりあげた思想家として評価されるようになる。

(10) この議論を彼はすでにサルトルとおこなった(本書の第一章を見よ)。事実か価値かの二者択一に譲歩することは、行動の存在論というものを断念することである。

(11) 「三肢構造によって私の意味するのはこうである。倫理と道徳を峻別しようとし、道徳によって、命法、規範、禁止などの範疇を意味するならば、エートスのもっと根本的な弁証法が見出される [...]。その弁証法について私は〈正しい制度において──他者とともに、他者のために──生きようとする願望〉という定義を提案する。」(*L2*, p. 204)。

(12) 分析哲学と現象学との関係が、ヴァンサン・デコンブの論文の中心にある。それはリクールに対して、『他者のような自己自身』で分析哲学的迂回をした終わりに、現象学と関係を維持しようとする権利を認めないのである。Vincent Descombes,《Le pouvoir d'être soi》, *Critique*, juin-juillet 1991. ジャック・ブーヴレス『解釈学と言語学』のなかで、解釈学と言語哲学との関係をむしろ弁護する。しかし彼がリクールの著書を参照しないのは事実である。Jacques Bouveresse, *Herméneutique et Linguistique*, suivi de *Wittgenstein et la Philosophie du langage*, Ed. de l'Eclat, 1991.

(13) それらの操作子とは、確定記述、固有名詞、指呼詞、それに指示形容詞、指示代名詞、人称代名詞、動詞時制も含まれる。

(14) Strawson, *Les Individus*, Ed. du Seuil, 1984.

(15) *L2*, p. 211. 語用論については、次の包括的記述を見よ。Jacques Moeschler et Anne Reboul, *Dictionnaire encyclopédique de la pragmatique*, Ed. du Seuil, 1994.

(16) 次の論文を見よ。《Initiative》, *TA*, p. 261.

(17) この点については次の論文を見よ。Françoise Proust,《L'entrelacs du temps》, *Archieves de philosophie*, No. 55, 1992.

(18) 「孤児の自己性」すなわち自己同一性の支えのない自己性の仮説を立てるデレク・パーフィットに答えてリクールは、同一性なき自己性が身体的条件に「正面から」打撃を与えることを示す。実存の解釈学の枠内では、行動と受苦の概念からその条件は切り離せないのである。そして他方で彼は、受苦に終止符を打つという「幻想」と、「脳を人格と代替可能な等価物とみなす技術的夢想」（*SA*, p. 178 ; 194）とを結ぶ関係を強調する。

（19） 次を見よ。Wilhelm Schapp, *Empêtrés dans l'histoire. L'être de l'homme et de la chose* (traduit par Jean Greisch), Ed. du Cerf, 1992. リクールはしばしばこの著作を参照する。

（20） つねにリクールに近く、また離れているドゥルーズは、経験主義の理論家についてまず次の小論を書くことからはじめたのだった。Gilles Deleuze, *Empirisme et Subjectivité*, PUF, 1953.

（21） 以下の第二節を見よ。

（22） 本書の第一章の「否定性の圧力」を見よ。また *SA* の第十研究における conatus と行動する力についての議論を見よ。

（23） 「決意性と死へとかかわる存在との関係についてはよく知られている。決意性が本来もたらすものは、死へとかかわる存在によって確認された全体存在への思念である」（*L3*, p. 88）。

（24） 《Herméneutique de l'idée de Révélation》 in *La Révélation*, *op. cit.* ;《L'herméneutique du témoignage》 in *L3*. ナベールについては本書の第一、第五章の彼についての箇所を参照。

訳注

〔一〕 原書タイトル *Soi-même comme un autre* で著者は comme を「ような」と「として」の両義に用いているので、タイトルの意味するところは「他者のような／としての自己自身」となる。

第五章　哲学の境界で

――悪の躓きから聖書の「大いなるコード」まで

要　旨

リクールは行動の存在論のアポリアを打開するために、宗教や宗教が与える意味の剰余にこっそりと訴えているのではないか、と暗に彼を非難するよりも、別の読み方をして、われわれが前にしているのは、存在を実体に還元してしまう脱構築を警戒しつつ、〈絶対精神〉を断念するアポリア論的哲学である、と認めるように努めよう。それだからこそ、この哲学はすすんで「哲学の境界に」踏み入っていくのである。物語が形象化しえない時間の「推量不可能性」があるのと同じく、悪の「探索不可能性」（カント）もある。悪の躓《つまず》きは、もし哲学者が神義論あるいは絶対知によるのとは別の仕方で悪に反論することに成功しなければ、哲学者を黙らせてしまうほどに、哲学者を不利な状況に陥れてしまう。リクールの行動の哲学は、「つねに、すでに、そこにある」悪と分離できないのであり、同時にその哲学は、哲学の限界を強調する。

キリスト教が哲学にとって代わるような、あるいは哲学の欠如を満たすような機能をもたないとすれば、ここでのキリスト教についての省察は、どんな点で決定的な役割を果たすのか。キリスト教はまず、贈与の経綸（économie du don）に、また満ち溢れの論理（logique de la surabondance）に訴える。満ち溢れの論理は〈黄金律〉（「殺してはならない」）を、義の掟からよりも愛の掟のほうから引き出す。同じくキリスト教は「聖書の大いなるコード」の想像力ゆたかな一体性や、「聖書の三部門」も説明するような様式や、詩学とも関連する。「聖書の三部門」とは「律法の書」、「預言書」、そして〈律法〉、〈物語〉という二つの不朽のものを指し示す「知恵の書」である。最後に、リクール神学は終末から〈受難〉へ、十字架のロゴス（スタニスラス・ブルトン）へとテーマを移行しつつ展開する。

1　哲学と非哲学

多くの注釈者たちは、リクールの著作と彼のキリスト教的発想（しかも彼はそれを隠そうとしない）とを、自然に関係づけている。こうした彼の著書の「宗教的な」読み方が現われるには、多少とも明白な要因が与っているのはたしかだとしても、そうした読み方は必ずや彼の顔をひきつらせるだろう。ユルゲン・ハーバーマスの弟子であるライナー・ロホリッツの批評に対するリクールの激しい反論は、それを証明している。ロホリッツは、リクールが言及する「伝統」概念を、彼のキリスト教的根源と、誤って同一視したのである。(1) さらに強調されねばならないのは、この宗教的烙印が、リクールを自称「キリスト教哲学」の流れに引き入れようとする信仰的著者たちの意図的または非意図的な試みのうちに、証人を見出すことである。つい最近でも、ジャック・エリュルは『解釈の葛藤』の著者つまりリクールの「キリスト教哲学」に関心を寄せていると語っている(2)。

このリクールにとり不本意な〈キリスト教化〉は、おそらく戦後の知的風土によるだけでなく、プロテスタント教会の枠内でのリクールの数多くの発言によっても助長されたのだろう。とはいえリクールはプロテスタント教会に対し、つねに独立した態度をとりつづけている。一九七〇年代末までは、論争はしばしば「世界観」の対立にそってくりひろげられた。そのなかでマルクス主義とキリスト教は、世界観の主要な表現であった。こうした状況では、思想を帰属の枠組に閉じこめてしまうような哲学的議論の演出の仕方と一線を画すのは必ずしも容易ではない。そうした演出は、誤ってその著者の個人的な発言に単純化された著書の戯画的な解釈を助長する惧れがある。もっと具体的にいえば、高等師範学校の〈カトリック系活動家〉の若い哲学者たちを感化したに違いないガブリエル・マルセルのような思想家の人格は、たちまちリクールにも尊敬の念を起こさせ、以後リクールはマルセルのところに出入りし、マルセルについて書いた。キリスト教哲学者、あるいはプロテスタント哲学者（ロジェ・メールやピエール・テヴナズ）について数多くの論文を書き、雑誌『社会的キリスト教』に定期的に寄稿し、五〇年代半ばから六〇年代半ばまで雑誌『エスプリ』の仲間と親密な関係をもち——『エスプリ』誌は当時キリスト教左派の文化に属しているという強いイメージがあった——、「プラトンとアリストテレス」と題する講義にいたるまで、ギリシア的遺産とヘブライ的遺産とを峻別しようとする彼の断固たる意志、こうした要素はすべてリクールのイメージに重くのしかかり、それらは七〇年代が描かせたリクールの肖像のしばしばまちがった、

戯画化された要素を提供したに違いない。(3)

こうした事情のもとで、リクールの歩みを二つの時期に分けてみるのはむだではない。第一の時期には、このように宗教に併合されてしまう脅威に、彼は少なくとも表面的には、困惑していなかった。宗教への併合は、「反宗教的」精神の持ち主に、リクールを哲学者の共同体から追放しようという気持を公然か暗黙にか抱かせかねないという意味でも、脅威であった。しかし五〇年代から六〇年代にかけての彼の解釈学的企ては明白に宗教解釈学に依拠していたために、彼はその二重の脅威に敏感に反応しなかった。同じく当時彼は、彼自身がフランスに紹介するのに寄与した「希望の神学」(4)や、『解釈の葛藤』に収められた大部分の論文で決定的な役割を果たしているカントの宗教哲学の影響を受けていた。(5)さらにはそれに『フロイトを読む』もつけ加えるべきである。その書は宗教理論にかなりの紙幅を割き、有罪性、罪、父性などの分析を含んでいる。(6)

しかしその後、七〇年代初めの人間主義論争や極左主義からの攻撃に先立って、六〇年代にリクールの著作が爆発的に受け入れられたことが決定的に作用し、慎重にしようとする意志がだんだん明瞭に表明されるようになる。彼は宗教的関与と哲学の仕事とをもっと明確に分離し、ましてやキリスト教あるいは聖書解釈学に関する著作と哲学的著作とを分離するようになる。たしかに数えきれないほどの聖書解釈学の論文は、彼の仕事の全体と無関係どころではない。だがリクールは、彼の哲学の理解と受容に深くかかわる「宗教的」イメージに対して抵抗する——しかしながら彼はそのことをそのような形ではけっして言わなかった。

彼が『他者のような自己自身』の序言の最後で、自分の著作の哲学的自律性を力説するのは偶然ではない。「一九八六年にエディンバラ大学で講じた一連の講義を締めくくる」二つの聖書解釈学に関する講義を、『他者のような自己自身』に収めるのにふさわしい場所を見つけようと思えば見つけられたのに、あえて収録しなかった理由を読者に説明するのに、彼は専門的な論拠で隠してしまわずに、はっきり述べる。第一の理由は「最後の行にいたるまで、自律した哲学的言述を維持したい」という気遣いによる。リクールは率直かつ明確にこう述べる。「本書を構成する一〇の研究は、私の聖書的信仰に結びつける信念を、意識的に、きっぱりとカッコにいれることを前提としている」（*SA*, p. 36 ; 30）。さらに彼はこう続ける。「動機づけの深層のレベルではこうした信念が、私がこれこれの問題に、それも自己の問題系全体に抱いている関心に、なんの効果も及ぼさない、と主張するつもりはない」（*ibid.*）。その後で、彼はこう明確に述べる。「私の全哲学的著作をしるしづけている、この議論上の禁欲は次のような型の哲学へ導くことが見てとられよう。すなわち、そこでは神を実際に名指すことが欠けており、哲学的問題としての神の問題は、不可知論と言えるほどに、未決定のままである」（*ibid.*）。哲学的論証の自律性を考慮することについてリクールが表明する願望は、少なくともレヴィナスの思想が受容されていることから判断するなら、哲学的共同体でも宗教的パラダイムがいっそう歓迎されるときになってかえっていちだんと強固なものとなった。だがそこに逆説がある。哲学と（ここでは宗教と解される）非哲学との境界のあいまいさが、合理主義的思潮からも、ニーチェ的思想からも激しい批判を浴びていた年代には、リクールは今日ほどには守勢にまわった態度をとっていなかったのである。というのは今日では「外部の思想」が、機会があれば哲学的歩みをはじめようとする神学をはじめとして、非哲学のさまざまな変種との奇妙な同盟を結んでいるからである。ドミニック・ジャニコーはそのことを、ある論争的な試論で明瞭に述べている。彼はそこで、リクールには特別な地位を認めつつも、現象学的思潮から発する「宗教への」逸脱を危惧している。(7)

言述のいろいろな型を尊重するようつねづね力説してきた著者が、ジャンルの混同、「言語ゲーム」どうしの浸食を避けようと、断固たる態度をとるのは意外ではない。(8)「外部の思考」(ここではドミニック・ジャニコーがしているように、ハイデガー的変種と倫理的変種の二つの変種と解する)が、言述の神学化や、「根本的他者性」の闖入を助長している現代の状況のほうが、おそらく予想外であろう。「根本的他者性」の闖入は、『他者のような自己自身』で外部性、受動性、他者性についてもう一度問いかけを再開しようとする試みを、背面攻撃する。(宗教的であろうと、なかろうと)他者性の形態は、世界と他者とを同時に逃れている「外部」の形態と、以後は混同されてしまうだけに、その問いかけはいっそう奇妙で、ずれたものとなる。(9)この「外部」はやはり受動性または贈与の仕方で(レヴィナス、マリオン)、あるいはまたしても意想外の仕方で介入してくる。「外部」(hors)とは、存在論なき倫理も、関係なき存在論もともに助長する「時代はずれ」(hors-temps)なのである。このような型の思想に直面して、リクールは逆に、主体の平面でも、歴史の平面でも原初の区分が明瞭になる枠組みで考察する。根源的に分離や分割があるのであり、存在論は破裂しているのである。リクールは執拗にどんな基礎づけの企ても、基礎づけについての思弁も避けようとするのであるから、宗教的基礎づけに解決を見いだしてはならないはずであり、だからこそそのような思考態度が要求されるのである。「自己からその栄誉を脱ぎ捨てさせ、存在する勇気を強固にしてくれるような言葉に自己が依存することは、やがて空虚なものとなる最終的基礎づけの役割を担うという私が隠れ哲学的と呼ぶ誘惑から、聖書的信仰を解放してくれる」(SA, p. 38 ; 32)。

現象学的思潮とも現象学批判とも本性に反した同盟を結んでいる「外部の思想」と、『他者のような自己自身』が対決しても、だからといってリクールは哲学と非哲学との切断といった用語で考えようとはしない[10]。しかも「哲学の境界で」と題した時評でリクールは、それぞれに哲学と非哲学の交叉する領域をなしているさまざまな主題系を強調した[11]。リクールはそこで何よりも、哲学が〈体系〉のなかに閉じこもるのを阻む悲劇的なものや悪の果たすそれぞれの役割について熟考する。ネーベル、ショウペンハウアー、アンリ・グイエ、カール・ヤスパースらの著作が出版された際に、リクールは悲劇について問いかける。悲劇は彼の著作でさまざまに注意を惹いた。『時間と物語』三部作、とりわけその第一巻の後で、『他者のような自己自身』において彼は悲劇を再び取り上げる。なぜ悲劇はそれほどにリクールの関心をそそるのか。まず第一にこの文学ジャンル——悲劇的な語り——は、悲劇性がその表現と分離できず、物語と、それこそ後の物語についての省察の中枢となる筋立て《ミュトス》とが切り離せないことを示しているからである。だが何よりも、悲劇は哲学と宗教とのあいだに位置するからである。哲学は悲劇と絶縁できようか。ロゴスはミュトスに終止符を打てようか。

悪の問題についていえば、それは悲劇と関係がないどころではなく、その問題はそれだけで特別な仕方で捉えられるに値する。というのは、一方でそれは哲学的思弁を乱す躓きとして介入してくるし、他方では行動に駆り立てるからである。たとえ悪が思弁を弱める傷であるとしても、それはやはり考究されねばならないのである。

2　悪のアポリア論

「悪はつねに存在するだろう。受苦はけっしてなくならないだろう」
（ヴァーツラフ・ハヴェル『夏の瞑想』）

悪は現実と、実体と、またわれわれを取り囲み、罠にかける現実の与件と対応している、とするグノーシス的伝統[12]に反対して、リクールはけっして悪の現実の範囲を画定したり、客観的にその輪郭を明らかにしようとしたりはしない。彼は逆に、悪とは思考を乱し、混乱させ、損なわせるものと考える。そうすると悪がつねに思考を脅かすかぎり、それはもっとも激しい要求をもって、考究されねばならない。悪に脅かされる思考はいつも、なぜ、起源は、安心させる説明は、といった疑問にとりつかれ、その代わりに安心させえないものを突きとめ、見つけだそうとするものである。悪は時間と同じく、思考が熟慮せねばならない袋小路を生じさせるという意味で、アポリア的である。「知恵とは、悪についての思考のもつアポリア的性格を、みずから認めることではないだろうか。そのアポリア的性格は、もっと、そして別様に考えようとする努力そのものによって克服されると」（*L.3*, p. 228）。悪の問題はリクールの全著作に響きわたっている。それに驚いてみせる必要があろうか。思考が本質的にアポリア的であるなら、思考に属する第一の課題は、悪と時間性とのアポリアと対決することである。これらのアポリアはけっしてたがいに覆い隠さずに、重なり合う。悪という特殊ケースにおいては、年代順的な通観と、そのための概念的組み立ての分析とは、けっして無用どころではない。

年代順的素描と概念的組み立て

年代順的通観

カール・ヤスパースにとり第二次世界大戦は彼の思索の地平であり、個人的、集団的有罪性の問題は彼の動機の一つになっている(13)。リクールはそのヤスパースについて二冊の本を出したあと、自分の「意志の哲学」を発表する。それは三部作で、その第一期をしるしづけるのは、『意志的なものと非意志的なもの』(一九五〇年の博士論文)の出版であり、次いで『人間、この過ちやすきもの』と『悪の象徴論』と題された二巻の『有限性と有罪性』(一九六〇)の出版である。この意志の哲学がめざすものは、受苦、受難、苦難の分析論と切り離せず、第一次象徴(穢れ、罪、有罪性)と第二次象徴(四つの神話群)の解釈学によって、悪の問題にもっとも近くまで迫って論じることである。それが第一期のリクールである。しかし今日では、彼が『悪の象徴論』の「象徴は考えるものを与える」と題された有名な結びの章で、悪の哲学(それは日の目を見なかった)によって、この象徴についての考察を続けていくつもりである、と言ったことは忘れられている。「今後の巻で発表される第三部は、すべてこの象徴の思想にあてられる」(*HF*, p. 12)。たしかにこのように神話を迂回することは、新しい哲学に結実しなかったが、リクールはそれを予感してはいた。「今日では、隷属意志の経験論をトマス主義、デカルト主義、あるいはスピノザ主義流に〈情念論〉の限界内におさめるのは、もはや可能ではない」(*ibid.*)。

第二期に悪の問題が再び現われるのは、次の二つのことのおかげである。一つは『フロイトを読む——解釈学試論』で、これは有罪性への問いかけを伴った、フロイトについての省察である。もう一つは、モルトマンの人物像によって特徴づけられるプロテスタントの希望の神学とリクールが同調する期間が長くなったおかげである。『解釈の葛藤』所収の論文で希望の神学は、(神義論、反省的思想、思弁的思想などのヴァリアントにおいて考察された)哲学の言述よりも、悪の変質に対するすぐれた応答として、効力を発揮する。希望が人間にとってより満足すべき再生の展望を表わすのであれば、神学による哲学ののりこえを助長する著者とは、その場合、カント、『単なる理性の限界内の宗教』のカントである。五〇年代末から七〇年代末までのこの時期に、悪は平行して政治の領野にも介入してくるが、その領野でリクールは政治権力特有の悪を分析した。それが彼に「政治的逆説」を定式化する機会を与えたのである。[14]

第三期はもっとも新しく、『時間と物語』全三巻が発表された時期である。悪の問題は、時間性のアポリアについての思考のために、消えてしまったかのような印象をもたれるかもしれないが、[15]「悪」、「悪の躓き」の二つの衝撃的な論文は、悪への関心が持続し、中心的な位置を占めていることを明示する。[16]その反面、悪のアポリアは、フッサールのテクストの読解で彼が先取りしていた時

1974年「エルサレム哲学の出会い」で，コーネル大学の
マックス・ブラック（左）と。(photo David Harris)

間性のアポリアと、けっして切り離されていない。それを示すのは『有限性と有罪性』の第一巻『人間、この過ちやすきもの』の緒言の末尾であり、そこで著者は倫理的世界観の偉大さを称えその限界を示す。「こうして倫理的世界観においては、自由が悪の理由であることが真実であるだけでなく、悪の告白が自由の意識の条件であるということもまた真実なのである。なぜならこの告白においてこそ、過去と未来、自我と行為、非存在と自由のさなかでの純粋行動、それぞれの微妙な連接が捉えられるのであるから」（*HF*, p. 16-17）。一九九〇年に発表された集大成『他者のような自己自身』では、暴力の問題と結びつけられた悪の問題は、実践的知恵を考慮するところに行き着く[17]。それと平行して、言語と物語行為についての考察は、神話の解釈学から、物語についてのもっとも広範な省察へと、移行させてくれる。それはリクールに、ワルター・ベンヤミンの論文「物語作者」におけるもっとも苦渋に満ちた問いかけ〔物語の死〕を再びとりあげる機会を与える。もはや問題は、悪を告白する象徴や神話を媒介にして、あるいは悪を告白し、悪を認める言表によって悪を理解するだけにとどまらず、われわれの「記憶を喚起する」能力が心配なのである。時間の糸が切れてしまえば、悪は再び、あの外部、侵略してくる外部となり、グノーシスの言説はまたも勝利すると脅すのである。

意味論的組み立てと概念的装置

以上が手短に述べた年代順的通観の諸要素であり、今度は、悪を挑戦として受けとめて対決するリクールの態度を描き出すために、それらを三つの系列の考察によって解明しなければならない。

(1)悪の問題は、謎の形をとって現われる。そのことをもっともよく表わしているのは、変わることのない循環的思考の動きを伴った、概念の布置である。意味論的混同のあることを確認することから出発して、リクールはその混同を最終的に再発見するのに先立って、区別することを提案する。「悪の謎のすべては、罪、苦難、死といった雑多な現象を、われわれが同一の名辞のもとに捉えてしまうところにある」(*L3*, p. 212)。この意味論的混乱を避けるために、リクールは直ちに、犯す悪と蒙る悪との原則的不一致を強調する。犯す悪、道徳的悪——宗教言語でいう罪——は、私が認める悪、裁きを下すことのできる悪である。この裁きが示すのは「人間の行為を責任帰属、告発、懲戒の対象とするものは何か、である。責任帰属とは、責任ある主体に、道徳的評価を下すことのできる行為を帰すことである。告発は、行為そのものを、当該共同体に支配的な倫理的法規に違反するものと性格づける。懲戒は、それによって有罪と宣告された行為の張本人が罰せられる有罪判決を指す」(*L3*, p. 212-213)。蒙る悪——つまり受苦——のほうは、はじめは、犯す悪と反対のいくつかの特徴によって定義される。たしかに蒙る悪の場合、責任ある行為者は存在しない。というのは受苦はわれわれを襲うものであるから。同じく、受苦は道徳的逸脱とは正反対の、非快楽であり、犠牲者の受苦は、悲嘆を、有罪者の懲戒と対立させる。とはいえ犯す悪と蒙る悪とを真っ向から対立させるだけにとどまってはいられない。というのは、こうした違いも罪と受苦を結ぶ絆を忘れさせてくれないからである。

その絆とは何か。第一に、道徳的悪は罰、刑罰によって、つまり肉体的苦痛、「苦痛より成る刑罰」によって償われる。第二に、犯す悪は、つねに私が他者に蒙らせる悪である。「一方の人が犯す悪は、他方の人が蒙る悪に対応する。この重要な交叉点において、人が自分は人間の悪意の犠牲者となったと感じるとき、悲嘆の叫びはもっとも激しくなる」（*L3*, p. 213）。第三に、有罪者と犠牲者の境界は不安定である。象徴や神話の解釈学が教えてくれるのは、「有罪者の経験の深みには、圧倒的な力によって誘惑された、という感じが隠されている」ということである。この感じは犠牲者が、自分の苦痛を（応報の論理の枠内で）当然値する罰とみなすようにする。「これはけっして完全に非神話化されない闇の奥底であり、それが悪を独特の謎としている」（*L3*, p. 214）。

しかし、この謎は特有の問いかけを発するのであり、それは二つの方向に向かう。一方では、この「蒙る悪と犯す悪との同一視」に抵抗を試みなければならない。不正の犠牲者に対しては、そのいわれのない苦しみを免れさせてやらねばならない。このいわれなき苦しみから、不当に苦しむことを認容しないヨブという人物の範型が出てくる。他方では、先行するものからの帰結という応報の論理からの脱却をはからねばならない。その論理によれば、受苦はつねに、ある別のもののために支払うべき代価なのである。神話とは悪の起源――unde malum?――を問うものであれば、ヘブライ思想の「この起源を求める傾向への抵抗がいかに強くとも」、その思想も神話的精神から免れられず、応報の形で神話のヴァリエーションを提示するのである。「応報とは、それ独自の仕方での神義論なのである。あなたが苦しんでいるのは、あなたが罪を犯したからである。そこに道徳的世界観の核があり、そのことをヘーゲルはカントに関連させて語っている。道徳観は預言者の呪いの大部分を支配し、『申命記』の歴史記述の主要部を支配している」（*Sm*, p. 60）。ここにリクールの悪についての思想の中心的問いかけが現われている。すなわち、いかにして応報の観念を危機に陥れるか。応報を断念するためには、起源についての神話的言述をのりこえるだけでは足りない。ヘブライ思想が応報の細かな網目に捉えられたままでいる一方で、もっとも要求の多い哲学といえども、道徳的世界観から逃れられないでいる。そのことはリクールがジャン・ナベールの『悪についての試論』を論じたなかで示されている。リクールはナベールに『有限性と有罪性』で献辞を呈している。

そこで最初の形が明確になる。悪は不公正の謎に送り返され、そこでは受苦者が有罪者となり、蒙る悪はつねに報いである。これが神話の教えるところである。しかし「不公正の謎」のユートピア的結末の幻想に陥ることなく、ヨブの声に耳を傾けるのは無駄ではない。すなわち、もし悪が起源をもたないなら、私は悪に反対して嘆き悲しみ、憤慨することができる。たしかに神が悪を決定されるなら、神に対して憤激することに何の意味があろう。悪はつねに、すでにそこにある。しかし先在する悪が起源をもたない場合にのみ、わたしは幸運にも応報の精神から解放される。悪に起源はないことに賭けるのは、応報を免れる唯一の機会である。こうした立場でヨブは『悪の象徴論』から「悪の躓き」にいたるまでの、中心的な人物像となる。それは知恵の起源となる人物である。「ヨブは絶対に不当な受苦が増し募るのを拒否する。知恵は応報のテーゼを論破して、悪の躓きを露呈させる。犠牲者は慰められることを欲しない」(*ibid.*)。ヨブの人物像は、リクールが犠牲者の問題に固執し、犯す悪と蒙る悪とが収斂するにもかかわらず、彼の省察が「義人の苦難」の問題に固執していることを理解させてくれる。この犠牲者の問題が今日では彼の著作のなかで以前より目立つようになったのは、道徳と倫理、義務論と目的論の関係をよりよく把握しようとする彼の意志と結びついて、倫理的世界観（応報的世界観）との議論をできるかぎり遠くまで発展させることが、彼にとって必要だったからである。

(2)この第一の系列の考察は、悪の躓きを容認することはできず、そこで私はつねにすでにそこにあり、行動するのを妨げるこの悪に対決しなければならない、という第二の議論に先立つ。悪は思弁的問題ではなく、行動に関係づけられる。そこから次の命題が出てくる。「背後や起源について沈黙を守るという代償を払って、前方を、未来を考えるとはどういうことか。それはまず悪を、実践の次元にとどめることである。悪とは、それを相手にわれわれが戦っているものであり、その意味でわれわれが悪ともつ関係は、この対立の関係以外にない。悪とは存在しているが、存在してはならないものである。だがそれについて、われわれはなぜ悪が存在するのか言うことはできない」(*Sm*, p. 62)。実践の次元は悪の認識と切り離すことができない。「悪の推量不可能性はまさに次のことに存している。すなわち、行為にしてハビトゥスであれ、不意の出現にして先行しているものであれ、つねに自由をもって始まる悪は、自由にとってはつねに、すでにそこにあるのである」(*CI*, p. 304)。それこそリクールが外部性と名づけるもので、隷属意志の第二の図式である。「悪は自由の外部として、自由がそのなかに捉えられている自己の他者として、人間にやってくる。その誘惑の図式が意味するのは、悪は措定されるものであるとはいえ、すでにそこにあって、誘惑する、ということである。悪はいま措定されるとともに、つねにすでにそこにある。始まることは、続くことである」(*SM*, p. 149)。倫理的世界観はこの〈他者〉の誘惑を理解するのに失敗する。「倫理的観点は、悪をすっかり説明できるだろうか。それは生前に出版されたジャン・ナベール最後の著書

『悪についての試論』の底にひそかに流れている問いである。悪が正当化できないものであるなら、自由がする悪の告白のなかに、悪を完全にとりもどすことができるか」(*HF*, p. 17)。

(3)リクールが『人間、この過ちやすきもの』で展開する隷属意志の人間学もやはり、善と悪の関係に結びつけられねばならず、その関係は根源的肯定としての存在の哲学と切り離せない。「堕罪神話によって、悪は善と対称をなしていず、悪意は人間の善意の代用品ではなく、悪は、存続している潔白さ、理性の光、善意が衰え、鈍麻化し、醜悪化することであることをわれわれは理解する。悪がいかに根本的なものであっても、善意ほどに根源的ではありえない[18]」(*SM*, p. 150)。悪が、表面上は善い一切の行動の行く末となるならば、行動する理由はない。そこから善と悪の非対称という考えが出てくるのであり、それはレヴィナスにおける自我と他者の非対称と共鳴するものがある。

そのことはほぼ理解されていた。悪の謎がひきおこす概念的組み立ては、神話、聖書物語、いろいろな変種を含む哲学、知恵、といったさまざまな言述のレベルを経由する。同時にそれはいろいろな著者を対決させる。『時間と物語』と、その時間性のアポリア論のあとで、リクールの思想が二つのアポリアのリズムにあわせて前進していくことはもっと明瞭である。すなわち、時間のアポリアと悪のアポリアである。それにしても彼のアポリア論的スタイルは、けっして解決をもたらすことがないが、アポリアを深めるのを可能にするような反論、反駁をつねに探し求めることである。たとえば神話は、いろいろな神話の連鎖や力学が観察されるのでなければ、意味をもたない。そして倫理的世界観――カントやナベールのそれ――は、思弁的な物語とはちがった答えを求める。いくつもの言述のもつれあいのなかで、それぞれが前進させてくれるにもかかわらず、どれかの言述が他の言述より優位に立つこともなく、「新規蒔き直しで思考」しなければならない。こうした展望に立って、『悪の象徴論』の重要な寄与を考慮しなければならない。その寄与とは、神話についての省察、グノーシス主義との対決、倫理的世界観の批判的考察である。

堕罪神話と蛇の形象のプレグナンツ（『悪の象徴論』）

悪がわれわれに先行し、悪がつねにすでにそこにあるならば、悪は客観化できないし、悪に定められる起源もないことになる。この断定を支えているものを明確にするには、悪の起源を「物語りつつ」悪の説明を試みている象徴や神話の世界を通観してみることが必要である。〔穢れ・罪といった〕第一次象徴は物語の次元を含まないのに対し、神話的象徴は「架空の」登場人物、場所と時間とをもって、第一次象徴がその告白となる経験の始まりと終わりとを物語る。

この告白のおかげで、「われわれに先行するものは、逆説的ながらわれわれとともに始まる」ことがよりよく理解できるようになる。悪はわれわれとともに始まる。悪はわれわれに先行し、悪はすでにそこにある、という事実にもかかわらず、悪はわれわれとともに始まるのであり、それだからこそわれわれが悪を告白し、懺悔することが必要なのである。告白は言葉や物語で表明され、その文法は次のように明らかにされる。「汚点」とか「穢れ」とかのイメージが、悪の魔術的な概念のうちに次々に継起し、ついで「逸脱」「曲がった道」「彷徨」といったイメージが「罪」という倫理的概念のうちに継起し、最後に「有罪性」の内的経験のうちに「重圧」「重荷」といったイメージが続く。このように象徴がダイナミックに前進することからどんな教訓を引き出すべきか。「はじめから穢れは汚点以上のものである。それは聖に対して位置づけられたものとしての人間全体の疾病を指し示す。改悛者から拭い去られるものは、どんな物理的洗浄によっても拭い去られないものである。だからこそ、穢れという魔術的概念がいかに古代的で、時代遅れなものであろうと、それこそが浄と不浄という象徴体系をわれわれに伝えてくれるのである。この象徴体系の中心にあるのは、外部性、悪による包囲という図式である。おそらくそれが「不正の秘儀」の土台であろう。悪は私が措定するかぎりにおいてのみ、悪であるが、自由意志が悪を措定するただなかで、すでにそこにある悪による誘惑の力が露呈している。古代的な穢れは、その悪を象徴的な仕方で、つねにすでに表現してきたのである」(*CI*, p. 287)。穢れから有罪性へ、つまり悪の外在化から内在化へ移っても、穢れという古代的象徴は失われなかった。完全遵守が不可能な律法によっておしつぶされながら、意識(良心)は不正そのものに捕らわれていることを認める。この段階で、穢れの象徴表現は、ルターやスピノザの語る「隷属意志」の象徴表現となる。第一次象徴のあとで、神話的象徴を探索する必要がある。この象徴は神話の「壊れた世界」の形をとって現われるのである。

しかしなぜ神話の世界は壊れているのか。人間的自由のなかにある悪の起源に関する後のすべての思弁の母胎である堕罪神話は一つではない。堕罪神話群がある。たとえば、悪の起源を、人間に先立つ破局あるいは原初の争いに結びつける神話群と、人間に結びつける神話群の対立が認められる。第一の神話群に属するのは次の三つの型である。すなわち創造神話、悲劇的神話、オルフェウス神話である。バビロンの詩「エヌマ・エリシュ」は、神々の誕生、宇宙の創始、人類の創造が発してくる原初の闘争を物語るもので、これは第一の神話群の典型である。悲劇的神話のほうの機能は、英雄がいかにして運命の餌食になったか、人間はどのようにして罪を犯すようになったか、いかにして「誘惑し、欺く神が原初の善悪無差別の性質をおびる」ようになったか、を示すところにある。神のその性質は、「鎖につながれたプロメテウス」にまつわるゼウスの「恐るべき」イメージが証言している。次にくるのはオルフェウス神話で、それは悪しき身体に追放された魂の遍歴を物語る。この魂の追放は、いかなる「責任ある自由な人間による悪の措定」にも先立つ。

次にリクールは、アダムの堕罪という聖書の神話を特別視する。アダム神話はすぐれて人間学的神話、すなわち悪を人間に結びつける神話とみなされる。罪の懺悔において、人間は自分が悪の張本人であり、いかなる個々の行為よりも根源的な悪の体質の人質となっていることを告白する。アダム神話の機能は、「善なる創造」のただなかで、「理不尽な出来事」のなかに悪の体質が出現するのを物語ることである。悪の起源は、罪なき時と呪いの時を分離するこの象徴的な瞬間と切り離せない。そのとき、穢れ、罪、有罪性という第一次象徴のなかに、ただしもっと念入りな仕方で、両極性が再発見される。(穢れとしての悪という) 魔術的な概念と結びついた外部性の図式と、(罪の意識という) 内部性の図式を対立させる第一の両極性に続く第二の両極性とは、悪を人間性の彼方にもっていく神話的傾向と、人間の悪しき選択に悪を集中させる神話的傾向とを区別することをめざすものである。

しかし二つの神話群のあいだに生じる葛藤は、すぐれて人間学的な神話の内部でもくりかえされる。堕罪の出来事を人間に、行為に、瞬間に集中させるアダム神話は、反面その出来事をいく人かの人物に、いくつかの挿話に分散させる。罪なき状態から過ちへの飛躍は、段階的な移行となり、悪しき選択の神話は、同時に、誘惑と、幻惑と、悪への気づかぬ移行の神話でもある。悪の起源に関する他の神話群の「断固たる非神話論化」の結果として現われたアダム神話は、物語に蛇の形象を導入する。蛇は他の神話が物語ろうと試みた悪の、もう一つの面である。蛇とは「すでにそこにある悪、先在する悪、人間をひきつけ、誘惑する悪」である。

蛇の形象によって、人間が悪を始めるのでなく、人間が悪を発見するのであることが、もっとよくわかるようになる。蛇とは人間の悪の他者である。こうして先在性が倍加するのが見てとられる。アダムはどんな人間よりも先在し、どんな人間よりも古いが、蛇はアダムよりもさらに古いのである。この二重の先在性が意味するのは、悲劇的神話が人間学的神話のなかにも存続し、人間的なことして悪を告白することが、まるで非人間的なこととしての悪の告白を引き起こしたかのようである。「蛇のテーマの意図をとことんまで追求していくなら、人間は絶対的な悪人ではなく、誘惑によって悪人となった、第二次的な悪人にほかならない、と言われねばならない。罪を犯すことは誘惑に屈してしまうことである」(*SM*, p. 242)。

しかしさらにこう言わなければならない。アダム神話によって再確認されるのは、単に悲劇的人間学の一要素だけではないということである。アダム神話は悲劇的神学そのものに照合される。イスラエルとヤハウェとの契約は倫理的な意味にたかめられ、それは、神理解にはねかえってくる。この神は倫理的な神である。さて、この人間と神の倫理化は倫理的世界観をめざす。その世界観によれば、「歴史は法廷であり、快楽と苦悩は報いであり、神は裁判官である」。それと同時に、人間の経験の全体が刑罰的性格をおびる。しかしユダヤ思想は無垢な人の苦難について思いめぐらし、この倫理的世界観を挫折させてしまった。「ヨブ記」は預言者の告発を悲劇的憐憫へひきもどし、「苦難の義人」の経験を、その最高の表現に導く。そこにあるのは、罰によって苦難を説明することの失敗である。「ここにいるのは清廉潔白な人（ヨブは仮説上潔白である。つまりヨブはドラマ化された仮説である）、災厄に見舞われた潔白な人である。解説書的神義論を人物化したようなヨブの友人たちは、ヨブをして、災厄は彼の罪の結果であると懺悔させようとする。しかしヨブはそれに服さない。彼の抗議は、彼の過ちとつりあわない災厄の謎をさらけ出し、むき出しにする」（*HV*, p. 332）。イスラエル以外のどこにも、これほど徹底的に「神の倫理化」がなされたところはなく、「鎖につながれたプロメテウス」を除いて、この世界観の危機がこれほどまでに急進化したところもないだろう（*SM*, p. 295）。

悪の象徴体系に結びついた神話群を以上のように通観してみて、そこからどんな教えを引き出すべきか。この問題に関して、リクールが最近発表した二つの論文で、起源にまつわる言説、因果論的説明の言説としての神話とは手を切るように促してはいるが、彼はアダムの教訓を放棄はしない。一方でアダム神話は無実から過ちへの飛躍的移行の形象と堕罪の主題とを導入し、他方でアダム神話は悪の悲劇性を、悪はつねにそれ自身に先行することを意味する悲劇的図式の存続を強調する。

この段階にきて、要点をくりかえし述べてみるのもむだではないだろう。キルケゴールにも見出される飛躍と措定される悪という主題に対して、リクールが適用するように促すのはキリスト論だけでなく、創始的な出来事についての歴史的省察でもある出来事の思想である。その歴史的省察は証言の解釈学についてのナベールの省察とも合体する。リクールは「つねにそれ自身に先行する悪の悲劇性」を認めるとともに、隷属意志、受動性、受苦の役割を力説する。それこそは哲学がうまく捉えがたい経験の次元である。というのは哲学はそれを自己制限として感じるからである。「カントによれば、悪はわれわれの責任に帰されねばならないのであるから、悪はなおさら理解しがたく、推量しがたいものと見える」(*CI*, p. 304)。とするとわれわれはいったい何を学んだのか。「飛躍」「出来事」があるからこそ行動が可能なのだということだけでなく、人間は悲劇に応答するために、悪の不正が犠牲者をただ悲嘆に暮れさせるだけにしないように、行動しなければならないということである。要するに、悪の悲劇的部分を表わしている悪の先在性は、因果応報の精神に自足することなく、悪に対決し、悪に逆らって行動するよう義務づけるのである。

倫理観の偉大さと限界(アウグスティヌス、カント、ナベール)

ヘブライ思想と哲学的言説とを同時に要請しつつ、リクールはこの両者の対決による難問を強調する。「象徴は思考を促す」のであれば、この表現によって次のことを意味しなければならない。まず象徴と縁を切ることはできないこと。そして象徴の世界を干上がらせるような非神話論化を完遂するのは不可能だということである。そこで次のことを警戒しなければならない。第一に、たとえばヘシオドスやホメロスの伝説物語に、単なる装飾しか見ないようなストア派的偏流を避けねばならない。だが同時に、象徴を、それが現出する想像的平面に「固着させて」、合理化してしまうようなグノーシス主義的要求も警戒しなければならない[20]。これら両方に距離をおくこと（象徴を殺してしまう寓喩と、グノーシス主義的な偽りの合理化）が必要であるとすると、ある問題が生じる。「思想が束縛されると同時に自由であることはいかにして可能か。象徴の直接性と思想の媒介とをいかにして一体化するか」。

極端に非神話論化しようとし、極端に起源の言説と絶縁しようとすると、悪についての反省を深めようとする動きは、その悲劇的次元を見失い、応報の図式にとらわれてしまう惧れがある。リクールは悪の哲学を予告し、その「意志の哲学」の最後の二巻を「倫理的思想の偉大さと限界」に答える一つの仕方として提示してから、さまざまな論文で全体性の哲学を批判しつつ、反省的思想の寄与を力説する。たしかに「いかなる偉大な全体性の哲学といえども、悪の偶然性が意味しようとする意図のなかに挿入されているのを、説明したり、理由づけたりできないことを認めるべきである。必然性の思想は、その偶然性を自分の外に落としてしまうか、それともそれを自分のなかに挿入し、その結果措定される悪の飛躍と、つねにそれ自身に先行する悪の悲劇性とを完全に排除してしまうか、のいずれかである」（*CI*, p. 307）。とはいえ何よりも倫理的思想についてのリクールの議論を追跡してみる必要がある。自由はみずからを非自由にできると認める倫理的思想の逆説が、彼を魅了する。「悪とは、私がそれをしないこともできたかもしれないものである、と言うことからわれわれは始めた。しかしそれと同時に、悪とは、私がそれをせずにはいられないようにする、先在する束縛であると認めるものでもある」（*CI*, p. 426）。倫理的思想がさまざまな哲学的形態と結びつくので、リクールは一連の対決をするように導かれる。はじめに議論の中心にいるのはナベールである。次にアウグスティヌスとカントである。こうしてリクールは倫理的企てをレヴィナスと平行して移動させ、応報の倫理から、それと一線を画す倫理的企てへと、移行を試みるのである。

悪と有限性のあいだの断絶の欠如（ジャン・ナベール）

ナベールとの議論の出発点は何か。一方では、主体の根源的肯定と切り離せない有限性の思想との深い一致があり、他方では、有限性と悪との断絶を考慮しない省察に対する疑念がある。後者はアダムの教えから教訓を引き出さないことに帰着するからである。

はじめリクールはナベールに従っていく。妥当性は非妥当性と明瞭に対立する、とする規範的思考にいささかも譲歩せず、「思弁的思考の安堵させる同化」に抵抗するナベールの意志を、リクールは評価する。とはいえ悪が欠如、限定、否定性「以上」のものであるなら、ナベールにとり、正当化できないもの、すなわち悪はどこで始まると言うことができるのか。それはできない。なぜならナベールにあって、正当化できないものは何ものにも結びついていず、正当化できないものは「それが証言する精神性と世界の構造との絶対的対立[21]」(*L2*, p. 240) を同時に出現させる内的行為から発してくるからである。この場合、正当化できないものは、不条理にも、また理解できる限定にも属していず、それは「精神的行為の反対物」として現われる。正当化できないものは、反省という精神の行為の可能性そのものに対立する。妥当性の基準の単純な違反に還元されない正当化できないものは、「不浄な損傷」であって、倫理の務めはそれを修復することでなく、生まれ変わらせることである。

思弁的思考批判と規範的思考批判とは、同一点に収斂する。すなわち正当化できないという感情と、正当化の欲求とが互いに深めあい、同時に補強しあう点である。前者は非妥当性の境界を越え、「違反の仮説から不浄の仮説法へ移行し」、後者は、損傷した自我の生まれ変わりを可能にしようと、「妥当性のカント的基準の彼方へ思い切って進んでいく」。リクールはナベールの企図をこう再定式化する。「道徳性についての合理主義的哲学を土台に、内部からの満ち溢れといえるような方法によって、哲学は違反の倫理的観念から不浄の観念へ、それと相関して、行為の矯正から自我の生まれ変わりへと移っていく」(*L2*, p. 241)。こうした状況において、「自己措定しつつ悪に対立する」「根源的肯定」をわれわれのうちに回復する、という以外の解決策はない。「思弁的思考は悪を説明し、それによって悪を実体のないものにした。正当化する肯定は〈悪の肯定の可能性の条件〉(ナベール)に属する」(*L2*, p. 245-246)。

しかし生まれ変わりの可能性を願うだけでは十分でない。あらゆる意識が正当化に到達できるかどうかが問われねばならない。「絶対に正当化できないものがあるか。あらゆる問いはこの問いに集中するのであり、もしその問いへの答えがないままだったら、何も言わなかったことになる」(*L2*, p. 246)とナベールは問いかける。両者の対決の諸条件が明らかになる。リクールは生まれ変わりの原則を支持するが、悪と有限性との分離を暗黙に拒否するのは理解できない。それはアダム神話の教訓に反する態度だからである。堕罪はたしかに善と悪とのあいだの飛躍を、善なる共同体と孤独な選択とのあいだの断絶を表徴する。そのことを神話は、どんな体系も奪い返すことのできない出来事として語る。こうした事情から、ナベールの思想がその克服をめざす有限性と悪とのあいだの断絶は、実際には克服されえない。「有限性と悪とのあいだの断絶こそ、すぐれて正当化できないものである」（*L2*, p. 249）とリクールは書く。

こうしてナベールを経由することから、何を記憶にとどめるべきか。生まれ変わりについての不一致だけでなく、この合理主義哲学との二重の不一致である。すなわち、悪の地位についての不一致と、善の地位についての不一致である。善の地位の独自性が堕罪を理解させてくれるはずなのであるが。ここではあの政治的逆説と関係づけてみるべきである。その逆説こそ、リクールの思想における善と悪の関係を解明してくれよう。すなわち最大の善から、最大の悪が湧き出ることがあるのである。この善と悪の非対称の関係は、最後の点を強調するように導いてくれる。悪の犠牲にならないためには、また堕落したかもしれないものを生まれ変わらせるためには、私は悪を始め、同時にそれを続けなければならない。しかし同じく、根源的な善（それなしに飛躍のアダム神話はなんの意味もなくなろう）が生まれ変わりを正当化し、可能にするのでなければならない。

悲劇性への抵抗（アウグスティヌスとカントを迂回して）

この迂回の第二段階は、ナベールとの対決の後のほうがよりよく理解されよう。ナベールが悪と有限性との断絶を認めないのに対し、カントはアダム神話の「哲学素」なるものを提起する。しかしカントは象徴や神話を「非現実化」してしまったために、悪を推量不可能性として表象する方向に向かい、悲劇性によって悪を統覚するところから遠ざかってしまった。マニ教とたたかうアウグスティヌスの悪の解釈は、悪は何ものかではなく、物質ではなく、世界ではない、という断定によって支配されている。そこでは悪はその実質について、その本性について無なのであるから、悪の外部性の解消は極限まで押し進められる。反面アウグスティヌスは、悪に含まれる虚無の力と、意志において働いている自由とを結びつけるので、自由についての考察を急進化させ、ついには自由を、存在に対して否と言う根源的な力、衰弱し、衰え、虚無にむかって沈下する力としてしまう。

アウグスティヌスになお欠けていた概念的枠組みを仕上げるのはカントである。第一に、実践的概念（意志、自由意志、意志の格率）を明示しつつ、カントはアウグスティヌスが素描した意志と自然本性との対立を完遂する。のみならずカントは、悪を根本悪として概念化するための主要な条件を練り上げる。すなわち『根本悪論』や『実践理性批判』に示される、道徳における形式主義であり、彼はそれらの著書で、悪しき格率の概念を、自由意志がみずから鍛えあげる規則としてさだめ、それによって悪を感覚から分離する。カントは「感覚に由来する自然的傾向性は、悪と直接の関係をもたない」と断言するので、悪は関係のなかに、というより「関係の転覆」のなかに存する。悪は人が、尊敬の純粋な動機を、感覚的動機に従属させ、売り渡すときに生じるものである。ここにおいて、ある類推がリクールの注意をひきつける。格率の転覆というカント的観念は、アダム神話におけるように、外部性というオルフェウス的図式とは反対の、逸脱という聖書的図式と等価なのである。(22)

以上がこの第一段階の終わりで、悪の倫理的ヴィジョンが導いていく地点である。つまり自由は、逸脱の、秩序逆転の力なのである。悪は〈何ものか〉ではなく、関係の転覆である。こうした解明は、深さの喪失として、「悪の暗い経験」に相当する喪失として表現され、神話において現われ出る。そこで逸脱というカント的図式と、『悪の象徴論』で獲得されたものとを調整する必要がある。われわれは悪を始め、それを続ける。そして悪の遺産が、すでにそこにある悪の支配が、ある。そのことをわれわれは第一次象徴やアダム神話を解釈したときに理解したのであった。しかしグノーシス主義に陥る危険がまたしても出てくる。すなわち悪をその本性において強化してしまう脅威である。「考えるべきは、悪の本性といったものである。それは事物の本性のようなものでなく、人間の根源的本性、自由の本性であり、それゆえ身につけたハビトゥス、自由から生成されたあり方である」(*CI*, p. 301)。またしてもリクールは、アウグスティヌスとカントにそって進む。現実の悪から原罪に移行するときにはアウグスティヌスであり、自由意志の悪しき格率からあらゆる悪の格率にさかのぼるときはカントである。

グノーシス主義の概念と同一視されるような偽の原罪概念を練り上げることにより、アウグスティヌスはエゼキエルやエレミヤの手前に、応報と、人間全般の告訴という古い観念に戻る。それは神義論の企図（神を正当化する企図）を再開する、とるに足りぬ観念である。とはいえ、この〈偽概念〉から記憶にとどめるべきは、悪が意識化から発すること、それはすでにある無力さのしるしだということである。アウグスティヌスは、マニ教やグノーシス主義に対抗して練り上げた、悪い意志の記述に、悪の準本性というテーマを合体させる。準本性が存するのは、意志そのもののうちにである。悪とは、意志的なもののただなかにある非意志的なもののしるしであり、それは意志的なものに対決しているのでなく、そのなかにあるのであって、それこそがいわゆる隷属意志である。

一方カントは悪しき格率の可能性の条件として、「本性的悪」を考えようとする。『単なる理性の限界における宗教』で彼は、経験が「自由意志という、法則に比して崇高な格率のなかに、悪の根を見出すことはできない。なぜならいかなる経験にも先立つ叡智的な行為にかかわるからである」と断言する。こうして悪への自然的性癖という考え方において、いかなる自然主義も斥けられる。悪は「自由から由来する自由のあり方」である。悪の起源を知っていると主張するグノーシス主義と違って、この哲学者はここで、悪の推量不可能性、悪の測りがたさに行き着くことを認める。カントはこう書く。「悪へのこの性癖の起源は、われわれにとって測り知れないままである。なぜならその起源はわれわれに帰されねばならないから」(*CI*, p. 304 に引用)。そうすると悪の謎のカント的分析は、「つねにすでにそこにある悪」を表わす蛇という神話的形象に移しかえたものとして現われる。それははじまりである悪、つまり自由それ自体による決定としての悪である。しかし哲学的言述が悲劇性をそのようなものとして再確認するなら、それは哲学的言述にとって自殺行為となろう。「悲劇性の機能とは、一切の悪の重圧を背負った良心の自信、自己確信、批判的自負、さらには思い上がりを問題視することである」(*CI*, p. 305)。そこには二重の思考の動きがある。それは噴出と沈降というアンビヴァレントな動きである。「不可知の、推量不可能な闇に沈降するのに先立つ、カント的形式主義の明るみへの噴出」である。

ナベールの道徳哲学が悪と有限性のあいだの断絶を認めないのに対し、カントの思想はアダム神話に匹敵する哲学素を精製するが、蛇の形象が表わす神話の悲劇的な面は一切考慮せず、悪の測りがたい神秘しかとりあげない。リクールはこう述べる。悲劇の表現は倫理学に還元されない。「なぜなら悲劇の人間学は、悲劇の神学と切り離せないからである」(*ibid.*)。ところが悲劇の神学は、哲学的ロゴスと無縁なのである。

反　撃

神話から哲学へと、たしかに悪の思想の前進はある。だがどんな奇跡的言説も解決策を提供してはくれなかった。悪の問題は厳密に思弁的でも、思想のみが扱う問題でもなく、それはとりわけ行動への招待である。私は悪を措定する。私は自分のために悪を始める。だが悪はわれわれにとって、つねにすでにある。

とすると実践の地平とは何であるか。提起される四つの反撃とは、知恵の反撃、宗教的超越の反撃、物語の反撃（犠牲者の記憶を喚起する物語）、そして政治的行動の反撃である。私はここでそれらを逆の順序で提示し、知恵でもって終わりたい。知恵こそはすぐれて反撃であり、他の三つの反撃とは違って、非暴力を決意する反撃だからである。

政治と暴力

なぜ悪に対する政治的反撃は、その反対に転じる危険があるのか。政治的暴力の問題は、希望の病理学についてのカント的反省の枠内で発生する。そこでは意志は、恣意性と法則との関係によって構成されるだけでなく、もっと根本的には、実現と成就の欲望によっても構成されている。この全体化の目標は、カントによって『純粋理性批判』の弁証法において認められていた。この「意志の哲学の新展開」は、悪の哲学の新展開を挑発する。真の悪、悪の悪は、あらゆる偽の綜合において、すなわち政治制度や教会制度といった全体化の大いなる企ての行動において姿を現わす。希望の病理学を構成する全体主義に人が身を投じるのは、人が全体性に、全体を実現しようという意志に、捉えられるからである。『解釈の葛藤』所収の二論文で、[23]政治権力と教会権力とは同じ平面におかれ、希望とユートピアを育む制度とみなされている。リクールの政治思想についていえば、それはいずれにしても政治的逆説を分析する思想であるとしても、[24]違った仕方でふるまう。その政治思想は、最大の悪が最大の合理性から生まれることがあるのを強調する。すなわち共に生きることの尊重と、歴史的共同体の制度の合理性である。したがって政治的なものは、それが最大の悪を引き起こす危険があるだけに、悪に対する反撃としては脆い。われわれはすでに次のような言葉を知っている。「特有の合理性、特有の悪、これが政治的なものに特有の二つの独自性である」（*HV*, p. 261）。政治的支配の悪を推進するこの政治的なものの合理性とは何か。思い出してみよう。それはポリスの終わりそのもの、共同的世界の構築である。

犠牲者の記憶を喚起すること

『時間と物語』でリクールは〈ショアー〉〔ナチスによるユダヤ人大量虐殺を指す〕について密度の濃い文章を書いた。そこで彼は生存者が犠牲者の記憶を喚起することについて問いかけている。この問いかけは二つの段階で展開する。まずそれは、この極端なケースで犠牲者の記憶を喚起する物語の能力を対象にする。次にその問いかけは、ワルター・ベンヤミンが「物語作者」で述べているような、物語の将来について案じる。歴史の舞台に絶対に正当化できないものとして現われたものを、いかにして断念する（喪に服させる）か。ユダヤ人の希望の歴史にいくつかの目印を立てることを試みた歴史家イェルシャルミは力強くこう答えた。「ショアー以後われわれの民族のかなりの部分が、破壊と死の時代の強迫観念のために、自分たちの集団生活を悠然と秩序づけられず、あるいは自分たちの現在と将来の政治を決することができないでいる。私はこの強迫観念を理解できるが、それでも私の心は大いに惑乱している。まるでわれわれはエルサレム神殿崩壊後のヨシュア・ベン・ハナニアの戒告を忘れてしまったかのようだ。彼はこう言った。『まったく喪に服さないことと、われわれにはそれができない。〔…〕しかし過度に喪に服することもわれわれにはできない[25]』」。

喪が要求するのは、記憶の作業が企てられること、そして〈ショアー〉が、エポック・メイキングなこととして、歴史をつくる「創始的な出来事」の一つとして引き受けられることである。しかしここで、それを創始的な出来事と区別するために、あるいは〈ショアー〉とたとえば人権との不釣合いを示すために、〈ショアー〉を破壊的な出来事と言わねばならない。堕罪のアダム神話はこうして歴史のなかで実現する。リクールは『時間と物語III』でこう書いている。「アウシュヴィッツの犠牲者は、すぐれて、歴史上のあらゆる犠牲者についてのわれわれの記憶から見ると、代表者である。犠牲者をつくりだすことは、いかなる〈理性〉の狡智も正当化し得ない、そしてむしろ歴史のどのような神義論にも躓きであることを示す、歴史の影の部分である」（*TR*3, p. 273；344）。しかしわれわれの記憶から見たこれら犠牲者の代表は、沈黙を余儀なくされており、彼らの経験は筆舌につくしがたいものではないのか。物語による反撃も、悪の力の前に挫折してしまうのではないか。

物語や記憶の糸をどのようにして保持すべきか。犠牲者を沈黙させている理由や決定的な説明を歴史家が握っていると主張できないなら、フィクションは、もしまだそれが可能なら、生存者の記憶をよみがえらせ、呟きを、声を聞かせ、あちらの歴史を物語らせなければならない。あちらの歴史とは、われわれのここの歴史のこだまであり、あるいはプリモ・レーヴィ[二]が聞いたように、聖書のこだまなのである。そこから、物語が先在する悪に反論しなければならないときに、物語にのしかかる二重の脅威が出てくる。すなわち物語はどこまで叫びを、肉体の消滅を説明することができるのか。しかしこのありうべからざる歴史は、物語ることの可能性そのものを衰退させ、無効にしてしまうのではないか[26]。そこから最後の問いかけが出てくる。赦しはまだ可能であろうか[27]。

宗教的解決策

モルトマンの希望の神学の影響下にあった一時期のリクールにあっては、悪の解決策は信仰にある、という印象を人はもった。なぜなら彼が論文「有罪性、倫理、宗教」（一九六二）で書いているように、再生は愛の満ち溢れを経由するからであり、愛は一切の法律万能主義を拒むからである。たしかに信仰にとり、問題は悪のはじめにではなく、悪の終わりにある。信仰はその悪の終わりを「預言者とともに約束の経綸（économie）に合体させ、イエスとともに、到来する神の宣教に合体させ、パウロとともに満ち溢れの法則に合体させる。それゆえに信仰のまなざしは出来事や人々に対して思いやりがあるのである」（*CI*, p. 430）。しかしリクールにとり、宗教の道は後退でなく、また啓蒙（Aufklärung）の精神と対立せず、逆に、悪は人類教育の一部をなしているという信念を、信仰は啓蒙の精神と共有しているのである。そこでリクールは、「断罪から慈愛へはけっして踏み越えられない」（*ibid.*）とするピューリタンとは一線を画す。ピューリタンは、盲目的であるとともに、希望のない倫理的断罪に閉ざしているからである。

論文「希望による自由」（一九六八）でリクールは同じく次のことを強調した。「知恵は満ち溢れの経綸において表現される。その経綸を日常生活で、仕事や余暇で、政治や世界史のなかで解読しなければならない［…］。否認に対してもしっかり対処させる〈にもかかわらず〉は、この喜ばしい〈ましてや〉（二）の裏側、影の部分であり、それによって自由は、完全な創造への渇望をもって、罪の贖いのためにみずから協力するのを感じ、知り、欲する」（*CI*, p. 401）。

リクールがそこで希望の神学のしるしをおびたキリスト論を提起していると強調する当然の批判に対しては、次の三つの微妙な差異を提示できる。(1)スタニスラス・ブルトンの「十字架の哲学」に対するリクールの最近の関心は、希望と神の国の到来についての論述に暗黙に投げかける疑念のしるしである。(2)数多くの論文でリクールはカール・バルトの神学、その砕かれた弁証法、すなわち「〈砕かれた〉存在論に対応する裂け目」を前面に押し出す。そのおかげでバルトは神義論から転向するのである。カール・バルトは何と言っているか。虚無もまた神に属すること、ただし〈善なる創造〉とはまったく異なる意味で。そこに神の行為がある。神にとり、選ぶ行為――聖書的選びの意味で――は、何かを棄却することと切り離せず、この何かは、神がそれを棄却されたがゆえに、虚無のすがたで存在する。「それはいわば神の左手である」。バルトはそこでライプニッツのやり方を逆転する。神義論が、神の力は神の善意によって制限されるのではないかと自問するのに対し、バルトのほうは、神の善意が神の怒りによって制限されるのではないかと自問するのである。

(3)最後に、五〇年代の多くの著作でリクールは、自信過剰の態度を一切欠いた希望の経綸というもののの輪郭を描き出す。それを証言するのは『歴史と真理』のなかの次の気にかかる一節である。「それが善であるかどうか、私にはわからない。闇のなかで私はそれを希望する。とすると私は希望のなかにいるのだろうか。だからこそ、希望は不安の真の反対物であるとはいえ、私は絶望している私の友と、ほとんど違わない。私は罪の秘密を前にして、彼と同じように沈黙に釘づけになる。臆病な希望ほど無意味さのもたらす不安に近いものはない」(*HV*, p. 334)。論文「罪の告発を非神話化する」の最後でリクールは、ニーチェが要求したように、道徳的な神に反論する愛の神学のための諸命題を主張する。[28] その神学は一見両立しがたい方向に倫理(応報の精神と分離できない道徳的世界観)を宙づりにしなければならない。すなわち一方で罪を告発する方向と、他方では慰めの方向である。こうした倫理の宙づりの二つの様態のあいだで、至高の〈汝〉と、〈神または自然〉(Deus sive natura)との深い一致に到達しなければならない。ここにおいて父の像が現われる。その像はスピノザ『エティカ』第五部の定理三六によってめざされる、意味の剰余である。「神に対する精神の知的愛は、神が自分自身を愛する無限の愛の一部である」。[29]

知恵

『意志の哲学』や『解釈の葛藤』所収の諸論文で、知恵はヨブの人物像に具現されているとしても、悪を主題とする比較的最近のテクストでは、知恵の術のほうに、もっと明瞭な形で、高い価値が与えられている。そこでは知恵は最高の応答として介入する。というのは、政治とちがい、知恵は暴力に訴えず、非暴力的な行動を助けるからである。しかし知恵はどのようにして首尾よく歴史に記入されるのか。

まず聖書によって教化された共同体が引き受けることのできる知恵がある。この共同体にとり、知恵の術、すなわち喪の作業を助けるような「感情の霊化」は、「〜にもかかわらず」を信じることにある。神学者パウル・ティリッヒのこの定式によれば、われわれは悪を説明するためにでなく、「悪にもかかわらず」「悪に逆らって」神を信じるのである。「愛する者の死について自責の念にかられる」生き残った者の心的傾向、自分を責める犠牲者の心的傾向に逆らって反論し、「いいえ、神はそれを望まれなかった」と断言しなければならない（*L3*, p. 231）。そのとき嘆きは「希望の焦り」を証しする神への哀歌の形をとる。そこから「いつまでなのですか、主よ」の詩編作者の叫びが出てくる。この霊化の段階を越えると、知恵はもはや聖書的知恵には要約されなくなり、普遍的になる。その知恵はひとりきりで「苦難のうちに、浄化的、教育的価値を見分ける」（*L3*, p. 232）ことのできる人たちに適したものとなる。この知恵は教えられないもので、「さもなければ犠牲者を再び自己非難に陥れる恐れがある。［…］知恵が指向する地平は、欲望を傷つけることが嘆きを生み出す、そういう欲望そのものを断念すること、応報や苦難を免れたいという欲望を断念することである」（*L3*, p. 233）。ここで理由なしに神を愛するヨブの人間像が再発見される。しかし同時に、悪に対する知恵の反撃は、特定の宗教との一切の絆から自由になる。

3　贈与の経綸

キリスト教との三重の関係

悪の問題は「哲学の境界へ」と導いていく。といって、その問題が宗教によって明白な解決策を見出したわけではない。そこで宗教は独自に考察されるに値する。「信仰は、つねに更新される選択を通して、最善の場合はみずからを運命に変わった偶然とするような、みずからの不安定を引き受ける」(SA, p. 38; 32) ことをいったん認めるなら、ここでリクールがしばしば表明するキリスト教の結ぶ三重の関係に言及する好機である[30]。

キリスト教はまず倫理の基礎と特殊な関係をもつ。倫理の原則そのものとみなされる「尊敬」は、万人にとり普遍的原則であり、信仰者の告白の専売ではないことを確認したうえで、リクールはキリスト教がこの原則を「贈与の経綸」に照らして「眺めている」ことを強調する。リクールが重視するキリスト教との第二の関係は、聖性、神性との関係である。そのことがもつ逆説的なメリットは、「主体が自己を中心として措定しようとする主張を制限する」ことにある。たしかに、ルター派神学者E・ユンゲルがその著『世の秘儀としての神』で与えている解釈によれば、みずからを保証なしと知っている信仰は、哲学的解釈学が傲《ヒュブリス》りに陥らぬよう助けることができる。その傲りとは、哲学的解釈学をしてコギトの哲学、またそれの究極の自己基礎づけの野望の後継者として自己措定することを指す」[31]（*ibid.*）。第三の関係は、詩学との関係である。「私はキリスト教を、詩人ウイリアム・ブレイクの言うところの『大いなるコード』と見る。キリスト教のなかに自分を位置づけることは、自分がその起源ではない大いなる象徴の全体のなかに位置づけることである」。

以上の第一の考察は、宗教的信念に属するものと、それとは無縁なものとのあいだに、明瞭に交叉する地帯があるのを見分けるよう促す。そこで残る問題は、リクールの聖書解釈学の方針をはっきりさせ、信仰を堅持する霊的な原動力を把握することである。しかしそれは少し性急に事を運ぶことにならないか。リクールは宗教から分離した、あるいは単に宗教と重層した領域を含めようとはしない。彼は哲学と神学両言語の混同という非難からよりよく自衛するために、哲学と神学が互いに自律的であることを禁じない。もっと明確に、厳密にいえば、何よりも彼は、一方で、哲学と宗教は、黄金律を中心に交叉する別々の経綸に、それぞれ応えるものであることを立証しようとする。他方で彼は、聖書の大いなるコードは、ある特有の型の物語に、物語行為の独自の技法に、関連づけられることを立証しようとする。

黄金律——道徳学と神学の出会いの場

道徳学と神学とのあいだに「出会いの場」を何によって設定できるかを自問して、リクールは二つの視点に立って黄金律の解釈を提案する。一方はカント主義から受け継いだ哲学的視角である。この場合、カント的道徳学は、アリストテレス的な型の倫理学に比し重要視されるので、「黄金律は、神学と照合されなくとも、道徳性の最高の原則と正当にみなされることができる」[32](L3, p. 273)。たしかに、カント的命法の用語では――「傾向性や欲求を考慮せずに、行動する主体が自分に与える主観的格率についての妥当性の基準」――定言命法の基本的な二つの定式に存している黄金律の哲学的扱いは、神学的に正当化する必要はまったくない。

しかしこの黄金律の神学的解釈を検討してみると、ヒレル〔ユダヤ教のラビ〕や福音書では、黄金律は否定形の陳述で読まれる場合「あなたが人からしてもらいたくないことを、あなたの隣人にするな」と、肯定形の陳述で「人にしてもらいたいことを、人にも同じくせよ」と読まれる場合とがある。この陳述の多様性はカントの道徳性の最高の定式に合致する。カントはその定式を、合法的基準の基礎づけ(Grundlegung)と、究極の正当化の基礎づけとに応じて問題を二分して、形式化する。宗教がこれら三つの平面(基礎づけ、合法的基準、究極の正当化)に「追加して」言うことは何もないとしても、宗教は第四の平面に意味を見出す。それは保証の平面であり、カントの希望の哲学と関係を結ぶ保証である。「直ちに要点をいえば、宗教は道徳的経験だけでなく、それを含むいかなる経験をも、贈与の経綸の遠近法のうちに位置づけることをめざすのである」(L3, p. 276)。

「遠近法」「贈与」「経綸」これら三つの用語ははっきり規定するに値する。「〈遠近法〉と言うことは、sens つまり〈意味〉と〈方向〉の両方を言うことである。〈贈与〉と言うことは、根源的な贈与を考えることで、その恩恵をうけるのは、人類とその道徳性だけでなく、一切の被造物であり、その上に道徳性は基礎づけられるのである。〈経綸〉と言うことは、罪の告白と赦しを中心とする象徴の網目よりも、もっと広大な網目において贈与が表現されるということである」(*ibid.*)。

黄金律が掟の形(「あなたの敵を愛せ」の掟)で表明されるのに応じて、掟は贈与の経綸の倫理的平面に近づく、と言ってもよいだろう。「この意味で、それ自体を超倫理的と言うことができる。それは贈与の経綸と自由の立法活動の連結点に、つまり贈与が義務を産み出す点に立つのである。その理由で、その〈新しい掟〉は満ち溢れの論理に属し、その論理は日常的道徳を支配している等価の論理の対極に位置する」(*L3*, p. 277)。しかしこれら等価と満ち溢れの二つの論理が交叉する地帯を考慮しても、これらの論理を対立させる理由はないのではないか。黄金律は愛の掟によって廃棄されるではないか。等価の経綸は、応報の倫理と結びついていないだろうか[33]。等価の経綸はたしかに、少なくとも一見したところ、タリオン法〔被害者のと同じ苦痛を加害者に課す刑罰〕から遠ざかっている。イエスは「ルカ福音書」六章三二~三七節ではタリオン法に対し距離をとっている。「自分を愛してくれる人を愛したところで、あなたがたにどんな恵みがあろうか。罪人でも同じことをしている。[…]しかしあなたがたは敵を愛しなさい。人に善いことをし、何も当てにしないで貸しなさい」。

こうした見解にもかかわらず、リクールは等価と満ち溢れの二つの論理が根本的に対立するという考えを拒否し、むしろ愛の掟のなかに黄金律を変える可能性を見ようとする。すなわち黄金律を「その利害がらみの性向から、他者を迎え入れる態度の方向に」移すことによって変えるのである。「do ut des(あなたが与えてくれるために、あなたに与える)の〈ために〉を、黄金律は贈与の経綸の〈だから〉に置き換える。『あなたはそれを与えられたのだから、今度はあなたも与えなさい』」

(*L3*, p. 278)。

黄金律と愛の掟の関係を明確にするためには、論理を逆にして、どうしたら等価の経綸が相互性の論理から独立し、自律できるかを問わねばならない。いかにして「正義の観念のロールズ的図式にしたがって、責務、役割、利点、負担の分配が、相互性が排除されているように見える掟から、生じることができようか」(*L3*, p. 278-279)。義務論と目的論との硬直した対立を拒む著者にとって、黄金律と愛の掟を結ぶ関係があることにほとんど疑いの余地がないのであれば、次の仮説は排除されるべきではない。すなわち黄金律から分離する愛の掟は、超倫理となり、キルケゴールのいう意味での、倫理の中断のきっかけをなす、ということである。

このように想定した場合、「キリスト教倫理」というより、むしろリクールの用語では、「宗教的観点からの共通の倫理」がはっきり見えてくる。その特質は、一面的な愛と、両面的な正義とのあいだの緊張を明瞭にすることである。満ち溢れの経綸は必然的に黄金律を愛の掟のほうに引き寄せ、それによって正義と愛の関係を逆転させる。だからといって特にキリスト教道徳というものについて語るのは、大いに議論の余地がある。「倫理的、道徳的平面においてさえ、聖書的信仰は、行動に適用される〈善い〉と〈義務的〉の述語にそれ以上の何もつけ加えないことを明言しなければならない。聖書的なアガペー(愛)は、メタ倫理的な性格の贈与の経綸に属するのであり、それゆえに私はこう言わねばならない。心性史の平面でもないかぎり、キリスト教道徳というものは存在せず、そのかわり、〈神を名指すこと〉に愛が結びつけられている新しい展望のなかに、聖書的信仰が位置づける共通の道徳が存在するのである」(*SA*, p. 37 ; 31)。

キリスト教的な倫理的様式というものを語る必要が生じるかもしれない、こうした態度は「思考を休息させない相互的再解釈の作業」をひきおこす。しかしこの思考の動きは、やはり実践的な意味をもつ。というのは「われわれのあらゆる法律――刑法や社会正義の法律――において、思いやりと高邁さを追加的に一歩一歩混合させることは、困難で、際限ないけれども、まったく合理的な務めとなる」(*L3*, p. 279)からである。利害と自己犠牲の、正義と愛の、応報の経綸と満ち溢れの経綸のあいだの、この解消しがたい葛藤は、暴力と非暴力の関係についての反省と交叉するのであれば、その葛藤は同じく次の最後の問いかけも支配している。すなわち、どんな「理由」によって他者を尊敬すべきか、とリクールは自問する。贈与の経綸という視角から、他者は「私と同じ」被造物として尊敬に値する。「こうして倫理の原則でなく、倫理の基礎づけという次元で、人格はそれ自体目的であるという観念と、創造の象徴のもとに贈与の経綸を受け入れることとの接続がなされる」(*ibid.*)。

4　大いなるコード

この満ち溢れの論理はいかにして適切な文言でうまく表現されうるか。どんな詩学を可能にするのか。すでに見たように、掟を対象とした解釈は議論の的となった。というのは掟は等価の論理のほうにも、満ち溢れの論理のほうにも傾きうるからである。「〈啓示〉という不透明で威圧的な概念」と「〈理性〉というそれ自身透明な概念」との潜在的な対立を拒否して、リクールは「二正面作戦に」出るのをためらわない。それは「啓示の概念と理性の概念を同時に獲得する」ためである。「これら二つの概念は、けっして一致しないが、生きた弁証法の関係をなし、それによって信仰の理解のようななにかを協力して産み出せるようにする」(*ibid.*)。しかし信仰理解は言語的アプローチと切り離せないのであり、言語的アプローチは、解釈学的要求と聖書の体系の特殊性とを関係づけるものである。

リクールの仕事のこの部分は、まだ暗闇にある。というのは多くのテクストが刊行されていないからである。[34] それでもそれらのテクストの主要な動機を強調しなければならない。すなわち「大いなるコード」の詩学である。この聖書の大いなるコードは二つの読み方ができる。つまり言述のいくつかの型の不均質性と聖書的ポリフォニーを強調する読み方と、逆に三肢構造、聖書的三要素を特権化する読み方である。

アガペーの詩学(ノースロップ・フライ)

第一段階として、リクールはロバート・アルターの業績と、とりわけノースロップ・フライの業績に出会う。フライの仕事は、文芸批評の道具をもって聖書本文の資料体を綿密に調べて、その基礎にあるコードを特定しようとするものである。フライは聖書の論述的というより、詩に近い語法の風変わりさを強調し、次に「聖書的イメージ群」の一貫性を力説し、聖書的言語の構造を明確にする。「『大いなるコード』は、聖書の象徴表現を条件づけている基本的な両極性と切り離せないように見える。事実、聖書本文では、否定的な形象が肯定的な形象とたえず対立させられており、肯定的な形象自体は「創世記」から「ヨハネによる黙示録」にいたる上昇的順序にしたがって編成されている」(*Sm*, p. 62)。もっと特定すれば、こうしたイメージは二つの軸にそって分けられる。一方の軸は「天国的あるいは黙示的であり、他方の軸は悪魔的である」。ところで「天上の力、英雄、人間、植物、鉱物が分けられる二つの等級を上から下まで目を通すこと」は可能である。このダイナミックな両極性はイメージの平面で、ある類型から反対類型への移行を惹起するので、聖書は「たとえばヘブライ人のエジプト脱出とキリストの復活とが互いに意味しあう」(*HR*, p. 11) 照合によって、リズムを与えられる。(35) このようにして、聖書は「この偉大な隠喩法の用語である、上と下、頂点と深淵、でもって、U字形に文彩」をくりひろげる。

しかしリクールはなぜ執拗に「大いなるコード」の役割を力説するのか。なぜ予表論的首尾一貫性を明るみに出すことが、彼にとってそれほど重要なのか。彼にとり、聖書が偉大な文学テクストと、文学的自足性や特有のコードを共有しているのを認めることは、それが聖書的言表の論証的性格をカッコに入れてくれるだけに、いっそう重要なことなのである。それは聖書自身の用語で「聞き手にも読み手にも自分で自己理解したいという欲求を起こさせる力」だけをとどめるためである。「テクストはいかなる外部もめざさないゆえに、唯一の外部としてわれわれ自身をもつ。われわれはテクストを受容し、テクストにわれわれを同化することによって、書物を鏡とするのである」(*ibid.*)。

啓示の解釈学と聖書的多声性《ポリフォニー》

「大いなるコード」の統一された想像性を明るみに出すこの最初の動きは、聖書的啓示の概念について問いかけるように、換言すれば、聖書の偉大な詩学に属するもろもろの文学ジャンルについて問いかけるように導く。このアプローチの仕方は、ノースロップ・フライの仕方と二重に区別される。以後、言述の多様性のほうが、「大いなるコード」の「統一された想像性」よりも前面に押し出される。これによって、聖書の多声的秩序が強調され、「〈契約〉の神学や、さらには〈救済史〉(Heil-Geschichite)の神学と同じように尊重すべき体系化に逆行する、旧約聖書の神学的中心の不在」(*HR*, p. 32)を力説することができる。この観点に立ってリクールが順次考察するのは、預言的、物語的、命令的言述であり、次に知恵の言述であり、最後に讃歌の言述である。これらの言述をそれぞれに特徴づけるものは何か、それぞれが〈啓示〉の概念を明らかにしていくのはなぜか。

預言的言述

問題が各言述に特有の役割を認識することであるなら、同様に、それぞれの言述が預言的言述ともつ関係を理解することも必要である。預言的言述においては神と預言者との関係が仲介なしに表明されているゆえに、その言述は特別の地位を保持しているからである。さらにこう問うことができる。その他の言述は、預言的言述のヴァリエーションにすぎないのではないか、と。

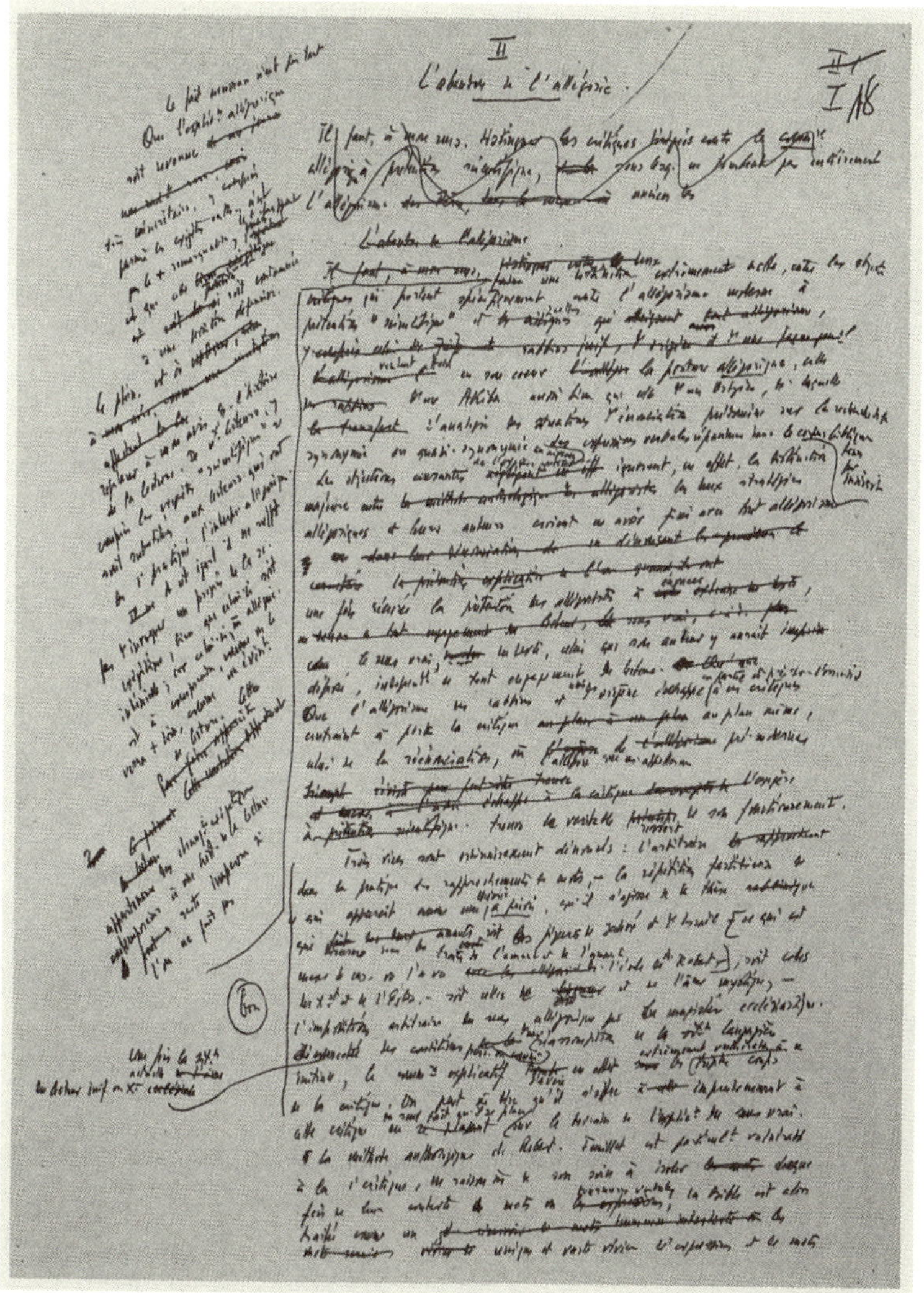

「アレゴリーの断念」の原稿

そこで預言的言述は「〜の名において」(*HR*, p. 17 ; 135) 発せられるゆえに、中心的位置を占めることになる。[36] エレミヤはこう証言する。「主の言葉がわたしに臨んだ。行って、エルサレムの人々に呼びかけ、耳を傾けさせよ」(「エレミヤ書」二章二節)。預言者はここで、自分の名においてではなく、他者の名において語る人として、自分を紹介する。「〈啓示〉の観念はここでは、語られた言葉と書かれた言葉との二重の著者という観念と一致しているようである。啓示とは、預言者の言葉の背後にある他者の言葉なのである」(*ibid.*)。しかし預言的言述の直接的表明は、結果として、さまざまな特徴をもった狭さをもたらす。リクールによれば、預言は神託というジャンルとつながりをもち、「啓示の観念を、声の背後の声として解されるような霊感に従属させてしまう」傾向がある。書かれた言葉も預言者の耳に吹きこまれたものと信じさせかねない「声の背後の声」は、きわめて主観的な〈啓示〉理解の原因となる。しかし預言と、とりわけ神託や神占との関係は「預言の観念と、未来を露呈するという観念とのあいだに、ほとんど不可避的な観念連合をつくりあげてしまう」が、それは「啓示の内容は神のはかりごとと同一視できるという考え」を押しつけてしまう危険がある。そして「そうすると啓示の観念は、歴史の終わりの予告という観念と同一視されがちになる」。こうした型の解釈では、預言的言述ははっきりと黙示文学的形式に、あるいは別の語法によれば、ユートピアのほうに移行してしまう。[37]

物語的言述

こうした状況で、神の約束はいかにして、預言的様式とは違った仕方で、表明されることができるか。預言的様式は黙示文学と混同される傾向がある。この危惧に答えるために、リクールは次に、モーセ五書、福音書、あるいは「使徒言行録」に出てくるような物語的言述を重視する。物語的言述は、著者と著者を導く精神との混同を避けるために、過去の出来事の物語に力点をおき、ヤハウェを三人称で指し示して、「最終の行為項（actant）」とみなす。物語的言述によって強調されるのは、ある種の出来事の意味である。たとえば「アブラハムの選び、エジプト脱出、ダビデの塗油式。また原始教会にとってはキリストの復活」（*HR*, p. 20；139）といった出来事である。それらはファッケンハイムの表現によれば、「歴史をつくる出来事」（history making events）である。なぜならそれらは、共同体を大危機から救い出すことによって、共同体を創設するからである。「イスラエルと原始教会の全信仰は、こうした核となり、創始的で、制度化された出来事の超越的性格を告白することで結ばれるのである」。しかしこうした創始的出来事にむかって集中することが、神の現前を「神の言葉」において（預言的言述の場合はそうである）よりも、歴史においてしるしづけることになるとしても、主観性はやはり前面に出てくる。というのは語りは語り手によって共同体に与えられるのであるから。「語りという出来事」は「出来事の語り」にまさるのである。このとき物語言述は預言的言述に近づき、語り手はまたしても「〜の名において」語り、「物語的告白の特性、すなわち出来事における神の痕跡を思念するという特性」を無効にしてしまうおそれがある。言葉の出来事しか考慮しない、神の言葉の神学に反対して、リクールは、パンネンベルクとともに「言葉の出来事の観念論に逆らって、歴史的出来事の実在論」を評価する。この観点から、預言と語りのあいだの緊張は理解できるようになる。語りは確信によって試みられるのに対し、預言的言述は「創設の土台」をゆるがす。「創始的な出来事の朗誦がもたらしてくれる安心感と、預言者が告げる威嚇とのあいだに、合理的な綜合、勝利の弁証法などなにもない［…］。アンドレ・ネヘルの言葉によれば、虚無の切れ目が新しい創造と古い創造とを分けている。いかなる〈止揚〉（Aufhebung）も、この死の裂け目をなくしてしまうことはできない」（*HR*, p. 22；142）。このことは摂理として歴史を表象することに全く反対する。語りと預言との「砕かれた弁証法」は、「〈啓示〉の多義性と多声性」とを汲み尽くせない。だからこそ聖書の他の三つの宗教的言述様式は考慮されねばならないのである。

命令的言述

その第一の様式は命令的言述で、それは「トーラー」（Torah）によって象徴化されるが、『七十人訳聖書』の翻訳が提案するような「律法」（nomos）によっては翻訳されえない。『七十人訳聖書』は二つの欠陥を抱える。すなわち、神の意志を「上から下る命令」に要約し、また「トーラー」をカントによって示される道徳的言語に、つまり外から、上からの掟の言語に直接翻訳するという欠陥である。

そこから生じる遺憾な結果は、啓示の観念を他律の観念に「折り返し」てしまうことで、それに反し、「言葉、欲望、存在の次元での根源的依存」は他律の観念と自律の観念とを一緒に批判することを要求するのである。リクールは、トーラーを外的な掟と同一視するのを批判して、「律法についてのテクストがすべてモーセの口から、シナイ山滞在という物語的枠内で語られたものであるのは見過ごしにできないことである」（*HR*, p. 24 ; 144）と注意を喚起する。そのことが意味するのは、神の意志の「教え」がエジプト脱出と結びついており、「出エジプト記」と〈律法〉の宣言との関係は、言述の面では、法的なものと物語的なものとの関係を表現しているということである。「内容についていえば、救出の記憶が内密に、教えそのものを規定している、ということである」（*HR*, p. 24 ; 144）。「十戒は救われた民の律法をなす」のであれば、「他律の観念は、トーラーの教えに含まれる意味の豊かさをとりこむには不適切である」（*HR*, p. 25 ; 145）。

次に〈契約〉の観念は――そこに先行する論拠と同じ方向をめざす第二の論拠があるのだが――「律法への恐れおののく服従から、［…］『詩編』に見られるような、歌う魂による尊崇へ、といった関係の全体を指している」（*HR*, p. 24 ; 144）。契約を象徴するこの「さまざまに変異する空間」には、命令を前面に押し出すのと、「啓示の倫理的次元をなす」聖性の目標とのあいだをゆれ動く「絶えざる拍動」がある。以上のさまざまな論拠は、自律の観念のみが説明づけるのではない、啓示の制定する機能を強調する。「啓示は歴史的である、と言えるとしても、それは神の痕跡が、過去の創始的な出来事において、あるいは来るべき歴史の成就において読みとることができるという意味だけでなく、神の痕跡が律法実践の歴史を方向づけ、教えの力動性を産みだすという意味においてである」（*HR*, p. 25 ; 146）。

モーセとアロン

私がシェーンベルクの『モーセとアロン』に大変愛着するのは、この音楽作品が神学的、哲学的、美的、そして実存的な意味をもつからです。神学的というのは、この作品の最初の枠組みが聖書物語だからで、そこではモーセはシナイ山の人、つまり神に近く、民から遠い人です。モーセの声、そのメガホンはアロンで、彼は民のそばにとどまります。それに対し、モーセは山に登ります。モーセの不在を埋めるために、民が像を、すなわち黄金の子牛をもつ宗教を必要とするのに、アロンは誘惑されてしまいます。神学的な賭けは、直ちに哲学的な賭けであります。それは表象のない、像のない、そしてモーセは不在なのだから結局は声のない超越者との闘いでありますす。しかもモーセが発する最初の言葉は異常であり、ただちに議論を起こします。彼はこう言います。「ひとり〈永遠なるもの〉が万物に現臨しておられるが、それは見えず、表象できない」。そこで賭けられているものは像であり、表象であります。それはとるに足らぬ賭けではありません。なぜなら神はここで表象のない、媒介のない唯一性を表わしているのですから。ところでイメージの偉大さ、もっと正確には、想像力の偉大さというものがあります。というのは概念だけでなく、あらゆる美的な創造物も、さらには知的な創造物さえも、想像力から生まれるのですから。そうすると議論は、表象しえないものと、表象の力とのあいだにあります。その議論が神学的であるだけでなく、哲学的でもあるのは、一方の非概念的で、非表象的なものと、他方の想像力の精華とが対決し、それらが直ちにシェーンベルクの魂に内在化した、という意味においてであります。なぜならそれは、周知のように、宗教的人間、敬虔なユダヤ教徒としてのシェーンベルクにとって葛藤であるばかりか、芸術家としての彼にとっても葛藤だったからです。彼は伝達の問題に直面していました。人は非表象的なもので伝達はできませんし、実際にモーセは伝達しません。

十二音技法の問題、この音楽的書法の革命は、シェーンベルク自身をモーセの位置に立たせました。その反面彼は民がどんなものかを知っていました。民とは、われわれ皆であり、それは映像であり、感覚に触れ、感動や情念を喚起し、したがって想像性によって伝達空間を創造する、伝達の場であります。それゆえ非表象的なものと表象との内戦が、ドラマの起源にあります。というのは、民は乱痴気騒ぎにふけるものだからです。第二幕全体は、捧げ物と血の嵐となります。シェーンベルクは供儀と放棄のアンビヴァレンスだけでなく、暴力と殺戮のアンビヴァレンスにも賭けました。モーセが戻ってきたとき、彼は理解されませんでした。しかしここで言わねばならないのは、モーセがはじめから召命に逆らうためにあらゆることをした者であることです。それは召命物語のよく知られたテーマであります。「いいえ主よ、私をこのままにしておいてください。私は召命に応えられるほどの者ではありません。私に、あなたの預言者、あなたの声になるよう求めないでください。私は年寄りです。羊の群の番をさせておいてください」。それは強制された召命であり、召命の失敗でもありました。彼は山から戻って、十戒板を砕きました。そこから、フロイトがいたく感嘆したミケランジェロのモーセ像につなげることができます。この根本的なものの伝達不可能性、そこにドラマの源があります。(一九八五年三月九日、フランス゠文化放送局から放送された、対談「ポール・リクールの楽しみ」からの抜粋)

リクールは次に、知恵の次元を重視する。それはいわゆる「知恵文学」のジャンルをはみでている。この過剰に、「教えにつけ加わる、迷いのない明晰さ」のしるしを見るべきではなく、そこに「契約の民をこえて、個人そのものを目当てにした、そして個人のなかに、すべての人を目当てにした生き方についての省察を」見分けるべきである。「ユダヤ人を通してすべての人をめがける」知恵が、その特徴とするのは、唯一の民族にだけ適合する立法を表わすのでなく、人間の偉大と悲惨とが対決する限界状況（孤独、過ち、苦難と死などヤスパースが列挙するような限界状況）に介入することである。

ヨブがすぐれて知恵の証人であるとすれば、それが意味するのは、〈啓示〉が次のような意味の地平を思念する、ということである。すなわち「苦悩するという新しい、能動的な質において、世界についての考えと行為についての考えが融合する」（*HR*, p. 27；148）。永遠なる神は、ヨブの苦悩を正当化するものは何か、どんな形の勇気が苦悩を抑えてくれるのかを、ヨブに告げない。ヨブの苦悩は、あるパトスの根源にあり、そこでは世界観と、ヨブを変えるようになる倫理観とが重なり合う。「ヨブは神に答えて言った。あなたは全能であり、御旨の成就を妨げることはできないと悟りました。私は意味のない言葉で、あなたの忠告を混乱させる者でした。それで私は自分に理解できず、自分の理解をこえたおどろくべき御業をあげつらっておりました。『聞け、私が話す。おまえにたずねる、私に答えてみよ』。あなたのことを耳にしてはおりました。しかしいま、この目であなたを仰ぎ見ます。それゆえ、私は塵と灰の上に伏し、自分を退け、悔い改めます」（「ヨブ記」

四二章一〜六節）。河馬《ビヒモス》も、鰐《レビヤタン》も見たことがなく、神の創造の規模も知らなかったヨブは、後悔しながら、「人間が用いるどんな言葉、どんなロゴスも書き写すことのできない、疑いえない一つの意味」を推定する。アリストテレスが、恐れと憐れみの情念を浄化してくれると言った、あの「悲劇的な悲しみの質」に近い、この質は、ここで「〜にもかかわらず」希望をもつ可能性を示してくれる。たしかに知恵は、神のはかりごとといったどんな観念とも無縁である。知恵に先立ついろいろな言述は、強さの差はあれ、いずれも神のはかりごとを暗示していたのであるが。

讃歌の言述

「詩編」——讃歌、嘆願、感謝の三つの大きなジャンルから成る——は、リクールが考察する最後の形式である。神が自然や歴史において成就したおどろくべき御業に対して発する称讃は、簡単に物語ジャンルに加えられるようにはならない。讃歌、嘆願、感謝の三つのジャンルのおかげで、人間の言葉は、ただ物語るだけにはとどまらなくなる。以後それは祈願となって、神に二人称で語りかける。リクールはそこで、「我＝汝の関係」を考察する。それはマルティン・ブーバーやガブリエル・マルセルの宗教的人格主義によって、過度に実体化されてしまったかもしれないが、その関係は嘆願の「詩編」において十分な意味を発揮する。「詩編」は、その関係を適用する領域の代表である。「感謝、嘆き、祝福などは、こうした心の動きが明らかにするものによって産み出される。知恵が苦悩を、苦悩に耐える術に変えるとき、その知恵の動きに見られるパトスの昂揚は、『詩編』作者のうちにいわば主題化されている。言語は感情を表現しつつ、感情を形成する。啓示はそうすると、人間感情の日常的な様態を超越する感情の形成そのものである」（*HR*, p. 30；152)。

以上、啓示の物語を編成する五つの言述形式に言及したあとで、そこからどんな教訓を引き出すべきか。第一に、啓示の解釈学は「信仰共同体の成員が自分たちの経験を、まずもって自分たちのために、また他者のために解釈するために用いた表現に［…］優先的に適用されねばならない。換言すれば、肯定命題や神学的な型の言表（神は存在する、など）、あるいは哲学的思弁から由来する概念などの集積所ではない言述において、啓示はもたらされるのである。しかし第二の結論が必然的に出てくる。すなわち内容のうちに外的なコードの痕跡を見るのを警戒せねばならないのと同様、いろいろな文学ジャンルを変形させて、それらを、「神学的内容を抽出」すべき単純な言述形式にすぎないとみなすのも無意味であろう。聖書の文学ジャンルとは、文学という建物の前面であって、そのうしろには文学形式とは関係のない思想内容が隠れている、といったものではない。それどころか、「聖書の各書で表わされている信仰告白は、それを表現するいろいろな言述形式によって、直接に転調されるのである」（*HR*, p. 31；153)。しかし当然それに最後の結論が加えられる。啓示が多声的であるなら、啓示は単一コード的な仕方で定式化されず、類推的な仕方で表明されるのである。「言述の原始的な形式を中和して、あらゆる宗教的内容を陳述や命題のレベルに転移するのを前提とする綜合と体系化という、本来的に神学的な作業をカッコに入れるならば、われわれは啓示の多義的で、多声的な概念に近づける」（*HR*, p. 32；154)。啓示概念の類推的な性格が強調されるとしても、その概念は、照合される預言者の言述から発してくる。

これは最後の難問を強調するように導く。啓示は預言的言述における「霊感」と混同されるので、啓示概念の類推的性格を力説しないと、「預言のジャンルから抽出した」霊感概念を一般化して、聖書は聖霊によって書かれた、と言われるおそれがある。ところが非預言的なさまざまな言述が立証したのは「啓示は、主観性の飛躍や心理学的神学を助長する霊感の形とはちがった仕方でも述べられることである。他の言述形式と結びついた啓示の微妙な差異が出てくるのは、たとえば、物語の枠内での制定的な出来事の役割、律法の教えの命令的な力、知恵の言葉の啓示的な能力、そして抒情的な質のパトスからである」(*ibid.*, p. 155)。

リクールは最後の結論に注意をむける。啓示のあらゆる類推的な形式について、ある一つのことが一義的に言われるとしたら、それは啓示がけっして「一つの知識のなかに含まれることも、それに支配されることも」ない、ということである。そこで啓示の観念は、二つの顔をもつ観念として提示される。「自分を現わす神は隠れた神であり、隠されたことがらはその神に属する」(*HR*, p. 33 ; 156)。もし「啓示されるものは、また、保留されているものである」なら、燃える柴の挿話(「出エジプト記」三・一二)、名づけられないものの名である、神の名の啓示は、決定的な役割を演じる。モーセがヤハウェに名をたずねると、神はこう答える。「私はある、私はあるという者だ」(『新共同訳聖書』)。そして神はこう続ける。「イスラエルの人々にこう言うがよい。『私はある』という方が、私をあなたがたに遣わされたのだと」。さらにこう続ける。「イスラエルの人々にこう言うがよい。あなたたちの先祖の神、アブラハムの神、イサクの神、ヤコブの神であるヤハウェが私をあなたたちのもとに遣わされた。これこそ、とこしえに私の名。これこそ世々に私の呼び名」(*ibid.*, p. 157)。こうしてアブラハム、イサク、ヤコブの名によって意味された歴史的啓示は、隠れた神が創始的な出来事の意味として告げ知らされるかぎりにおいて、名の秘密と背中あわせになっているのである。秘密と顕示とのあいだに啓示は位置する、とリクールは注釈する。

『七十人訳聖書』の翻訳にしたがって、Ehyêh asher ehyêh を「私はある。私はあるという者だ」という積極的な存在論的言表の意味に解釈することによってのみ、「名の神学は、歴史神学を再開し、枠づけることができるような存在＝神論へ移るようになろう。自分を現わす神は、隠れた神である、と言うことは、逆に、啓示はある制度がそれを利用できるような真理の本体となることはけっしてできないと告白することである」[38]（*HR*, p. 34；158）。

三つ組構造

聖書釈義家ポール・ボーシャンの著書を読んで書かれた最近の論文で、リクールは五つの言述を中心に構成される第一の多声的アプローチとは一線を画し、「三つ組構造」を考慮にいれることを提案する。[39] リクールのルーヴァンでの講演を参照することが、その違いを示してくれる。「啓示の観念について私がルーヴァンで講演をした時期以来、私はポール・ボーシャン著『両方の聖書』に、文学ジャンルによる分析に逆らわず、しかも無際限の分散をいかにして避けるかの方法を見出した」（*ELR*, p. 29）。その線にそってボーシャンは、ラビたちの重要な三つ組を考慮するよう提案する。すなわちトーラー（律法の書）、預言書、諸書である。文学ジャンルよりも、この三分法は、語られた言葉と書かれたものとを連結する三つの仕方を指し、次の三つの自己同一性の形式を関係

1992年ローマで，スタニスラス・ブルトン，ガブリエル・ヴァーニアンと。

づける三要素を登場させる。すなわち「根拠づけられた自己同一性」「動揺する自己同一性」「特異であるとともに普遍化された自己同一性」である。

前の方針とは一線を画して、リクールは預言書からではなく、トーラーからはじめる。トーラーは法的と物語的の二領域に属するのにしたがって、律法と物語として現われる。「一方で、律法の授与は解放の歴史に織りこまれる出来事として物語られる。他方で、この歴史は律法の交付を枠づけるがゆえにのみ、解放の歴史なのである」(*ELR*, p. 30)。歴史と律法は同時に進行するが、物語的なものと法的なものとの両極性は、律法が「立法者の不在に応じて表明される」という奇妙な状況と対応している。この状況は、物語の平面では、語られた言葉と書かれたものとの隠れた弁証法を明らかにする「出エジプト記」と照合する。

トーラーは「シナイ山と、みずからの自己同一性を受け取る民との両極間の契約」という循環形式で現われる。というのは「出エジプト記」の物語は、〈創造〉についての最初の物語に連絡しており、その物語は、ポール・ボーシャンによれば、「語られた言葉は起源そのものであり、それはわれわれの言葉とは逆に、語が事物に先立つ」ことを言明している。この物語は、証人のいない物語であるため、それは「太古に書かれたものを復元したり、修正したりする以外には、表現されえない。換言すれば、「言述の起源でもある、起源についての言葉」に不可欠の「書かれたものの集積」による以外には表現されえないのである。こうして、太古の物語と、太古の律法という、二つの太古のものが交叉する。[40]

次にリクールは預言書に言及し、そこにもまた語られた言葉と書かれたものとの弁証法が働いているのを見る。「ヤハウェの言葉は、預言者の口から出ると、語られる言葉のあらゆる脆さをもっており、その崩壊からは、ただ書かれたもののみが救い出せる」。

最後にリクールは、書かれたものの作業がとりわけはっきり感得できる、賢者に伝えられた文書類に取り組んで、その逆説的な特徴をこう言明する。「知恵は太古からのもので年齢がない、と同時に、日常的なものでもある」。知恵は、福音書ではもはや言及もされない、「余分な」ジャンルではないのか、と疑問視されるのに対して、リクールはそこに独特のジャンルを見るように勧める。知恵は応報の倫理の枠組みを超え出る役目を負わされており、その決定的な役割は、特異なものと普遍的なもの、イスラエルの特異性と文化の普遍性を連結することである。

自己同一性の主題を前面に押し出すならば、預言者の言述が「その自己同一性を異国の歴史の不測の出来事」と対決させるようになるまえに、トーラーは民の「倫理的・物語的自己同一性」を開始する。こうして、預言者の語る言葉は、トーラーによってよく根拠づけられた自己同一性を不安定にし、混乱させるようになる。彼の言葉は、われわれの神がその民とともに死んだのではないか、という動揺させる問いかけによって、不安に陥れる。普遍的なものは、民の特異性とともに消滅してしまったのではないか。この自己同一性の危機という文脈において、知恵は歴史的特異性と普遍性とを連結する役割をもつのではないか。トーラーが一つの民に訴えるのに対し、特異なものと普遍的なものとを連結させる知恵は、どんな人にも訴えかける。そこでリクールにおいて、知恵の言述は宗教的なものと非宗教的なものとが交叉する領域に対応するだけに、それはいっそう戦略的なものとなる。

大いなるコードの想像的単一性と諸言述の多声性とのあいだで、ポール・ボーシャンの三つ組的アプローチは、物語と法との両極性を強調するだけでなく、応報の道徳的経綸を超えるのを可能にする知恵の決定的な役割をも強調する。それに加えて、その両極性と知恵とは、リクールの思考に別の組み立てを生じさせる。一方で、進行中の〈創造〉についての反省は、ヨブについての省察と反響しあう。最初の奇跡は、その分身をヨブの嘆きのうちに見出す。ヨブにとり、神の創造は、義人の苦難に敵対するものであった。他方で、希望の言述は、スタニスラス・ブルトンの著作によって鼓吹された十字架の神学のほうに移っていく。[41] ブルトンは、〈受難〉の「矛盾し、危険な」時に力点を置く。そこでは愛の狂気は虚無の危険を冒し、また神の人間化はキリストにとり、父なる神にみすてられた者の嘆きに帰結する。ヨブと創造、受難と終末論という二組の対は、無の、カール・バルトのいう Nichtige の仮説をもって生きようとする知恵と信仰が合致する、そのような態度の輪郭を描き出す。

ところで、この無とは、すぐれて危機の時、人間が他の何よりも信じている者によってみすてられる危機の時でなくて何であろうか。しかしこの受難の無の時はまた、すでに起きた出来事を物語りながら開始し、再開する歴史の指標であり、可能な運動の指標である。ここにおいてキリスト論は、たとえばミシェル・ド・セルトーの時間についての省察や、[42] ナベールにおいてはっきり描き出される証言の解釈学と交叉する。

その危機を別の言い方でどう言い表わすべきか。空虚な墓の言語でいうなら、ヘブライ人にとって、語られた言葉なき書かれた律法があるならば、キリスト教徒にとっては、空虚な墓、分離、神＝人の屍の消滅がある。その後に、なすべき何が残っているか。それは、人間的なものと非人間的なもの、人類を安堵させるものと人類を超えていくものという二つの糸を見失う脅威につねに曝されている人間に、肉体をつくり、肉体を与えようと企てることである。哲学の境界でリクールの思惟は、「受動性」から、つまりキリスト教的な枠内で人間の「受難」とそのキリスト的分身から、何が出現しうるかをねばりづよく考えようとする。要するに、リクールはそこでなおも、可能な歴史の諸条件を執拗に考えようとするのである。

原注

（1）《*Temps et Récit*》*de Paul Ricœur en débat*, *op. cit.* において、ライナー・ロホリッツとクリスティアン・ブーシャンドムが提出した異論に対するリクールの返答を見よ。

（2）次の著書を見よ。*L'Homme à lui-même. Correspondance entre Jacques Ellul et Didier Nordon*, Ed. du Félin, 1992, p. 88 ; Theoneste Nkeramihigo, *L'Homme et la Transcendance selon Paul Ricœur*, Ed. P. Lethieleux, coll.《Le Sycomorre. Chrêtien aujourd'hui》, 1984.
リクールにおける神学と哲学の関係については、次を見よ。Alain Thomasset, *Paul Ricœur, Une poétique de la morale. Aux fondements d'une éthique herméneutique et narrative dans une perspective chrétienne*, Leuven University Press, 1996.

（3）ガブリエル・マルセルについての論文は *L2* に、ピエール・テヴナズについての論文は *L3* に、それぞれ収録されている。

（4）Jean-Louis Schlegel,《Devant la théologie allemande》, *Esprit*, spécial Ricœur, *op. cit.* を見よ。

（5）《Une herméneutique philosophique de la religion : Kant》, *Interpréter. Hommage amical à Claud Geffré*, Ed. du Cerf, 1992 を見よ。

（6）《La paternité, du fantasme au symbole》, in *CI* を見よ。

（7）Dominique Janicaud, *Le tournant théologique de la phénoménologie française*, Ed. de l'Eclat, 1992, p. 12-13 を見よ。

（8）*MV* の最後の章を見よ。

（9）Dominique Bourg, *Transcendance et Discours*, Ed. du Cerf, 1985 ;《La grammaire chrétienne》, *Esprit*, spécial Ricœur, *op. cit.* を見よ。

（10）哲学と非哲学の関係については、本書の第一章を見よ。

（11）『エスプリ』誌に発表された、悪と悲劇についての評論は、*L3* に収録されている。悲劇的なものについては、本書第二章の冒頭を見よ。

（12）グノーシス主義の歴史的役割については、次を見よ。Rémy Brague, *La Voie romaine*, Critérion, 1992.

（13）ヤスパースの次の二著を見よ。*La Culpabilité allemande*, Ed. de Minuit, 1991 ; *Liberté et Réunification*, Critérion, 1991.

（14）本書の第二章を見よ。

（15）もちろんそれは印象にすぎない。というのは *TR3* の最後のページでは、時間の推量不可能性と悪の推量不可能性とが関係づけられているからである。

（16）*Le Mal. Un défi à la philosophie et théologie*, Genève, Labor et Fides, 1986, et in *L3* ;《Le scandale du Mal》, *Esprit*, spécial Ricœur, *op. cit.*

（17）*SA* の第九研究を見よ。

（18）善と悪の非対称性については次を見よ。《Une herméneutique philosophique de la religion : Kant》, *Inter-*

prêter. Hommage amical à Claud Geffré, op. cit. この宗教の哲学的解釈学は「根本悪の告白に対する独自の反論として、希望の理解を根拠づけるものである」(p. 47)。

(19) キルケゴールについての二論文が *L2* の冒頭を飾る。

(20) *CI*, p. 295 を見よ。

(21) 正当化できないものについては *L2*, p. 235 を見よ。「規範的思想によれば、正当化できないものが非妥当性を下から越え出るのと同様、正当化の欲求は、同じ規範的思想が要求するような道徳的厳正さの努力を上から越え出る。正当化できないものは、どんな規則も越える反省を要求する」。

(22) *CI*, p. 299 を見よ。

(23) *CI* にある次の論文を見よ。《La liberté selon l'espérance》;《Culpabilité, éthique et religion》.

(24) 本書の第二章を見よ。

(25) Yerusharmi, *Mémoire et Histoire*, Denoël, 1986, p. 107 に引用。

(26) Olivier Mongin,《Se souvenir de la Shoah. Histoire et Fiction》, *Esprit*, janvier, 1988 ;《Porter le deuil》, *Esprit*, juin, 1997 を見よ。

(27) Olivier Abel,《Les tables du pardon》, in *Le Pardon. Briser la dette et l'oubli*, Autrement, avril, 1991 ;《Ce que le pardon faire dans l'histoire》, *Esprit*, juillet, 1993. 同じく次のリクールの最近の論文も見よ。《Quel *ethos* pour l'Europe》, *Imaginer l'Europe*, sous la direction de P. Koslowski, Ed. du Cerf, 1992.

(28) *CI*, p. 346 を見よ。

(29) *CI*, p. 347 を見よ。

(30) 《*Temps et Récit*》 *de Paul Ricœur en débat, op. cit.* を見よ。

(31) 『ポール・リクールの「時間と物語」を論ず』での対談でリクールは、自分は主体の批判や構成的意識批判を恐れたことはまったくない、と言う。聖なるもの、神聖なるものとの関係のうちに「主体の自負への限界」

を見る彼は、こう続ける。「ハイデガーによるヒューマニズム批判、フーコーによる主体の自負に対する批判などは私を困らせなかった。なぜならその批判はまさに私の確信とまったく同じ方向をめざしているからである。すなわち主体はすべての中心ではなく、意味の主人でもないのである」(*op. cit.*, p. 35)。

(32)《Entre philosophie et théologie : la Règle d'or en question》, *Revue d'histoire et de philosophie religieuse*, no. 1, 1989, et in *L3*. 黄金律については次も見よ。*Amour et Justice*, J. C. B. Mohr, 1990.

(33)「応報はそれなりに神義論である。あなたが苦しむのは、あなたが罪を犯したからだ。われわれはそこに、ヘーゲルがカントに反対して、道徳的世界観と呼んだものの核心を見る」(*Sm*, p. 60)。それこそ苦難の義人の嘆き、「ヨブ記」の嘆きであり、それは応報の観念、善による悪の補償の観念を打ち砕く。

(34)そのうちのいくつかの論文は*L3*に収録されている。

(35)私はここで論文「啓示の観念の解釈学」を引用する。さらに次の最近の論文も見よ。《Expérience et langage dans le discours religieux》, in *Phénoménologie et Théologie*, sous la direction de Jean-François Courtine, Critérion, 1992 ;《Herméneutique. Les finalités de l'exégèse biblique》, in *La Bible en Philosophie*, sous la direction de D. Bourg et A. Lion, Centre Thomas More/Ed. du Cerf, 1993.

(36)*L3*に収録されたアンドレ・ネヘルについての論文を見よ。また最近の次の論文を見よ。《Le sujet convoqué. A l'école des récits de vocation prophétique》, *Revue de l'Institut catholique de Paris*, octobre-décembre, 1988.

(37)「われわれはユートピアを予言に近づけてみることができる。ユートピアは完全な都市の描写と、それに近づく歩みを先取りした語りとを合体させるのである。しかもこの語りは、新しい色に塗りかえられた伝統的物語からの借用がじつに多いのである」(*TR3*, p. 373 ; 468)。

(38)同じく*TR3*の結論で、聖書における物語的なものと非物語的なものとの関係について述べている箇所を参照。

(39)リクールがここで言及し、*L3*, p. 312-313 でも論じているのは、次の著書である。Paul Beauchamp, *L'Un et l'Autre Testament*, Ed. du Seuil, 1977. また次の論文も見よ。《La Bible et les formes du langage, ou le texte du pardon》, intervention de P. Beauchamp, in *Esprit*, spécial Ricœur, *op. cit.*

(40)「この最初の交叉がモーセ五書を性格づける」(*TR3*, p. 389 ; 495)。

(41) Stanislas Breton, *Le Verbe et la Croix*, Desclée, 1981 についてリクールは次の論文を書いた。《Logos, mythos, stauros》, in *Philosopher par passion et par raison. Stanislas Breton*, sous la direction de Luce Giard, Jérôme Millon, 1990 ; in *L3*.

(42) Michel de Certeau, 《La rupture instauratrice》, in *La Faiblesse de croire*, Ed. du Seuil, 1988 を見よ。この省察は、クロード・シャブロル、ルイ・マラン、グザヴィエ＝レオン・デュフールらによって練り上げられた受難物語の構造分析と切り離せない。この点については次を参照。《*Lire l'Ecriture. Dire la Résurrection*》, *Esprit*, avril 1973.

訳注

〔一〕イタリアの作家。一九一九年生まれ。北イタリアがドイツ軍に占領されると、反ファシズム抵抗運動に参加し、一九四三年に逮捕されるが、ユダヤ系であったためアウシュヴィッツ収容所に送られ、四五年に生還。収容所の体験を描いた『アウシュヴィッツは終らない』がベストセラーになり、以後作家活動に入り、『休戦』『溺れるものと救われるもの』などを発表。一九八七年自殺。

〔二〕「一人の罪によって多くの人が死ぬことになったとすれば、ましてや神の恵みと一人の人イエス・キリストの恵みの賜物とは、多くの人に豊かに注がれるのです。[…]律法が入りこんで来たのは、罪が増し加わるためでありました。しかし罪が増したところには、恵みはなおいっそう満ち溢れました」(「ローマ人への手紙」五章一五―二〇節)。

結論

善と悪の非対称

本書の終わりにたどり着いて、リクールのスタイルをどう形容すべきか。第一に彼を特徴づけている迂回の技法と、反論の能力を舞台にのせてからでないと、リズムと間合いとをめざす目標に合わせる彼の哲学的語り口の特質を示すことができないのではないか。人はその語り口を、さまざまな平面の経験を未完の弁証法に包含しようとする、ゆっくりした、骨の折れる、屈曲の多い、忍耐を要する企てとみなし、あるいは、誤った意見からも、エピステーメーの過度の自負からも免れて、意味の領域を自在に動く彼の解釈学的適性が強調される。ところが彼の語りはまずは先行するものに対する応答なのであり、そのためいっそうひそやかで、すばやく、しなやかである、という見方が忘れられている。人はこの語り口を防御的、反応的とみなして、そこに挑発するものに答える攻撃的な力を見ようとしないのである。

この哲学的語り口を可能にしているものは、二重の意味で今日的ではない。というのは、それは先在する悪に反論を試みると同時に、善の高みに現われようとする気遣いを表明するからである。しかし背後へ（また背後から）介入する善も悪も、実存的選択の対象ではなく、両者いずれも「同等に」先行せず、「同等」でもない。もし善と悪とが非年代順的な意味で、いずれも先行するとしても、どちらもすでにそこにあるのであり、われわれとともに始まるとしても、それらは同じ間合いで先行はしない。なぜなら、それらは同じ「背後」を自由にできないからである。

　われわれの時代のように、目的論的ではなく、この悪に忠誠を誓っていると同時に、その悪から身を守ろうとしている時代は、悪を無関係なままに放置できないことを予感している。しかし同時にこの時代は、正面から攻撃してくる悪を前にして、いわば口籠《くっこ》をはめられ、呆然とし、懐疑主義に陥らされ、彼方に超え出ることがなく、「別のこと」を想像するのを断念してしまったために、「立ち直る」ことができないでいるのである。ない（par défaut）！つまりは未来、終末論、ユートピアといった語でしか表現されえない善の欠如（défaut）なのである。それらの語は歴史によって死語にされ、エネルギーを奪われてしまった。悪は大難題であるとしても、悪は信じられないほどに不活動なままであり、それは懐疑主義をあおりたてる。というのも善の時制はつねに未来形で語尾変化するのに対し、将来への信頼は、大昔の過去に属しているからである。そこにおいてリクールは、悪と、未来なき時間という二重の恐怖に反撃するために、背後への第二歩を踏み出すことを示唆する。最大の悪を意識するとともに、善が滅びてしまって、悪がいっそう暴力的になるとき、背後への二重の動きを尊重しなければならない。それは悪のコースにしたがった動きである。先行し、私とともに始まる悪がある。しかしそれにもまして、善の先在があり、それは後ろむきに悪の出現に先行する。悪は重たく、恐ろしく、呆然とさせる。だが悪は、未知の地質の沈澱物に埋められる危険を冒して、悪よりはるかに先立つ善によって「追い越される」(克服されるのでなく)。最大の悪よりも古く、しかもやはり責任ある人とともに始まる善がある。責任ある人のみが、たえず復活するグノーシス主義の精神に反して、悪の支配は歴史の運命ではないと、確信し、証明できるのである。この善と悪のア・プリオリな高低差、ずれが示しているのは、悪の「〜にもかかわらず」は、はるかな非年代順的時間へと、単なる先在性に還元できない時間へと送り返されること、そして悪の彼方の善についてのこの記憶は、悪が優勢になった懐疑主義や、現代的諦めに屈してはならないことである。

善悪の彼岸！　リクールが踏破を企てた長く、高邁なコース、執念に満ち、随所に障害が阻む、この解釈学的行程は、現在はびこっている悪よりも善が先行する、という確信に根ざしている。外見や虚偽の外殻の下に、確信や信頼がほの見えていることに注意を喚起するには、この大周航を、この倫理的再上昇を、この実践の弁証法を、率先して実行せねばならないだろう。このように善が悪に先行することなくしては、「根源的肯定」なくしては、企て全体がかなり弱くなってしまう。

しかしこの踏破行の遅さ、忍耐づよさを皮肉る者は、かの冒険旅行者のことを思い起こす必要があろう。その旅行者は、断崖越しに綱を投げ脆い急造の橋を架け、あやふやな道を進んでいったので、いっそう緊張していたのである。あまり自信がないときこそ、自信は執拗な歩みをさせ、必ずしもそこに不安は伴ってはいない。「『それは大変よい』かどうか、私にはわからない。しかし闇夜のなかで、それを願う」(*HV*, p. 334)。換言すれば、「善の前進は累積するが、悪の妨害は系統立っていないことに賭け」(*L2*, p. 202) ねばならない。

リクールを読むには二つの仕方がある。一つは、彼が読者を呼び出す一方の端、すなわち「つねにすでにある悪」を示すこと。この悪に、おそらくは少し強すぎる希望が応える。そしてその希望は、同じく甘受しなければならないもう一つの、「つねにすでに」の代償であることが忘れられているだけに、表面的にはいっそう激しく意図された希望である。もう一つは、一方の端から他方の端に移るために、また善と悪のあいだをたえず跳躍するために通過するあらゆる中間段階、おどろくべき推移を追跡することである。それは長い解釈学的踏破であり、多数の未完了の媒介のリズムで展開する、果てしない弁証法である。

しかしこれら二つの読み方は、逆説的ながら、少しばかり冷たく、物語や、「筋立て」や、物語が可能にする再形象化をほとんど信用しない、という欠点をもつ。もしリクールが、善と悪の両端を結ぶような物語をつくるとしたら、それはルイス・ダニエル・ブロツキーの詩における(1)ように、交叉する三つの型の物語を産み出し、そこでは行商人ウィリー・サイファーの叙事詩(日常いかに生きるべきか)は、悲劇的な詩(ショアー)や、小鳥の飛翔を物語る詩へと照合されるのである。日常性、悪、善。記述から命令へ、現象学的なものから倫理的なものへ。こういったヘーゲル的要求は、絶対知の断念とともに消えてしまわなかったのである。

非人間性の二つの斜面

二重に背後へと移送する、この善と悪に対する二重の関係は、受動性の問題への二重のアプローチによって、人間性の二重の溢れ出によって表現される。そこでリクールは、レヴィナスによる『時間と他なるもの』における「在る」(il y a) の分析に言及しながら、次のことを示す。すなわち、外部はまず「外部の形象」に合致すること、「実存者なしに実存することは悪であり、なぜかは私には言えないが、悪が享有する起源についての無知がある(2)」こと。この最初の受動性＝外部性の形象のあとで、リクールは他者性の形象に照合される第二の形象を導入する。この他者性が「表明されるのは、〈他者〉の懇請によって、〈汝殺すなかれ〉(それに対し「私はここにおります」と答える) によってである。〔…〕それが倫理というものの意味のすべてである。倫理は、人間行動の外部に存在できる道徳的絶対と、私自身の内奥から生じる自発的行動の能力とをもたらす(3)」。

受動性 (外部性と他者性) の二つの斜面が、人間を悪の〈犠牲者〉にするとともに、他者の〈人質〉にするのであれば、それらがどれほど人間性を二重に溢れ出させるのに役立つかがわかる。その溢れ出は、そこにリクールを閉じ込めようとする人間主義についての「フランス本国内の論争」からはるか遠くへと導いていく。人間のうちには、善にせよ悪にせよ、二つの非人間性がある。人間を超え出る受動性と、人間を破滅させる受動性とに直面して、ここで、「証し」と「命令」とを一体にする行動思想が反撃する。「責任は私に絶対的受動性を要求し、私は自分のものでない行為

1986年８月14日，金婚式のお祝いに集まった子どもや孫たちに囲まれて，シモーヌ夫人とともに。

の受け手であり、この受動性は再び能動性に戻ってはならぬ、さもないと私は再び主人になるから、とレヴィナスが言うとき、彼はわれわれに、フッサール的自我論に刃向かって考えるように強いる。しかしもし主体性のなかに自発的行動の能力がないとしたら、いかにして『私はここにおります』と答えるのか」(*ibid.*)。

ニーチェとスピノザから肯定の力を受けとめるこのポスト＝ヘーゲル的カント主義者の倫理は、自己の解釈学と切り離せない。それがきわめて現代的な哲学的旅の深い意味なのであり、その旅でリクールはチャールズ・テイラー(『自己の源泉』)や、アラン・トゥーレーヌ(その『近代性批判』[4]は自己の解釈学と無縁ではない)らのさまざまな著作に出会う。ポスト・モダンの時代のさなかにあって、確固たる安定した基盤を欠いた世界で、〈自己〉を対象とする反省は「きわめて重要なこと」、そしていくらかは安堵させてくれるものとなっている。

原注

(1) *La Terre avide*, suivi de *Vingt-quatre merles qui s'envolent*, Gallimard, 1992.
(2) *Que pensent les philosophes?*, *op. cit.*
(3) *Ibid.*
(4) Alain Touraine, *Critique de la modernité*, Fayard, 1992.

訳者あとがき

本書はOlivier Mongin, *Paul Ricoeur*, Collection《Les Contemporains》, Seuil, 1994の全訳である。スイユ出版社の「現代人叢書」の一巻として出版された本書は、一九九八年から同出版社の「ポアン叢書」に入れられ、その折に訂正、追加がなされたので、訳出にあたってはその版も参照した。本書の、リクールの著書の引用には、完全な引用でない場合がある。

著者について、まず著者からいただいた資料によって紹介しよう。オリヴィエ・モンジャンは一九五一年パリに生まれる。一九八八年より月刊誌『エスプリ』の編集長。「文化・科学定期刊行物組合」の前副委員長。リヨン第二大学講師のあと、現在セーヴル・センター講師。スイユ出版社とアシェット出版社の二つの叢書の責任者。次の著書がある。

La peur du vide. Essai sur les passions démocratiques, Seuil, 1991.
Face au scepticisme, La Découverte, 1993.
Paul Ricœur, Seuil, 1994.（本書）
Baster Keaton, étoile filante, Hachette, 1995.
Vers la troisième ville?, Hachette, 1995.

L'Après 1989. Les nouveaux langages du polotique, Hachette, 1998.

この著書目録を見て気づくのは、政治、社会関係の著書が多いということである。言ってみれば、『エスプリ』の編集者が書いた哲学書というところに、本書の第一の特色がある。『エスプリ』は人格主義を唱えるエマニュエル・ムーニエによって一九三二年に創刊された。リクールは青年の頃からムーニエのキリスト教的社会主義運動に共鳴し、戦後は同誌に一貫して寄稿し続けている。そこでなぜ『エスプリ』の編集者がリクール哲学について書いたのか、その動機を探ってみよう。

一九七〇年代のはじめ、パリ大学の学生であったモンジャンは、一方で政治青年であり、他方で哲学、歴史、文学に関心をもち、クロード・ルフォールやミシェル・ド・セルトーのセミナーに出席していた。現象学に惹かれた彼はメルロ゠ポンティについての論文指導をリクールに申し出た。なぜ現象学的思想がメルロ゠ポンティの全体主義批判を生み出したのか、というのが彼の論文のモチーフであった。しかし論文は完成しなかった。師事するミシェル・ド・セルトーの勧めで、『エスプリ』の編集チームに入ってしまったからである。ムーニエが一九五〇年に急逝してから、編集長はアルベール・ベガン、ジャン゠マリ・ドムナックへと受け継がれてきたが、七七年から世代交代をはかって、ポール・ティボーが編集長となり、モンジャンはそのもとで編集主幹を務めることになる。しかし八〇年代後半から雑誌の発行部数は激減し、深刻な危機に陥る。それはまたムーニエの人格主義の危機でもあった。そのことを率直に指摘したのはリクールであった。八二年に「ムーニエ友の会」主催による「人格主義の昨日と明日」をテーマとする学会で、リクールは「人格主義は死に、人格は回帰する」と題する講演をおこない、大きな反響を呼んだ。リクールこそムーニエ思想の後継者と目されていたからである。リクールの主張はとりわけ若い世代に支持された。八八年にモンジャンは輿望をになって編集長に選任される。彼は集団編集体制をとり、多くの若い有能の士を集めた。この新しい編集陣は、リクールを定期的寄稿者として迎えた。彼らの多くはむしろリクール哲学に距離をとっていたのだが、八〇年代後半になってリクールを「発見」したのだった。モンジャンが本書で述べているように、彼自身のリクール発見は論文「政治的逆説」を読んだことによる。そして彼はリクール哲学の集大成として『他者のような自己自身』をもっとも高く評価するのである。編集者としてモンジャンは、膨大な数にのぼるリクールの論文のなかから三冊の論文集『読解』1—3を編む。この仕事が、本書執筆の土台になっていることは言うまでもない。

本書は五つの章を序論と結論がはさむ構成になっている。いわゆる哲学の専門家ではない著者は、それだけに学派的偏見なしに、行動する哲学者にして信仰者ポール・リクールの思想を、全体的にまた公正に捉えようとする。著者は文中で何度か「フランス本国」(Hexagone) という語を用いる。実存主義対構造主義、構造主義対ポスト構造主義といった知的覇権争いの熾烈な〈フランス本国〉の思想状況のなかで、同時代の思想家を公正に評価することはむずかしい。リクール自身何度もそうした争いにまきこまれた。しかしながらリクール哲学は、フランス哲学、ドイツ哲学、分析哲学にまたがり、反省哲学、現象学、分析哲学の三つの領域に関わり、「フランス本国の思想とは異質の思想との対決を、あえて試みている」ことを著者は強調し、「海を越えた」視点からリクール哲学を見ようとするのである。

本書の第一章は「哲学する――行動の存在論」と題されているが、「行動の存在論」こそはリクール哲学を読み解くキーワードである。それは第二章の「行動する」、第三章の「テクスト理論と行動理論」につながり、そして第四章の「行動の存在論」に到達する。この「行動する」（agir）は「受苦する」（souffrir）と表裏の関係にある。

第二章では、暴力と悪と対決するリクールの政治哲学が扱われ、モンジャンの特質がもっともよく出ている。一九五七年のブダペスト事件に衝撃を受けたリクールは、「政治的逆説」と題する論文を発表した。それの重要性が認められるのは七〇年代になってからである。『生きた隠喩』や『時間と物語』などのかげに隠れて、わが国ではあまり知られていないリクールの政治哲学は、『他者のような自己自身』を経て、さらに法哲学にまで発展し、数多くの論文や論文集が発表されているのである。アメリカでも最近、次の研究書が出た。Bernard P. Dauenhauer, *Paul Ricœur. Promise and Risk of Politics*, Rowman & Littlefield Publishers, 1998.

リクール哲学の根幹は、迂回と媒介の解釈学である。「物語ること」の媒介機能というのはリクールの創見である。行動理論とテクスト理論とは互いに媒介しあい、循環する。行動は準テクストであり、テクストは行動の範型である。そこでリクールは「解釈学試論II」を『テクストから行動へ』と題したのである。これに関連して、八七年六月に三日間にわたって『エスプリ』主催で、「テクストと行動」というテーマの大規模なシンポジウムが開かれた。それを企画したのがモンジャンとジョエル・ロマンであった。

第四章全体が『他者のような自己自身』にあてられる。それはモンジャンがこの著書を「意志の哲学」にはじまるリクール哲学のサイクルが、この「自己の解釈学」で一応の完結に達したと見るからであろう。リクール自身この著書を「小倫理学」(ma petite éthique) と名づけたように、これは倫理への回帰をしるしづけ、「倫理は行動の存在論に根ざしている」ことを論証する。

しかしこの書も、リクール哲学の一つの通過点であり、なおも前進を続けていることは、以後の著作によって例証された。九〇年以後、次の著作が発表されている。

Lectures 1. Autour du politique, Seuil, 1991.
Lectures 2. La contrée des philosophes, Seuil, 1992.
Lectures 3. Aux frontières de la philosophie, Seuil, 1994.
Réflexion faite : autobiographie intellectuelle, Esprit, 1995.
Le Juste, Esprit, 1995.
Autrement : lecture d'Autrement qu'être ou Au-delà de l'essence d'Emmanuel Levinas, P. U. F., 1997.
La Critique et la Conviction. Entretiens avec F. Azouvi et M. de Launay, Calmann-Lévy, 1995.
Penser la Bible, en collaboration avec André Lacoque, Seuil, 1998.
Ce qui nous fait penser. La nature et la règle, avec Jean-Pierre Changeux, Odile Jacob, 1998.
L'Unique et le Singulier : l'intégrale des entretiens d'Edmond Blattchen, Alice, 1999.
L'Herméneutique biblique, Cerf, 2000.

そしてこの秋には六八〇ページの大作 *La Mémoire, l'Histoire, l'Oubli*, Seuil, 2000 が上梓された。

リクールに関する研究は、フランス本国よりもむしろ外国、とりわけ英語圏で盛んであり、とくに次の書は充実している。*The Philosophy of Paul Ricœur*, edited by Lewis E. Hahn, Open Court, 1995. だがフランスでも特筆すべき書が出た。それは、François Dosse, *Paul Ricœur, les sens d'une vie*, La Découverte, 1997である。著者フランソワ・ドスは歴史家で、邦訳された『構造主義の歴史』で試みた方法をリクールに適用して、八〇〇ページの知的伝記を書き上げた。著者は一七〇人の証人にインタビューして採録した証言と史料を駆使して、一人の哲学者の思想の歩みと行動とを克明に跡づけた。著者は書き上げるまで、あえてリクールに会わなかったという。これはリクール研究に必読の書であるばかりでなく、フランス現代思想史としても読むことができる。

主として訳者自身の理由で、遅れてしまい、ようやく本書刊行のめどがついたとき、ポール・リクール教授が稲盛財団の第一六回京都賞（思想・芸術部門）を受賞された。訳者として心から祝意を表したい。

いちはやく本書の版権を取得してくださった新曜社の堀江洪社長に、遅れのお詫びとお礼を、また編集部の田中久紀子氏に感謝を申しあげる。

二〇〇〇年七月

久米　博

『対話――マルセルとリクール』三嶋唯義訳，行路社，1979年
『解釈の理論――言述と意味の余剰』牧内勝次訳，ヨルダン社，1993年
「意志に関する現象学の方法と課題」高橋允昭訳，『現象学の課題』せりか書房，1969年
「諸解釈間の葛藤」長谷正当訳，『解釈学の根本問題』晃洋書房，1977年
「現象学と解釈学」水野和久訳，『現象学の根本問題』晃洋書房，1978年
「意識と無意識」早水洋太郎訳，『無意識』金剛出版，1986年
「聖書的言語における隠喩の役割と機能」麻生建・三浦威訳，『隠喩論』ヨルダン社，1987年
「言語の創造性，可能的世界の運搬者としての神話」毬藻充訳，『現象学のデフォルマシオン』現代企画室，1988年
「《ル・モンド》インタビュー」丸岡高弘・浜名優美訳，『哲学・科学・宗教』産業図書，1995年
「大学における改革と革命」高橋武智訳，『展望』1969年
「現代フランス哲学界の展望――特に1950年以降」久重忠夫訳，『理想』1974年12月号
「自由の現象学」久米博訳，『現代思想』1978年10月号
「言語における創造性――語，多義性，隠喩」箱石匡行訳，『現代思想』1979年 8 月号
「哲学と言語」久米博訳，『思想』1978年 1 月号
「精神分析と解釈学」久重忠夫訳，『思想』1978年 2 月号
「隠喩と言述の意味論」久米博訳，『思想』1981年 4 月号
「物語の機能」梅原賢一郎・北村清彦訳，『理想』1984年 5 月号
「信じることをめぐる問題群――意見・同意・信仰」久米博訳，『現代思想』1987年 2 月号
「形而上学から道徳学へ」久米博訳，『思想』1998年10月号

stitut supérieur de philosophie, 1966.

SIMONA, E., *La Liberté chez J.-P. Sartre et P. Ricœur*, thèse doctorale, Université catholique de Louvain, Institut supérieur de philosophie, 1970.

SANCHEZ PUENTES, R., *Le Problème du mal chez Paul Ricœur*, thèse doctorale, Université catholique de Louvain, Institut supérieur de philosophie, 1970.

SKULASON, P., *Du cercle et du sujet. Problèmes de compréhension et de méthode dans la philosophie de Paul Ricœur*, thèse de doctorat, Université catholique de Louvain, Institut supérieur de philosophie, 1973.

DEPOORTERE, C. A. M. J., *Les Fleurs du mal : une étude de la problématique du mal et de la rédemption chez Paul Ricœur*, thèse doctorale, Pontificia universitas lateranensis, Academia Alfonsina, Institutum superius theologiae moralis, 1975.

MIGLIASSO, S., *La Théorie herméneutique de Paul Ricœur et l'Herméneutique biblique*, doctorat de troisième cycle en science théologique et science des religions-philosophie, Institut catholique de Paris et université de Paris IV-Sorbonne, 1980.

NVUMBL, Ng.-Ts., *La Personne humaine et l'Inconscient freudien dans la philosophie de Paul Ricœur*, thèse de doctorat, Université catholique de Louvain, Institut supérieur de philosophie, 1983.

A Ricœur Reader : Reflection and Imagination, ed. Mario Valdés, University of Toronto Press, Toronto and Buffalo, 1991.

《Œuvre de Paul Ricœur》, in *Bulletin de la Société américaine de philosophie de langue française*, vol. III, n° 3, hiver 1991.

KOHLER, Thomas P., *Phenomenology of the Sacred*, in *Praxis and Narration : the underpinnings of Ricœur's hermeneutics*, in *Phenomenological Inquiry*, vol. 15, octobre 1991, Belmont (M. A.).

(1) フランスの大学に提出された論文数と対照的に，ファンシナは同じ期間に英語で書かれた42の論文を記載している。

5　リクールの著書と論文の日本語訳補足（巻頭に記載したリクールの著書，論文の邦訳のほかに，主な邦訳を挙げておく）

『現代の哲学』Ⅰ，Ⅱ，坂本賢三ほか訳，岩波書店，1982年

GORTZ, Heinz-Jürgen, Hannover, 《*Erzählen*》 *und* 《*Erzählung*》 *Zu P. Rs Gedanke von* 《*Temps et Récit*》, in *Philosophisches Jahrbuch*, Fribourg-Munich, 1990.

TENGELYI, Laszlo, *Phänomologie der Zeiterfahrung und Poetik des Zeitromans in Paul Ricœur* 《*Temps et Récit*》, in *Mesotes-Zeitschrift für Philosophischen Ost-West Dialog. Aesthetik*, Vienne, Braumüller, novembre 1991.

スペイン語

PEÑALVER, Simón, *La busquéda del sentido en el pensamiento de Paul Ricœur. Teoria y practica de la comprenhensión filosófica de un discurso*, Séville, Publicaciones de la Universidad de Sevilla, Filosofia y Letras, 41, 1978.

イタリア語

GUERRERA BREZZI, Fr., *Filosofia e interpretazione. Saggio sull'ermeneutica restauratrice di Paul Ricœur*, in *Saggi*, 84, Bologne, I1 Mulino, 1969.

JERVOLINO, D., *Il Cogito e l'ermeneutica. La questione del sogetto in Ricœur*, préface de P. Ricœur, avec une introduction de Th. F. Geraets, Naples, Generoso Procaccini editore, 1984.

日本語

久米博『象徴の解釈学――リクール哲学の構成と展開』新曜社，1978年

巻田悦郎『リクールのテクスト解釈学』晃洋書房，1997年

杉村靖彦『ポール・リクールの思想――意味の探索』創文社，1998年

4　大学に提出された論文

フランス語(1)

DECLÈVE, H., *Le Kantisme selon quelques philosophes contemporains. P. Ricœur, É. Weil, M. Scheler, E. Husserl, M. Heidegger*, thèse de doctorat, Université catholique de Louvain, Faculté de philosophie et lettres, 4 vol.

MICHAUD, R., *La Dialectique fini-infini dans la philosophie de la volonté de Paul Ricœur*, thèse doctorale, Université catholique de Louvain, In-

Hague, M. Nijhoff, 1971.
BOURGEOIS, P. L., *Extension of Ricœur's Hermeneutic*, La Hague, M. Nijhoff, 1975.
LOWE, W. J., *Mystery of the Unconscious. A Study in the Thought of Paul Ricœur*, ATLA Monograph Series, 9, Metuchen, New Jersey, The Scarecrow Press, Inc., The American Theological Library Association, 1977.
DORAN, R. M., *Subject and Psyche. Ricœur, Jung and the Search for Foundations*, Washington D. C., University Press of America, 1979.
GERHART, M., *The Question of Belief in Literary Criticism. An Introduction to the Hermeneutical Theory of Paul Ricœur*, Stuttgarter Arbeiten zur Germanistik, 54, Stuttgart, Akademischer Verlag Hans-Dieter Heinz, 1979.
REAGAN, Charles E., *Studies in the Philosophy of Paul Ricœur*, édité par Ch. E. Reagan, avec une préface de P. Ricœur intitulée《Response to my friends and critics》, Athens (Ohio), Ohio University Press, 1979.
COMSTOCK, Gary, *Truth or Meaning : Ricœur vs. Frei on biblical narrative*, in *The Journal of Religion*, vol. 66, n° 2, The University Press of Chicago, avril 1986.
DORNISCH, Loretta, *Faith and Philosophy in the Writings of Paul Ricœur*, Lampeter, Dyfed (Pays de Galles, G.-B.), The Edwin Meller Press, 1990.
VANHOOZER, Kevin J., *Biblical Narrative in the Philosophy of Paul Ricœur. A Study in Hermeneutics and Theology*, Cambridge University Press, 1990.

ドイツ語

BOHNKE, M., *Konkrete Reflexion. Philosophische und theologische Hermeneutik. Ein Interpretationsversuch über Paul Ricœur*, in *Disputationes Theologiae*, 15, Francfort-sur-le Main-Berne-New York, Verlag Peter Lang, 1983.
PRESAS, Mario A.,《Ueber Ricœurs Hermeneutik》, in *Zur philosophichen Aktualität Heideggers*, sous la direction de D. Papefuss et O. Pöggeler, Francfort-sur-le Main, V. Kostermann, 1990.

3　ポール・リクールについての研究書

フランス語

PHILIBERT, M., *Paul Ricœur ou la liberté selon l'espérance*, Paris, Seghers, 1971.

BERGERON, R., *La vocation de la liberté dans la philosophie de Paul Ricœur* in *Travaux de psychologie, pédagogie et orthopédagogiques*, n° 9, Montréal-Fribourg, Bellarmin - Éditions universitaires, 1974.

MADISON, G. Br., *Sens et Existence. En hommage à Paul Ricœur*, recueil préparé sous la direction de G. Br. Madison, Paris, Éd. du Seuil, 1975.

NKERAMIHIGO, Theoneste, *L'Homme et la Transcendance selon Paul Ricœur*, Paris-Namur, Éd. P. Lethielieux, coll. 《Le Sycomore. Chrétiens aujourd'hui》, 1984.

Esprit, spécial Paul Ricœur, juillet-août 1988.

Études phénoménologiques, 《Paul Ricœur : Temporalité et narrativité》, n° 11, Bruxelles, Éd. Ousia, 1990.

《*Temps et Récit*》 *de Paul Ricœur en débat*, sous la direction de Christian Bouchindhomme et Rainer Rochlitz, Paris, Éd. du Cerf, coll. 《Procope》, 1990.

Les Métamorphoses de la raison herméneutique, sous la direction de J. Greisch et R. Kearney, Paris, Éd. du Cerf, 1992 (cet ouvrage reprend les interventions du colloque de Cerisy-la-Salle).

ABEL, O., *Paul Ricœur. La promesse et la règle,* Paris, Éd. Michalon, 1996.

THOMASSET, A., *Paul Ricœur. Une poétique de la morale. Aux fondements d'une éthique herméneutique et narrative dans une perspective chrétienne*, Leuven University Press, 1996.

DOSSE, F., *Paul Ricœur, les sens d'une vie*, Paris, La Découverte, 1997.

英　語

IHDE, D., *Hermeneutic Phenomenology. The Philosophy of Paul Ricœur*, Northwestern University Studies in Phenomenology and Existential Philosophy, préface de P. Ricœur, Evanston III., Northwestern University Press, 1971.

RASMUSSEN, D. M., *Mythic-Symbolic Language and Philosophical Anthropology. A Constructive Interpretation of the Thought of Paul Ricœur*, La

1997.
Autrement : lecture d'Autrement qu'être ou Au-delà de l'essence d'Emmanuel Levinas, P. U. F., 1997.
Ce qui nous fait penser. La nature et la règle, avec Jean-Pierre Changeux, Odile Jacob, 1998.
Penser la Bible, en collaboration avec André Lacoque, Paris, Éd. du Seuil, 1998.
L'Unique et le Singulier: l'intégrale des entretiens d'Edmond Blattchen, Alice, 1999.
La Mémoire, l'histoire, l'oubli, Paris, Éd. du Seuil, 2000.
L'herméneutique biblique, Éd. du Cerf, 2000.

2 論文選と最近の対談

《Unicité ou pluralité des principes de justice?》, *Justice sociale et Inégalités*, sous la direction de Joëlle Affichard et Jean-Baptiste de Foucauld, Paris, Éd. Esprit (diffusion Seuil), 1992.
Phénoménologie et Théologie, sous la direction de Jean-François Courtine, Paris, Critérion, 1992.
《Amour et justice》, texte publié avec sa traduction allemande, Tübingen, Éd. J. C. B. Mohr (Paul Siebeck), 1990.
《Quel *ethos* pour l'Europe?》, *Imaginer l'Europe*, sous la direction de Peter Koslowski, Paris, Éd. du Cerf, 1992.
Préface à Betty Rotman, *Une grave distraction*, Paris, Balland, 1992.
《L'argent : d'un soupçon à l'autre》, *L'Argent*, Paris, Autrement, 1992.
《Herméneutique. Les finalités de l'exégèse biblique》, *La Bible en philosophie*, sous la direction de D. Bourg et A. Lion, Paris, Centre Thomas More/Éd. du Cerf, 1993.
《J'attends la Renaissance》, entretien avec Joël Roman et Étienne Tassin, *A quoi pensent les philosophes?*, Paris, Autrement, novembre 1988.
《De la volonté à l'acte》, entretien avec Carlos Oliveira, *《Temps et Récit》 de Paul Ricœur en débat*, Paris, Éd. du Cerf, coll. 《Procope》, 1990.
《Soi-même comme un autre》, entretien avec Gwendolyne Jarczyk, *Rue Descartes*, n° 1, Paris, Albin Michel, 1991.

et préface, Paris, Gallimard, 1950-1985.
Quelques figures contemporaines. Appendice à *l'Histoire de la philosophie allemande* d'Émile Bréhier, Paris, Vrin, 1954, 1967.
Philosophie de la volonté. II. Finitude et Culpabilité. 1. L'Homme faillible, 2. La Symbolique du Mal, Paris, Aubier, 1960, 1988.
Histoire et Vérité, Paris, Éd. du Seuil, coll. 《Esprit》, 1955, 1964, 1990.
De l'interprétation. Essai sur Freud, Paris, Éd. du Seuil, coll. 《L'ordre philosophique》, 1965.
Le Conflit des interprétations. Essais d'herméneutique I, Paris, Éd. du Seuil, coll. 《L'ordre philosophique》, 1969.
La Métaphore vive, Paris, Éd. du Seuil, coll. 《L'ordre philosophique》, 1975.
Temps et Récit, tome 1, Paris, Éd. du Seuil, coll. 《L'ordre philosophique》, 1983, coll. 《Points Essais》, 1991.
Temps et Récit, tome 2 : La Configuration dans le récit de fiction, Éd. du Seuil, coll. 《L'ordre philosophique》, 1984, coll. 《Points Essais》, 1991.
Temps et Récit, tome 3 : Le Temps raconté, Paris, Éd. du Seuil, coll. 《L'ordre philosophique》, 1985, coll. 《Points Essais》, 1991.
Du texte à l'action. Essais d'herméneutique II, Paris, Éd. du Seuil, coll. 《Esprit》, 1986.
A l'école de la phénoménologie, Paris, Vrin, 1986.
Soi-même comme un autre, Paris, Éd. du Seuil, coll. 《L'ordre philosophique》, 1990.
Lectures 1. Autour du politique, Paris, Éd. du Seuil, coll. 《La couleur des idées》, 1991.
Lectures 2. La Contrée des philosophes, Paris, Éd. du Seuil, coll. 《La couleur des idées》, 1992.
Lectures 3. Aux frontières de la philosophie, Paris, Éd. du Seuil, coll. 《La couleur des idées》, 1994.
Réflexion faite : autobiographie intellectuelle, Paris, Éd. Esprit, 1995.
Le Juste, Paris, Éd. Esprit, 1995.
La Critique et la Conviction, entretiens avec François Azouvi et Marc de Launay, Paris, Calmann-Lévy, 1995.
L'Idéologie et l'Utopie, Paris, Éd. du Seuil, coll. 《La couleur des idées》,

書　　誌

ポール・リクールの著作とリクール研究についてのこの書誌は，網羅的であろうとする野心をもたない。フランシス・D. ファンシナの編纂した体系的な書誌（Frans D. Vansina, *PAUL RICŒUR. Bibliographie systématique de ses écrits et des publications consacrées à sa pensée*（*1935-1984*）, Éditions Peeters, Leuven, 1985）は292ページに達する。ファンシナの書誌の第２巻が最近出版された。F. D. Vansina, *PAUL RICŒUR, Bibliographie*, primaire et secondaire. 1985-2000, Éditions Peeters, Leuven, 2000.

そこで本書では，フランス語で書かれた著書——それぞれの多数ある翻訳は省略する——と，『読解』１－３に収録しなかった重要な論文を若干，記載することにした。リクールの希望で，彼が『読解』に再録しなかった二義的な論文，まして彼が手を入れる機会のなかった講演，学会発表，講義類は記載しなかった。そのようにリクールは，どんな発表や潜在的な出版物でも著作物に変えてしまう傾向のある出版インフレーションとは一線を画し，講義が出版されることを望まない。その例外は，有名な『プラトンとアリストテレス』(Vrin) と『イデオロギーとユートピア』(Seuil) だけである。リクールの著書の外国語訳やリクール研究書の全体について知りたい読者は，ファンシナの書誌を参照されたい。ただし本書で引用した，リクールの最近のいくつかの対談は記載しておいた。

1　フランス語で出版されたポール・リクールの著書

Karl Jaspers et la Philosophie de l'existence, en collaboration avec M. Dufrenne, Paris. Éd. du Seuil, 1947.

Gabriel Marcel et Karl Jaspers. Philosophie du mystère et Philosophie du paradoxe, Paris, Éd. du Seuil, 1948.

Philosophie de la volonté. I. Le Volontaire et l'Involontaire, Paris, Aubier, 1950, 1988.

Idées directrices. Pour une phénoménologie d'Edmond Husserl, traduction

マ　行

ヤ　行

ラ　行

ナ　行

ハ　行

タ　行

サ　行

索　引

ア　行

カ　行

著者紹介

オリヴィエ・モンジャン (Olivier Mongin)

1951年パリに生まれる。パリ大学に学び，1970年代後半より雑誌『エスプリ』の編集に携わり，1988年より同誌編集長。リヨン大学講師，セーヴル・センター講師を兼任。詳しくは「訳者あとがき」参照。

著書：『懐疑主義に対決して』(1993)，『1989年以後——新しい政治言語』(1998) など。

訳者紹介

久米　博 (くめ　ひろし)

1932年生まれ。1957年東京大学文学部卒業。1962年東京都立大学大学院人文研究科博士課程満期退学。1967年ストラスブール大学プロテスタント神学部大学院修了。同大学宗教学博士。

現在，立正大学教授。

主な著訳書：『象徴の解釈学』『キリスト教』『現代フランス哲学』(以上，新曜社)，『隠喩論』(思潮社)，P.リクール『フロイトを読む』，同『時間と物語』全三巻 (以上，新曜社) ほか。

新曜社

ポール・リクールの哲学
行動の存在論

初版第1刷発行　2000年10月20日©

著　者　オリヴィエ・モンジャン

訳　者　久米　博

発行者　堀江　洪

発行所　株式会社　新曜社

〒101-0051 東京都千代田区神田神保町2-10
電話 (03) 3264-4973 (代)・Fax (03) 3239-2958
URL　http://www.shin-yo-sha.co.jp/

印刷　星野精版印刷　Printed in Japan
製本　協栄製本
ISBN4-7885-0737-4　C1010